STUDIOPAPERBACK

GIANNI BRAGHIERI

Aldo Rossi

Artemis

Zürich · München · London

4. erweiterte Auflage 1993
4° édition augmentée 1993

Alle Rechte, einschließlich derjenigen des auszugsweisen Abdrucks und
der photomechanischen Wiedergabe, vorbehalten.
Toute reproduction, par quelque procédé que ce soit, est strictement interdite.

© 1981 Artemis Verlags-AG, Zürich

Originalausgabe / édition originale : © 1981 Editorial Gustavo Gili S. A., Barcelona.
Italienische Ausgabe (Originalsprache) / édition italienne (langue originale) :
© 1981 Zanichelli Editore, Bologna.

Aus dem Italienischen ins Deutsche übersetzt von Hilla Jürissen
(1. Auflage) und Ulrike Jauslin-Simon (erweiterte Auflage).
Traduction de l'italien en français par Didier Laroque et Michel Raynaud
(1° édition) et Diana Dalla Venezia (édition augmentée).

ISBN 3-7608-8115-7

Inhaltsverzeichnis

Table des matières

9	Vorwort von Aldo Rossi
14	Einführung von Gianni Braghieri
18	Zur neuen, erweiterten Auflage
20	Sanierung des Stadtviertels um die Via Farini, Mailand. Entwurf
22	Widerstandsdenkmal, Cuneo. Entwurf
24	Geschäftszentrum, Turin. Entwurf
26	Eisenbrücke und Anordnung des Parks für die 13. Triennale, Mailand
30	Wiederaufbau des Paganini-Theaters und Umgestaltung der Piazza della Pilotta, Parma. Entwurf
34	Rathausplatz und Gedächtnisbrunnen, Segrate
38	Wohnsiedlung im Viertel San Rocco, Monza. Entwurf
40	Rathaus, Scandicci. Entwurf
44	Wohnblock im Viertel Gallaratese 2, Mailand
50	De-Amicis-Schule, Broni. Restaurierung und Erweiterungsbau
52	Friedhof von San Cataldo, Modena
60	Rathaus, Muggiò. Entwurf
62	Grundschule, Fagnano Olona
68	Einfamilienhäuser, Broni
70	Villa in Borgo Ticino. Entwurf
76	Pavillon im Wald der Villa, Borgo Ticino
78	Verwaltungsgebäude der Region, Triest. Entwurf
82	Studentenheim, Triest. Entwurf
86	Studentenheim, Chieti. Entwurf
90	Geschäftszentrum, Florenz. Entwurf
96	Häuser in Mozzo

9	Avant-propos d'Aldo Rossi
14	Introduction de Gianni Braghieri
18	Avertissement à la nouvelle édition augmentée
20	Restructuration de la zone de la via Farini, Milan. Projet
22	Monument à la Résistance, Cuneo. Projet
24	Centre d'Affaires, Turin. Projet
26	Pont de fer et aménagement du parcours pour la XIIIe Triennale, Milan
30	Reconstruction du Théâtre Paganini et restructuration de la place de la Pilotta, Parme. Projet
34	Place de la Mairie et fontaine monumentale, Segrate
38	Complexe résidentiel dans la localité de San Rocco, Monza. Projet
40	Palais communal, Scandicci. Projet
44	Unité résidentielle du quartier Gallaratese 2, Milan
50	Ecole De Amicis, Broni, restauration et agrandissement
52	Cimetière de San Cataldo, Modène
60	Mairie, Muggiò. Projet
62	Ecole élémentaire, Fagnano Olona
68	Maisons individuelles, Broni
70	Villa à Borgo Ticino. Projet
76	Pavillon dans le bois de la villa, Borgo Ticino
78	Immeuble des services régionaux, Trieste. Projet
82	Maisons des étudiants, Trieste. Projet
86	Maison des étudiants, Chieti. Projet

100	Kleines wissenschaftliches Theater. Entwurf	90	Centre d'Affaires, Florence. Projet
102	Mittelschule, Broni	96	Maisons à Mozzo
106	Landesbibliothek, Karlsruhe. Entwurf	100	Petit théâtre scientifique. Projet
110	Häuser in Pegognaga	102	Ecole secondaire, Broni
114	Turm für das neue Gemeindezentrum, Pesaro. Entwurf	106	Landesbibliothek, Karlsruhe. Projet
116	Das Welttheater, Venedig	110	Maisons à Pegognaga
122	West-Cannaregio, Venedig. Entwurf	114	Tour pour le nouveau centre civique, Pesaro. Projet
124	Eingangstor zur Architekturschau im Arsenal, Biennale von Venedig	116	Le Théâtre du Monde, Venise
126	Südliche Friedrichstadt, IBA 84, Berlin	122	Cannaregio ouest, Venise. Projet
134	Palazzo dei Congressi, Mailand. Entwurf	124	Porte d'entrée de l'Exposition d'Architecture dans l'Arsenal, Biennale de Venise
138	Überbauung Fiera Catena, Mantua. Entwurf	126	Südliche Friedrichstadt, IBA 84, Berlin
142	Überbauung des Kop van Zuid, Rotterdam. Entwurf	134	Palais des Congrès, Milan. Projet
146	Verwaltungs- und Geschäftszentrum Fontivegge, Perugia	138	Aire de la Fiera Catena, Mantoue. Projet
154	Mehrfamilienhaus Rauchstraße, Berlin-Tiergarten	142	Aire Kop van Zuid, Rotterdam. Projet
158	Teatro Carlo Felice, Genua	146	Centre d'Affaires et commerce Fontivegge, Perouse
164	Rathaus von Borgoricco (Padua)	154	Maison sur la Rauchstraße, Berlin-Tiergarten
170	Bahnhof für Autoreisezüge San Cristoforo, Mailand	158	Théâtre Carlo Felice, Gênes
174	Bürohochhaus Techint, Buenos Aires. Entwurf	164	Mairie, Borgoricco (Padoue)
178	Bürogebäude «Casa Aurora», Turin	170	Terminal Wagon-Lits de la Gare S. Cristoforo, Milan
186	Wohnblock Via Zoagli, Vialba (Mailand)	174	Immeuble commercial Techint, Buenos Aires. Projet
192	Sanierung des Campo di Marte auf der Giudecca, Venedig	178	Edifice de bureaux «Casa Aurora», Turin
198	Einrichtung der Architekturbiennale, Venedig	186	Unité résidentielle de via Zoagli, Vialba (Milan)
200	Einkaufszentrum «Centro Torri», Parma	192	Restructuration du Champ de Mars à la Giudecca, Venise
204	Mittelschule, Cantù	198	Aménagement pour l'Exposition d'Architecture de la Biennale, Venise
208	Überbauungsplan für das Bicocca-Areal, Mailand. Entwurf	200	Centre commercial «Centro Torri», Parme
212	Universitätscampus, Miami (Florida)	204	Ecole secondaire, Cantù
216	Wohn- und Geschäftshaus La Villette sud, Paris	208	Aire de Bicocca, Milan. Projet
220	Studio mit Turm für die Villa Alessi am Ortasee	212	Campus universitaire, Miami (Florida)
221	Triumphbogen, Galveston (Texas)	216	Maison résidentielle et commerciale à la Villette sud, Paris
		220	Laboratoire avec tour pour la Villa Alessi sur le lac d'Orta
		221	Arc triomphal, Galveston (Texas)

222	Sporthalle in Olginate (Como). Entwurf	222	Gymnase à Olginate (Como). Projet
224	Hotel Il Palazzo, Fukuoka (Japan)	224	Complexe hotelier «Il Palazzo», Fukuoka (Japon)
228	Marburger Museum, Marburg. Entwurf	228	Marburger Museum, Marburg. Projet
230	Deutsches Historisches Museum, Berlin. Entwurf	230	Deutsches Historisches Museum, Berlin. Projet
236	Palazzo dello Sport, Mailand	236	Palais des Sports, Milan
240	Denkmal auf der Piazzetta Manzoni, Mailand	240	Monument de la Piazzetta Manzoni, Milan
242	Einkaufszentrum «Centro Città», Gifu (Japan)	242	Immeuble commercial «Centro Città», Gifu (Japon)
243	Leuchttürme für eine befristete Ausstellung im Hafen von Rotterdam	243	Phares dans le port pour une exposition temporaire, Rotterdam
244	Einfamilienhäuser, Mount Pocono (Pennsylvania)	244	Maisons individuelles, Mount Pocono (Pennsylvanie)
246	Renovierung und Erweiterung des Hotels Duca di Milano, Mailand	246	Restructuration et extension de l'Hôtel «Duca di Milano», Milan
248	Museum für moderne Kunst, Vassivière (Clermont-Ferrand)	248	Centre d'Art Contemporain, Vassivière (Clermont-Ferrand)
250	Universitätszentrum in der ehemaligen Baumwollspinnerei Cantoni, Castellanza (Varese). Detailstudie	250	Nouveau pôle universitaire dans les ex-cotonneries Cantoni, Castellanza (Varese). Plan détaillé
254	Bonnefanten-Museum, Maastricht	254	Bonnefanten-Museum, Maastricht
258	Renovation und Erweiterung des Flughafens Mailand-Linate	258	Projet pour le nouveau air-side de l'aéroport de Linate, Milan
262	Biographie	262	Biographie
265	Werkverzeichnis	265	Liste des œuvres
277	Schriften von Aldo Rossi	277	Publications par Aldo Rossi
283	Verzeichnis der Photographen	283	Crédit photographique

Vorwort

Avant-propos

Ich mag diese Reihe, weil ich darin vor einigen Jahren die Werke von Mies van der Rohe gesammelt fand, und dieses kleine Bändchen hob besonders klar die Bedeutung seiner Werke hervor. Darum lag mir daran, daß man sowohl die Seitenzahl wie auch die Aufteilung der Seiten respektiere. Mir war recht, in einer Reihe vertreten zu sein, der sein Name Glanz verleiht.

Sich den Meistern gegenüberzustellen ist eine Art, sie anzuerkennen. Ich glaube, wenige Meister zu haben, nicht daß ich wenige anerkenne, was vermessen wäre, sondern weil ich wenige mit Beharrlichkeit studiert habe und ihnen gefolgt bin, ohne mich von Personen und Dingen ablenken zu lassen, die ich für überflüssig hielt. Meiner Meinung nach hängt der Fortschritt in Kunst und Wissenschaft von dieser Beharrlichkeit ab, die erst den Wandel ermöglicht. Armselig bleiben jene, die alles aus sich selbst neu schaffen wollen oder ihre Väter nicht kennen und sich somit trügerischen Tendenzen ausliefern.

Bei den Meistern der Moderne habe ich viel von Mies van der Rohe, Adolf Loos und Heinrich Tessenow gelernt. Über meine Zeitgenossen will ich nichts sagen, das würde zu weit führen.

Von Mies van der Rohe habe ich gelernt, daß das Detail nur dann ein Schöpfungsakt ist, wenn der Geist sich auf die Klarheit des Ergebnisses konzentriert, wodurch wir vor Effekthascherei bewahrt bleiben. Loos hat mich gelehrt, vor den Täuschungen, die auch bei dem anzutreffen sind, was wir für optimal halten, zu fliehen oder sie wenigstens zu fürchten. Die Täuschungen lie-

J'aime cette Collection pour y avoir trouvé, il y a quelques années, les travaux de Mies van der Rohe réunis en un petit ouvrage modeste, particulièrement clair sur l'importance de son œuvre. J'ai voulu, pour cette raison, en respecter le nombre de pages, le type de mise en page, et j'ai cru juste d'être présent dans une collection qui s'est honorée de son nom illustre. Etre confronté à des maîtres est une façon de leur rendre hommage. Je crois avoir eu peu de maîtres, non que j'en reconnaisse peu, ce qui serait arbitraire, mais pour n'en avoir étudié et suivi que peu avec fidélité, sans me laisser distraire par des choses ou des personnes que je trouvais sans intérêt. Je considère que le progrès en art et en science dépend de cette fidélité et de cette constance qui seules permettent le changement. Je fais partie de ces «pauvres d'esprit» qui pensent tout tenir d'eux-mêmes et ne reconnaissent pas les «pères prestigieux» qu'apportent toutes les modes trompeuses.

Parmi les maîtres de l'époque moderne, c'est de Mies van der Rohe, d'Adolf Loos et de Heinrich Tessenow que j'ai le plus appris. Je ne veux pas parler de mes contemporains, cela m'entraînerait trop loin.

Du premier, j'ai appris que le détail n'est invention que s'il est application de l'esprit à la clarté du résultat. Ainsi se préserve-t-on de toute fausseté de l'effet. Du second, j'ai appris à fuir – ou du moins à craindre – le mensonge tapi dans ce qui paraît le meilleur. Le mensonge ne réside pas uniquement dans l'ornement, mais aussi dans les habitudes et dans ce qui nous séduit sans

gen nicht nur in der Verzierung, sondern auch in der Gewohnheit und in dem, was uns erfreut, ohne uns selbst wachsen zu lassen. Von Heinrich Tessenow habe ich gelernt, daß das berufliche Können Teil des Verstandes ist und auf verschiedene Weise zum Ausdruck kommen kann, zum Beispiel durch Ironie oder Reduzierung auf das Elementare, um die letzte Schwelle von dem anzugehen, was nicht mehr ausdrückbar ist. Natürlich laufen diese Lehren auf dasselbe hinaus, da diese Architekten an ihre Vorgänger der Antike anknüpfen, die in aller Kunst oder Wissenschaft die Wahrheit suchten, die einzig und allein Basis der Technik und des Schönen ist.

Um daraufhin zu wirken, verwandte man in der Architektur verschiedene Ausdrucksformen. Von diesen hat mich immer die kunstvolle Veränderung eines Wortes oder Satzes von der ursprünglichen Bedeutung in eine andere sehr interessiert. Diese rhetorische Figur nannten die Griechen Metapher, und Quintilianus bezeichnete sie als bedeutendste und schönste unter den Ausdrucksfiguren (... tropus est verbi vel sermonis a propria significatione in aliam cum virtute mutatio).

Unter den Architekten setzte der große Palladio sehr bewußt die Metapher ein. Er verstand es, Architekturelemente von einer Funktion in eine andere zu übertragen. Er erweiterte und veränderte durch einfaches Verschieben die elementaren Bestandteile der Gebäude und verwandelte somit deren ursprüngliche Bedeutung in eine andere. So wurde durch sein Werk die griechische Architektur in Venedig wiedergeboren und von dort aus in der ganzen Welt. Dieses Übertragen war keine geistige Spekulation, sondern lebendige Geschichte, und wir finden es sowohl in den Bauwerken, die Kunst darstellen, wie in denen ohne künstlerischen Anspruch.

Von meinen Entwürfen möchte ich nicht sprechen, da ich das hier nicht für angebracht halte. Ich möchte nur sagen, daß ich froh darüber bin, daß sie in kontinuierlicher und nüchterner Form

nous pousser à nous dépasser. Du troisième, j'ai appris que le métier est partie de la raison. Il peut s'exercer avec des outils divers tels que l'ironie et la réduction à l'élémentaire pour affronter le seuil ultime de l'inexprimable. Comme cela arrive souvent, ces leçons tendent toutes à exprimer la même idée. Ces architectes perpétuent directement les anciens qui voyaient dans tout art ou science la recherche de la vérité, seule base de la technique et du beau.

Pour atteindre ce but en architecture, ils ont utilisé divers moyens. Et parmi ces moyens, je me suis intéressé à celui qui permet le passage d'un mot ou d'une phrase, d'une signification dans une autre. Les Grecs appelaient cela une métaphore et Quintilien la désignait comme le plus beau des tropes (... tropus est verbi vel sermonis a propria significatione in aliam cum virtute mutatio).

Parmi tous les architectes, c'est assurément le grand Palladio qui en a usé avec le plus de conscience. Il a su transposer les éléments d'architecture d'une fonction à une autre; amplifiant, transformant par de simples déplacements, le sens des parties élémentaires d'un édifice. Ainsi, à travers son œuvre, l'architecture grecque a été reconstruite à Venise et, de là, dans le monde entier. La métaphore n'est pas restée une pure spéculation intellectuelle mais est devenue l'histoire vivante des hommes. On la retrouve indifféremment dans l'architecture savante et dans celle qui semble sans érudition.

Je ne parlerai pas ici de mes projets car ce ne me semble ni le moment ni le lieu. Je veux simplement dire que j'apprécie leur publication sous cette forme linéaire et concise. Cela change de celles auxquelles nous sommes habitués, où la redondance se déploie dans la forme autant que dans le contenu.

J'ajouterais simplement que du purisme du monument à Cuneo – sévère dans son graphisme de ciment et de pierre – à la girouette grinçante du Théâtre mobile de Venise, je ne vois tout au

veröffentlicht werden, was sich wesentlich von dem unterscheidet, woran wir gewohnt sind und bei dem sich Farben, Format und Kommentar ständig wiederholen.

Ich möchte nur hinzufügen, daß ich vom Purismus des fest in Zement und Stein gefügten Denkmals von Cuneo bis zur knarrenden Wetterfahne des schwimmenden Theaters von Venedig eine Kontinuität sehe, die gerechtfertigt ist für die Ereignisse, die Zeiten und die persönlichen und geschichtlichen Wahnvorstellungen, die uns umgeben und die sich in der Architektur als menschlichem Wirkungsbereich widerspiegeln.

Ich könnte mich schließlich darüber beklagen, daß viele meiner Entwürfe nicht verwirklicht wurden und daß einige Bauwerke vergänglich sind. Zu der ersten Bemerkung möchte ich sagen, daß mich das mit den großen Architekten verbindet, und zur zweiten, daß das Werk des Menschen immer vergänglich ist, sei es, daß es durch die Willkür oder die Gewalt der Politiker zerstört wird, sei es, daß es vom Zahn der Zeit wieder zur Natur zurückgeführt wird. Und doch mögen wir die verfallenen Säulen und Bögen, die verlassenen und umgebauten Bauwerke, die verstümmelten Monumente.

Und die Spuren der antiken Architektur werden uns nie besser verständlich als in der Sonne und im Wind, der die griechische Küste peitscht.

Aldo Rossi, Februar 1980

plus qu'une continuité sensible aux événements, aux temps, aux obsessions personnelles et historiques qui nous environnent et se reflètent dans l'architecture, comme dans toute production humaine.

Je pourrais me plaindre finalement sur le fait que beaucoup de mes projets ne sont pas réalisés et que certaines de mes constructions sont éphémères. En ce qui concerne la première remarque, je répondrai que cela me rapproche des grands architectes. Pour la seconde, je pense que l'œuvre de l'homme est toujours éphémère. Qu'elle soit détruite par l'arbitraire et la violence des politiques, ou qu'elle retourne à la nature par l'usure du temps. Nous avons toujours aimé ces colonnes et ces arches redevenues cailloux, ces édifices abandonnés et transformés, ces monuments mutilés.

Les signes qui subsistent de l'architecture antique, nous sont, de cette façon, plus compréhensibles dans le soleil et dans le vent qui bat la côte grecque.

Aldo Rossi, février 1980

Wie aus dem Verzeichnis der Werke hervorgeht, wurden viele dieser Entwürfe zusammen mit verschiedenen Kollegen ausgeführt. Es sind nicht «Weggenossen», aber ihre Namen geben aufgrund der Art meiner Architektur immer dem Werk selbst eine Bedeutung.

Leider kann ich sie nicht alle erwähnen. Bei so vielen Jahren und so vielen verschiedenen Orten würde ihre Zahl zu einer viel zu langen Liste führen.

Aber ich muß Luca Meda und Gian Ugo Polesello nennen, mit denen ich begonnen habe, als Architekt zu arbeiten, und von denen ich viel gelernt habe. Dann José Charters und José da Nobrega, mit denen ich in Lissabon und in Setúbal versucht habe, ein immenses Bauwerk für das portugiesische Volk zu schaffen. Weiter Fabio Reinhart, Freund und Kommilitone am Polytechnikum in Zürich, hervorragend unter den jungen tüchtigen Architekten. Schließlich Gianni Braghieri, einen meiner Studenten am Polytechnikum in Mailand, der bis heute mit mir zusammenarbeitet. Dieses einzigartige Zusammenwirken hat einigen unserer Entwürfe sicher mehr als eine Bedeutung gegeben, oft auch eine widersprüchliche.

Beaucoup de projets, comme on le verra dans la liste des œuvres, ont été faits avec différents collaborateurs. Ce ne sont pas «mes compagnons de route», mais leurs présences, par le caractère même de mon architecture, donnent toujours un sens à l'œuvre même.

Je ne peux malheureusement les mentionner tous: leur nombre, sur tant d'années passées et de lieux différents, m'obligeraient à dresser une liste trop longue. Mais je ne peux pas ne pas me souvenir de Luca Meda et de Gian Ugo Polesello avec lesquels j'ai commencé à «faire de l'architecture» et desquels, par leurs personnalités différentes, j'ai appris beaucoup de choses. Aussi José Charters et José da Nobrega avec lesquels, à Lisbonne et à Setúbal, j'ai tenté de réaliser une construction immense pour le peuple portugais. Encore, Fabio Reinhart, ami et condisciple du Polytechnicum de Zurich, le meilleur des nouveaux architectes émérites. Enfin, Gianni Braghieri qui, de mon élève au Polytechnicum de Milan jusqu'à aujourd'hui, a toujours travaillé avec moi; cette singulière concordance a donné certainement plus d'une signification, même contradictoire, à chacun de nos projets.

Atene 1971

Einführung

Introduction

In den letzten Jahren ist viel über Aldo Rossi geschrieben worden. Jeder seiner Entwürfe ist mehrfach analysiert und nicht nur in Fachzeitschriften, sondern auch von der italienischen und ausländischen Presse veröffentlicht worden. Das ist sicher nicht nur einer Mode zuzuschreiben, sondern einem wiederentdeckten Interesse für jemanden, der der Kultur immer sein Bestes gewidmet hat.

Sein 1966 erschienenes Buch «Die Architektur der Stadt» wurde für die junge Architektengeneration – zu dem Zeitpunkt vielleicht in der düstersten Phase der Architekturgeschichte, gequält von Professionalismus, International Style und extremem Funktionalismus – zum einzigen Bezugspunkt, um die Stadt neu zu entdecken, zu studieren und zu analysieren.

Von da an hat man an vielen europäischen und auch amerikanischen Architekturfakultäten begonnen, die Schriften und Werke Aldo Rossis zu studieren und zu erforschen, was zu vielen Nachahmungen führte.

In einem Interview anläßlich einer Ausstellung seiner Zeichnungen und Entwürfe sagte Rossi: «Heute sind meine besten Schüler, was die Entwicklung der von mir aufgestellten Prinzipien betrifft, ein Teil der jungen Architekten der ganzen Welt, in Europa, Amerika und Japan. Die mittlere Generation hat einen Aspekt meiner Forschungsarbeit entwickelt und verstärkt, und die jungen Architekten gehen so weit, daß sie völlig ohne Komplexe meine Entwürfe entwickeln. In der Praxis ist es so, daß architektonische Formen zu einem gewissen Zeitpunkt entstehen und Ge-

Ces dernières années on a beaucoup écrit sur Aldo Rossi, tous ses projets ont été maintes fois analysés, publiés non seulement dans les revues spécialisées mais également dans la grande presse italienne et étrangère. Ce n'est certes pas le résultat d'une mode, mais celui d'un intérêt réitéré pour quelqu'un qui a toujours su donner le meilleur de lui-même à la culture.

Son livre, «L'Architecture de la Ville», paru en 1966, à une période particulièrement sombre de la culture architecturale, affligée de professionnalisme, de «international style», de fonctionalisme outrancier, est devenu pour une nouvelle génération d'architectes l'unique référence pour redécouvrir, étudier et analyser la cité.

A partir de là, beaucoup d'écoles d'architecture européennes et également américaines, se sont mises à étudier et à travailler les écrits et l'œuvre d'Aldo Rossi que l'on commença à imiter de plus en plus fréquemment. Dernièrement, dans un entretien, à l'occasion d'une exposition de ses dessins et de ses projets, Aldo Rossi commentait: «Mes meilleurs élèves, c'est-à-dire ceux qui ont développé quelques-uns des principes énoncés par moi, constituent une part importante des jeunes architectes à travers le monde: en Europe, en Amérique et au Japon; la génération précédente a porté en avant et consolidé un aspect de ma recherche, les plus jeunes ont développé, jusqu'à imiter sans aucun problème, quelques-uns de mes projets. En réalité, les formes architectoniques qui s'élaborent à un moment donné deviennent patrimoine commun de l'architecture comme cela arrive pour n'im-

14

meingut der Architektur werden, wie das auch in der Technik und in der Wissenschaft geschieht. Jemand hat vor uns gewisse Dinge gesehen und sie uns überliefert. Das gilt ganz besonders für den Bereich der Architektur. Ein Architekt wie Palladio hat ein Maximum an Kreativität nicht nur innerhalb einer Disziplin entwickeln können, sondern sogar in einem ganz lokalen und persönlichen Rahmen. Die englischen Schüler Palladios formen seinen Landhausstil nicht um, sondern bringen ihn in einen anderen Kontext und imitieren ihn.»

Die Architektur Aldo Rossis hat sich immer durch äußerste Strenge und Einfachheit ausgezeichnet. Dabei darf man Einfachheit nicht mit Schematismus gleichsetzen. Wenn man das Entstehen eines Entwurfs von der Idee zur ersten Skizze, zur technischen Zeichnung, zum Modell und schließlich in der Verwirklichung analysiert, erkennt man, wie die Architektur im Maßstab und im Verhältnis der Volumen sowie in der Schärfe ihrer Schatten und in ihrer Einsamkeit immer sich selbst entspricht.

Für Aldo Rossi ist die Zeichnung nie Selbstzweck; sie ist immer Architektur, weil sie eine Situation, einen Augenblick des eigenen Lebens, der Wirklichkeit widerspiegelt. Ständig werden vorgegebene Teile neu gezeichnet: der Bogen, der Balken, der Kubus, der Konus, die Säulen, die immer wieder anders zusammengefügt und übereinandergefügt werden, bis sie ein wirkliches Element des täglichen Lebens bilden. Sie werden in dem Augenblick Architektur, wo sie «geordnet» werden oder, besser gesagt, wo für sie der Ort bestimmt wird, an dem sie ihren Platz finden sollen, auch wenn er sich von dem ursprünglich für sie geplanten unterscheidet.

Das Widerstandsdenkmal von Cuneo ist vielleicht das erste Werk, das ein Zeichen setzt, wie die Erstlingswerke der Filmregisseure – man denke an «Die Fäuste in der Tasche» von Marco Bellocchio –, die in der Einfachheit und Natürlichkeit des Handlungsverlaufs und damit des

porte quelle technique ou science. Quelqu'un avant nous a vu certaines choses et nous les a transmises; cela reste particulièrement vrai dans le domaine spécifique de l'architecture. Un architecte comme Palladio a permis une créativité maximale à l'intérieur d'un système non seulement codifié mais tout à fait local et personnel. Les palladiens anglais n'ont pas transformé mais répété la villa de Palladio en l'adaptant à un contexte différent.»

L'architecture d'Aldo Rossi s'est toujours distinguée par l'extrême rigueur et la simplicité de sa composition. Rigueur et simplicité à ne pas confondre avec schématisme. L'analyse d'un projet dans tout son cheminement, depuis l'idée première, l'esquisse, le dessin technique, la maquette, jusqu'à sa réalisation, montre comment l'architecture s'exprime, répond d'elle-même par son échelle, par le rapport de ses volumes, par le glacé tranchant de ses ombres et par sa solitude.

Pour Aldo Rossi le dessin n'est jamais une fin en soi, il est toujours architecture, parce qu'il reflète une condition, un moment de la vie proprement dite, du réel. L'activité continue qui consiste à dessiner des éléments donnés: le portique, la galerie, le cube, le cône, les colonnes, qui fréquemment se composent, se superposent jusqu'à former un élément réel et quotidien, à l'instant même où ils «s'ajustent» au mieux, déterminent le locus dans lequel ils doivent exister – même s'il est différent de celui pour lequel ils furent conçus – ils deviennent architecture.

Le concours pour le monument de la Résistance à Cuneo est peut-être comme première œuvre, l'œuvre la plus emblématique, à la manière d'une première œuvre d'un réalisateur de cinéma – et nous pensons au film «Les Poings dans les Poches» de Marco Bellocchio – qui exprime à travers la simplicité et le naturel du récit, c'est-à-dire de la vie, toute la profondeur que l'artiste cherche à montrer de son monde intérieur. Des éléments classiques de l'architecture,

Studie für den Entwurf zur Diplomarbeit, 1959.
Etude pour le projet de Diplôme, 1959.

Lebens die ganze Dichte zum Ausdruck bringen, die die innere Vielfalt des Künstlers sichtbar macht. Die klassischen Elemente der Architektur, ein Kubus, eine Treppe und ihre Darstellung im Schnitt, die Genauigkeit des Schattens verleihen ein Gefühl von Leben und Sammlung, das Architektur nur selten zu geben vermocht hat.
Der Wille, die eigene Welt durch eine klare Anordnung der architektonischen Elemente zum Ausdruck zu bringen, manifestiert sich auch im Entwurf eines Bauwerks für die Toten, dem neuen Friedhof von Modena. Schon im Entwurf und heute noch viel mehr, da langsam seine wahren Formen in den Vordergrund treten, stellt er zur Stadt gehörende Architektur dar, Architektur der Lebenden. Die Anordnung der Volumen, die vollen und leeren Elemente sowie der Rhythmus ihres Aufeinanderfolgens sind funk-

un cube, un escalier, leur représentation en coupe, la précision de l'ombre, évoquent un sentiment de vie que peu d'architectures ont su donner. Cette volonté d'exprimer le monde tel qu'il est, à travers l'ordre et la netteté des éléments d'architecture se manifeste dans le projet d'un édifice pour les morts, le nouveau cimetière de Modène : alors qu'il vient à peine d'être réalisé, il se donne à voir comme une architecture urbaine, comme une architecture des vivants. Scansion des volumes, pleins et vides, rythme, sont indifférents à la fonction, puisque c'est l'architecture elle-même qui parle. L'indifférence typologique du cimetière qui, bien qu'étant maison des morts, pourrait très bien et sans difficulté devenir immeuble d'habitation, semble l'élément le plus clair et le plus évident de cette œuvre.

tionsunabhängig, denn es ist die Architektur, die sich selbst zum Ausdruck bringt. Daß der Zweck dieses Bauwerks, nämlich Friedhof zu sein, völlig unwesentlich ist, erscheint mir als sein hervorstechendstes Merkmal. Problemlos könnte es von einer Ruhestätte für Tote zu einem Wohnhaus werden.

Das dritte Werk, das ich als das bedeutendste betrachte und das gleichzeitig das gesamte Werk Aldo Rossis zusammenfaßt, ist der Entwurf für ein Studentenheim in Chieti. Das Element «Cabina dell' Elba», das in einigen Zeichnungen zusammengefügt und zerlegt wird, zusammenbricht, verzerrt oder übereinandergefügt wird, ist nicht nur ein architektonischer Bestandteil, sondern stellt auch Kindheit und Liebe, also Leben dar. Das Zusammenfügen dieser architektonischen Formen, aus denen Einzimmerwohnungen oder größere Wohnungen und dann noch ein Theater entstehen, bestätigt noch einmal, daß die Architektur ein kreativer autobiographischer Akt ist, während ihre Bestandteile nicht neu erfunden werden können, sondern nur und immer Bezug nehmen auf das, was die Zeit uns überliefert hat.

Gianni Braghieri, Februar 1980

La troisième œuvre que l'on peut considérer comme la plus significative, et qui en même temps traduit la totalité de l'œuvre d'Aldo Rossi, est le projet pour la maison des étudiants à Chieti. L'élément «Cabina dell'Elba» qui, dans quelques dessins se compose, se fractionne, se défait, s'inverse et se superpose, n'est pas seulement un élément d'architecture mais exprime l'enfance, les amours et la vie. L'approche de cette architecture qui devient habitat individuel, habitat collectif, et encore plus tard, théâtre, confirme que l'architecture est un acte créatif et autobiographique, bien que ses éléments ne puissent être inventés mais seulement et toujours référence à tout ce que le temps nous a légué.

Gianni Braghieri, février 1980

Die meisten Texte, die hier als Kommentar zu Aldo Rossis Werken verwendet wurden, sind Beschreibungen zu offiziellen Wettbewerben entnommen oder Texte, die Rossi für Vorlesungen, Vorträge oder Zeitschriften zusammenstellte.

La majeure partie des fragments utilisés pour commenter les œuvres d'Aldo Rossi est tirée de commentaires officiels des concours, ou de textes préparés par Rossi pour des leçons, des conférences ou des revues.

Zur neuen, erweiterten Auflage

Avertissement à la nouvelle édition augmentée

Aldo Rossis Vorwort und meine Einführung wurden erstmals 1980 für die spanisch/portugiesische Originalfassung dieses Buches geschrieben. Wenn wir diese Texte in der neuen Auflage nach wie vor beibehalten, so wollen wir damit die Kontinuität und vor allem die unveränderte Gültigkeit unserer damaligen Ansichten unterstreichen, welche nicht von der Zeit, sondern von einer ganz bestimmten Auffassung von Architektur und der Art, Architektur zu machen, diktiert waren.

Im Laufe der Jahre wurde dieses Buch in den beiden spanisch/portugiesischen Auflagen, in der italienischen, holländischen und der deutsch/französischen Ausgabe um neue Abbildungen und Entwürfe erweitert; die Einleitung jedoch blieb dieselbe, eben weil die kritische Analyse des Architekten Aldo Rossi und seines Werkes, die seit langem zu Recht große Beachtung in der ganzen Welt finden, unsere früheren Darstellungen und Gedanken nur bestätigen. Es wäre also widersinnig, wollte man nach jenen drei Projekten, welche die wichtigsten Etappen in Aldo Rossis Überlegungen zur Architektur darstellen (das Widerstandsdenkmal in Cuneo, der neue Friedhof von Modena, die Studentenwohnsiedlung in Chieti), ein «neues Werk» analysieren.

Jedoch sei eine präzisierende Bemerkung zum letzten Abschnitt von Rossis Vorwort erlaubt, wo der Architekt sich beklagt, daß viele seiner Entwürfe nicht realisiert wurden und daß einige seiner Bauten nicht mehr bestehen, ein Schicksal, das er mit den großen Architekten teile. Es handelte sich hier gewiß um eine gewaltige, aber-

Nous avons voulu reporter dans cette nouvelle édition, en n'y ajoutant que la date, l'avant-propos d'Aldo Rossi et mon introduction, écrits pour l'édition originale en espagnol/portugais en 1980. Ceci par désir de continuité, mais aussi et surtout pour confirmer la validité des affirmations, qui n'étaient pas dictées par les temps, mais par une précise attitude à l'égard de l'architecture et de la manière de faire architecture.

Ce livre, qui dans les deux éditions espagnoles/portugaises, dans l'édition italienne, dans l'édition hollandaise et dans celle française/allemande a, dans le temps, augmenté sa quantité d'images et de nouveaux projets, a gardé d'autre part, la même introduction justement parce que l'analyse critique du personnage et de son architecture, qui ont eu et continuent d'avoir une juste consacration de par le monde, confirment les analyses et les considérations déterminées en cette occasion. Il serait donc contradictoire d'analyser une nouvelle œuvre après les trois projets (le monument à la résistance de Cunéo, le nouveau cimetière de Modena, la Maison des étudiants à Chieti) qui ont signifié le moment le plus important pour l'évolution des études sur l'architecture d'Aldo Rossi.

Il est opportun d'ajouter une précisation critique à la dernière partie de l'avant-propos, où Aldo Rossi déplore le fait que plusieurs de ses projets n'ont pas été réalisés et que certaines constructions ont été éphémères, choses communes aux grands architectes. Cette affirmation contenait déjà un gros mensonge et l'espoir de conjurer ainsi le mauvais sort et de voir réaliser ses pro-

gläubische Übertreibung, in der Hoffnung, die Projekte dennoch verwirklichen zu können. Doch haben die großen Meister der Architektur tatsächlich oft erst sehr spät berufliche Anerkennung erfahren.

Aus editorischen Gründen und mit Rücksicht auf die Reihe als Ganzes ist der vorliegende Band zwar etwas umfangreicher als die erste Fassung, kann aber dennoch bei weitem nicht alle die zahllosen Entwürfe der letzten Jahre berücksichtigen. Der erste Teil des Buches wurde deshalb so gekürzt, daß – von einigen wenigen Projekten, die trotz ihrer Bedeutung ganz weggelassen wurden, abgesehen – wir mit ganzseitigen, quasi emblematischen Abbildungen auf die frühen Entwürfe hinweisen und sie nur in Erinnerung rufen; für ausführlichere Studien möge man in diesen Fällen eine umfassendere Publikation konsultieren.

Ich möchte dieses Vorwort mit einem Zitat aus einem kürzlich unter dem Titel *Frammenti* veröffentlichten Text von Aldo Rossi schließen:

«So kann ich, wenn ich meine Entwürfe im einzelnen betrachte, ohne Selbsttäuschung sagen: ‹Es ist merkwürdig, wie sehr ich mir gleiche›. Eine solche Ähnlichkeit zeigt sich ja vor allem in der täglichen Wiederholung, der Liebe zu gewissen Objekten, zu Fragmenten oder Wunden, zu dem täglich wiederkehrenden Ungenügen, das unser Handwerk mit sich bringt, im Versuch, mit allen Methoden und Techniken die Vollendung eines Systems zu erreichen, in dem die Fragmente schließlich zusammengefügt werden können.»

Für die große Hilfe beim Zusammentragen und bei der Auswahl des Materials zu dieser Ausgabe danke ich Massimo Scheurer, dem Schüler, Gefährten und Freund.

Gianni Braghieri, August 1989

jets. A vrai dire, les grands maîtres de l'architecture n'ont commencé à voir concrétiser leur fortune professionnelle que très tard.

Pour des raisons éditoriales et de collection, la nouvelle édition a un nombre de pages légèrement supérieur à l'originale et est de toute manière insuffisante pour rassembler les innombrables projets élaborés ces dernières années. Pour cette raison la première partie du livre a été comprimé et, à part quelques petits renoncements, toujours importants, l'intention est de donner par des images occupant toute la page, presque emblématiques, le point de repère du projet, comme un renvoi à la mémoire, le signe d'un rappel à la recherche, pour le spécialiste appliqué, d'une publication plus ample.

Je voudrais conclure cet avertissement par une citation d'un écrit récent d'Aldo Rossi, intitulé «Fragments».

«C'est ainsi que je crois pouvoir encore affirmer, sans me trahir, en regardant chacun de mes projets: «il est étrange comme je ressemble à moi-même». Parce que cette ressemblance est plus évidente dans la répétition du quotidien, dans l'amour pour les objets, les fragments ou les blessures, l'impossible quotidien du métier, la poursuite par tous les système ou téchniques, la perfection d'un système où à la fin les fragments devraient se rassembler».

Je remercie de son aide fondamentale pour le choix et la recherche des nouveaux matèriaux de cette édition, l'élève, le camarade, l'ami Massimo Scheurer.

Gianni Braghieri, août 1989

1960 Sanierung des Stadtviertels um die Via Farini, Mailand
Entwurf. In Zusammenarbeit mit G. U. Polesello und F. Tentori.

Die zu sanierende Zone liegt zwischen der großen Verkehrsader des Viale Zara und dem großen Bahnhof- und Zollareal, das an den Monumentalfriedhof grenzt. Im Norden wird sie vom Viale Marche und im Süden von der Vareser Eisenbahn begrenzt. Die Zone hat eine Fläche von 800 000 m². Sie wurde zum Zwecke von Projektstudien ausgewählt. Das Viertel um die Via Farini in Mailand ist ein Beispiel für einen in seiner städtischen Struktur heruntergekommenen Stadtteil, der jedoch noch mit dem städtischen Leben verbunden ist. Bevor man an Expansion denkt, muß man Viertel dieser Art sanieren. Wo immer es möglich ist, muß man öffentlich subventionierte Wohnungen schaffen, die die technischen Voraussetzungen für gesünderes Wachstum der Stadt sind, für ein Wachstum, das die trostlosen Stadtrandsiedlungen mit ihren katastrophalen hygienischen, sozialen und menschlichen Aspekten verhindert. Die technischen Daten dieses Sanierungsplans berücksichtigen in erster Linie die natürliche Entwicklung der Stadt, die man auf keinen Fall verändern möchte, und außerdem einige Tatsachen, die unabänderlich sind. Im wesentlichen hat man versucht, einem Teil der Fläche durch Wohnblöcke und öffentliche Gebäude Struktur und Charakter zu geben. Ein solches Projekt muß großzügig angelegt werden, um dem Stadtteil Würde zu verleihen und gleichzeitig die wichtigsten Aspekte des Lebens, das sich darin abspielt, zu berücksichtigen.

Den allgemeinen Richtlinien folgend, hat man die Via Farini aufgewertet und dort die wichtigeren Gebäude konzentriert. Ein Gemeindezentrum entstand etwa im Schwerpunkt, in dem Bereich, den man aus technischen Gründen als dafür am besten geeignet hielt.

1960 Restructuration de la zone de la via Farini, Milan
Projet. En collaboration avec G. U. Polesello et F. Tentori.

L'aire d'étude est celle comprise entre la rue Zara, axe de trafic important, et la grande zone ferrovière et douanière adjacente au Cimetière Monumental, délimitée au nord par la rue Marche et au sud par la voie ferroviaire varésine. Cette zone, proposée pour un plan de transformation a une superficie de 80 hectares; elle n'est, pour ce qui concerne les options et les propositions, que simple indication d'étude. A Milan, la zone de la via Farini est l'exemple d'une partie de la ville dégradée dans sa structure urbaine, bien qu'encore liée à la vie de la cité: avant de penser à l'expansion il faut récupérer les zones de ce type, où il est possible d'intervenir avec une architecture urbaine de caractère populaire qui tienne compte de la qualité de la construction pour une meilleure croissance.

Les caractéristiques de ce plan de transformation sont, en premier lieu, le respect du développement naturel, la forme de la ville – qu'en aucun cas on essaiera de modifier – et le respect de quelques situations de faits existantes et irremplaçables.

Il y a principalement dans ce projet, une tentative de structurer et de caractériser une partie de la zone par la construction d'immeubles d'habitation et d'intérêt public; cet ensemble devant assurer le caractère d'un grand paramètre capable de donner une dignité civique à cette partie de la ville, et d'intégrer de lui-même les aspects les plus importants de la vie qui s'y déroule.

En second lieu, selon les critères généraux qui ont été suivis, on a privilégié la valeur urbaine de la via Farini en y concentrant les immeubles aux plus grands indices d'occupation et en y créant un centre civique autour de son barycentre, dans la zone pour des raisons techniques s'est avérée opportune.

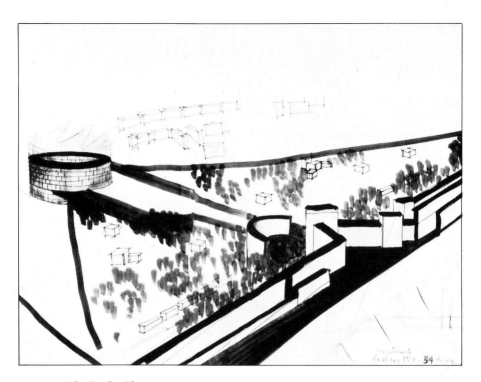

Gesamtansicht. Tuschzeichnung.
Vue générale. Dessin à l'encre de Chine.

1962 Widerstandsdenkmal, Cuneo
Entwurf für einen Wettbewerb. In Zusammenarbeit mit L. Meda und G. U. Polesello.

Der Ausblick auf die Berge von Boves bestimmte die Ausrichtung des Denkmals. Die Panoramaseite ist den Stätten der Schlachten zugewandt und hat auf Augenhöhe Schlitze, die als Fenster dienen. Das Denkmal ist in Beton mit verlorener Verschalung gegossen und mit Steinplatten von 6 cm Dicke verkleidet. Alle Oberflächen sind aus derselben Steinsorte. Erinnerungstafeln und die Namen der getöteten Partisanen sind an geeigneten Stellen angebracht. Das Denkmal ist offen und Bestandteil der Stadt: ein überdachter und überhöhter Platz, ein Turm oder ein Triumphdenkmal. Die Seitenlänge des Kubus beträgt 12 m.

1962 Monument à la Résistance, Cuneo
Projet pour un concours. En collaboration avec L. Meda et G. U. Polesello.

L'orientation du monument est déterminée d'après les vues principales sur les montagnes de Boves; le front panoramique est tourné vers le lieu de la bataille qui apparaît dans l'encadrement de la fenêtre-meurtrière située à hauteur des yeux. Le monument est en béton coulé dans des coffrages perdus constitués de plaques de pierre de 6 cm d'épaisseur. Toutes les surfaces sont faites de cette pierre. Les écritures commémoratives des noms des partisans abattus sont toutes groupées en un point préci. Le monument se veut ouvert. Il fait partie de la ville: c'est une place protégée et surélevée, une tour, une architecture triomphale. Le cube a 12 m d'arrête.

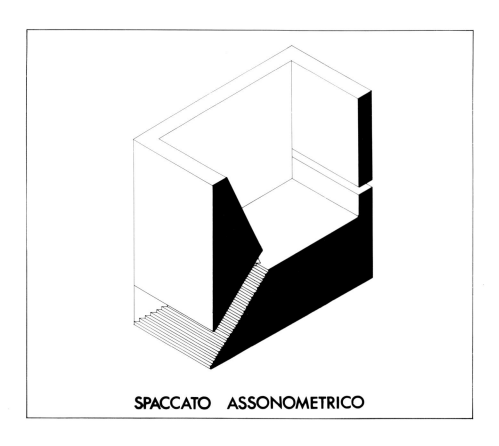

SPACCATO ASSONOMETRICO

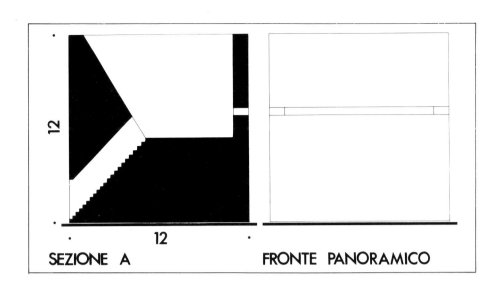

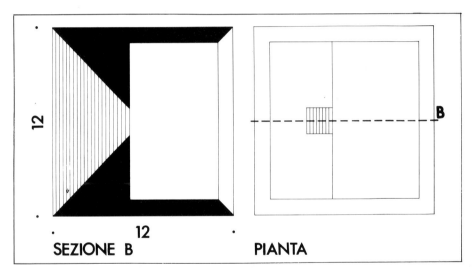

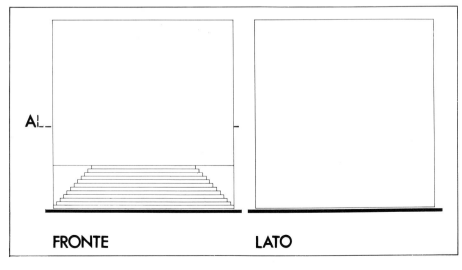

1962 Geschäftszentrum, Turin
Entwurf für einen Wettbewerb. In Zusammenarbeit mit G. U. Polesello und L. Meda.

Das Geschäftszentrum bildet einen quadratischen «Ring». Das Gebäude selbst hat eine Tiefe von 20 m. Die Konstruktion wird von runden Pfeilern getragen, die die Senkrechttransporte und die Bedienungsanlagen enthalten. Diese Pfeiler gehen über 30 m, und dann beginnt der obere Teil des Bauwerks. In der Mitte des Geschäftszentrums befindet sich ein großer Platz, der von zwei erhöhten Straßen durchquert wird.
Auf zwei Seiten ist das Zentrum von Grünflächen und Steindekorationen umgeben. Zahlreiche Geschäfte befinden sich in dieser Fußgängerzone zu einer Seite der Piazza hin. Auf der anderen Seite des Zentrums befindet sich ein Platz mit mehreren Ebenen, wo sich die Flächen verengen. Von dort aus gelangt man zum Kongreßsaal, zu den Theatern und zum Kino. Diese Zone wird von der großen Kuppel des Kongreßsaales beherrscht, die wie ein Pilz aus den Grünflächen und Steinanlagen herausragt. Oben werden die Etagen des Geschäftszentrums durch Etagen mit sanitären Anlagen und Bedienungsräumen getrennt. Einige Etagen haben überdachte Galerien und Balkone. Ganz oben befinden sich Nachtclubs und andere Vergnügungslokale.

1962 Centre d'Affaires, Turin
Projet pour un concours. En collaboration avec G. U. Polesello et L. Meda.

L'Unité d'Affaires a la forme d'un grand «anneau» carré. Le corps du bâtiment est profond de 20 m. La structure constituée de piliers ronds, contient les circulations verticales et les services. Ces piliers sont libres sur une hauteur de 30 m. L'enveloppe du grand bâtiment démarre au-dessus de cette cote. Au centre de l'Unité d'Affaires, se trouve une grande place traversée par deux rues surélevées.
Sur deux côtés, l'Unité est entourée d'un vaste terre-plein planté, comprenant des aménagements minéraux. Une série de commerces, située sur un côté de la place forme une rue-place piétonnière. De l'autre côté se trouve une place faite de plusieurs niveaux dont les espaces vont en se rétrécissant, et d'où l'on accède à la salle des congrès, aux théâtres et au cinéma. Cette zone est dominée par une grande coupole d'acier: la salle des congrès. Elle émerge à la façon d'une bulle. En hauteur, les niveaux de l'Unité d'Affaires sont séparés par des niveaux de services. Chaque niveau possède une galerie protégée et des loggias. Au sommet, se trouvent les lieux nocturnes, les lieux de divertissement.

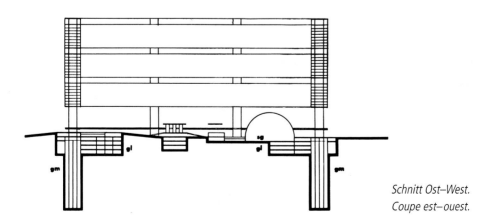

Schnitt Ost–West.
Coupe est–ouest.

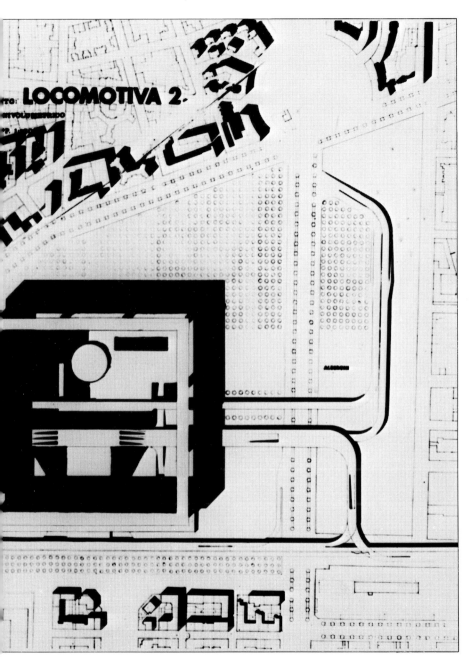

Axonometrischer Plan. / Plan masse.

1964   Eisenbrücke und Anordnung des Parks für die 13. Triennale, Mailand
In Zusammenarbeit mit L. Meda.

Die Brücke hat einen dreieckigen Querschnitt und besteht aus zwei Teilen: der erste vom Viale Alemagna zum Viale Molière und der zweite vom Viale Molière zum Viale Zola. Die beiden Teile sind durch eine Überführung verbunden. Auf der einen Seite führt eine Treppe zum Ausstellungsgelände im Park.

Die statische Lösung der Brücke besteht aus einem Eisenrohrgerippe, das mit einem Metallnetz verkleidet wurde. Das Netz wird durch Säulen- und Zylinderstücke abgestützt. Die Brücke führt direkt in das Hochparterre des Triennalegebäudes, ähnlich wie Laufbrücken in Industriegebäuden.

Im Viale Zola wurde eine 250 m lange und 4 m hohe Mauer aus einer mit Platten verkleideten Röhrenkonstruktion errichtet. Von dieser Mauer gehen zahlreiche Unterteilungen aus. Öffnungen in diesen Unterteilungen ermöglichen, die verschiedenen Räume zu durchqueren.

Dieses System hat mehrere Bezugspunkte: es erinnert an die Archäologieabteilungen mit ihrer geordneten Freiheit oder jener eingeschlossenen Unordnung, deren Ordnung man in den Funden nicht mehr klar erkennen konnte.

Diese archäologische Unterteilung, zum Teil wie in den antiken Wohnsiedlungen (Pompeji, Herculaneum, San Clemente usw.), soll die Phantasie anregen.

1964   Pont de fer et aménagement du parcours pour la XIIIe Triennale, Milan
En collaboration avec L. Meda.

Le pont de section triangulaire est composé de deux tronçons: le premier, de la rue Alemagna à la rue Molière, le second, de la rue Molière à la rue Zola. Les deux tronçons, décalés en plan, sont raccordés par une passerelle. A l'extrémité, un escalier permet de rejoindre la zone réservée à l'exposition dans le parc.

Le pont est fait d'une structure réticulée en tubes de fer, revêtue d'une grille métallique. Il s'appuie sur des tronçons de colonnes ou fragments de cylindres et entre directement au premier étage du bâtiment de la Triennale, à la manière d'une passerelle aérienne de bâtiments industriels.

Dans la rue Zola s'élève un mur long de 250 m, haut de 4 m, en structure tubulaire revêtue de plaques. Depuis ce premier mur part une série de divisions. Dans cette série de murs des percement rendent possible un parcours à travers les divers espaces.

Ce schéma possède plus d'une référence: il n'est pas étranger aux coupes archéologiques, avec leur liberté ordonnée, ou à quelque désordre contenu en un ordre qu'on ne retrouve plus intégralement dans des fouilles.

Cette coupe archéologique, en grande partie propre aux habitations antiques (Pompéi, Herculanum, San Clemente, etc.), possède la capacité concrète de se poser comme un fait lié à l'imaginaire.

Ansicht der Brücke mit dreieckigem Querschnitt.
Vue du pont de section triangulaire.

Gesamtaxonometrie mit Grundriß und Perspektive.

Axonométrie générale avec plan et façade.

1964 Wiederaufbau des Paganini-Theaters und Umgestaltung der Piazza della Pilotta, Parma
Entwurf für einen Einladungswettbewerb.

«Beim Theater von Parma habe ich mir die Frage nach dem Monumentalcharakter gestellt. Architektur schien mir immer ein Monument zu sein, ohne Rücksicht auf die Funktionen, die sie in zweiter Linie zu erfüllen hat.
Nur als Monument bestimmt die Architektur einen Ort. Wenn man ein antikes Theater durchschreitet, mehrere Stunden im römischen Theater von Orange verweilt oder ein leeres Theater aus dem 18. Jahrhundert besichtigt, denkt man erst in zweiter Linie an die Aufführungen, die dort stattfinden. Ein Theater kann der Ort für eine Aufführung sein, es hat aber auch seinen architektonischen Aspekt.
Wenn ein Film- oder Theaterregisseur und ein Architekt mit glücklicher Hand zusammenarbeiten, gelingt das Werk. Aber die großen Theaterepochen brauchten keine solche Zusammenarbeit. Das Theater als Monument war immer da. Das griechische Theater gehörte einfach zur Stadt; es konnte eine ganze Stadt aufnehmen.
Aus diesem Grunde brauchen wir beim Entwerfen eines Theaters auf seine Funktion nicht übermäßig Rücksicht zu nehmen. Die Handwerker, wie die Schreiner, Schlosser, Dekorateure und Elektriker, können ein Gebäude immer seinem Zweck anpassen. Für die Architektur gilt das aber nicht; sie kann nicht für diese oder jene Aufführung ausgelegt werden. Sie bezieht sich auf das Wesen des Theaters. Darum ändert sich die Form nicht, wie sich auch das Theater als Idee nicht ändert.
Ich dachte an dieses zylinderförmige Innere, wo viele Theaterformen ineinandergreifen: an die Ränge, an die Logen, an die Balkone, an die Metallkuppeln, an das Planetarium, an das Freilichttheater. (...) In Parma habe ich nach demselben Prinzip gearbeitet: Ich habe Zylinder und

1964 Reconstruction du Théâtre Paganini et restructuration de la place de la Pilotta, Parme
Projet pour un concours sur invitation.

«Avec le théâtre de Parme, je me suis posé resolument le problème du monument. J'ai toujours pensé à l'architecture en tant que monument, à son indifférence pour les fonctions secondaires.
C'est seulement quand elle se réalise comme monument que l'architecture détermine un lieu. Parcourant un théâtre antique, restant assis à différentes heures dans le théâtre romain d'Orange, arpentant un théâtre vide du XVIIIe siècle, on ne pense que secondairement au spectacle. Le théâtre peut, à l'occasion, servir à un spectacle mais il possède avant tout sa propre réalité architecturale.
Quand la rencontre entre un régisseur ou un homme de théâtre et un architecte se passe bien, on ne peut que s'en féliciter. Mais à sa grande époque le théâtre n'a pas eu besoin de ces rencontres. Le théâtre était là comme monument. Le théâtre grec était un fait urbain, il accueillait une ville entière.
Pour cette raison, dans le projet d'un théâtre, sa fonction ne doit pas être considérée de façon excessive. Les artisans – menuisiers, serruriers, décorateurs et électriciens – pourront toujours adapter l'édifice.
Pour que l'architecture soit différente, il n'est nul besoin de se référer à tel ou tel spectacle. L'architecture concerne l'essence du théâtre. De même que la forme est immuable, l'idée du théâtre ne change pas.
J'avais pensé pour cela à une forme intérieure cylindrique dans laquelle se superposent tant de théâtres: en gradins, en loges, en balcons, à coupole métallique, en planétarium, en théâtre ouvert.
(...) A Parme, j'ai utilisé le même principe: j'ai projeté cylindres et colonnes, lignes et points, et j'ai élevé un promenoir triangulaire sur la ville

Säulen, Linien und Punkte entworfen, einen erhöhten dreieckförmigen Wandelgang zur Stadt hin und Arkaden. Damit habe ich versucht, Architektur zu schaffen, die zur Stadt gehört und dem Theater einen öffentlichen Charakter gibt. Hier befand ich mich wirklich mitten auf einer italienischen Piazza und in einem außergewöhnlichen Bauwerk, dem Palazzo della Pilotta. Er enthält vielleicht das schönste Theater Italiens, aber es liegt ganz innerhalb des Bauwerks, und das bleibt unverändert und unveränderlich mit seinen Höfen und regelmäßigen Fassaden und seinen nicht fertigen Gebäuden.»

ainsi que différents portiques. J'avais l'intention de faire une architecture urbaine, de donner un caractère public au théâtre. Nous nous trouvions véritablement à l'intérieur d'une place italienne et d'un monument exceptionnel: le Palais de la Pilotta. La Pilotta renferme sûrement le plus beau théâtre italien. Mais il est tout entier à l'intérieur de l'édifice et pour cette raison, reste inchangé, immuable, avec ses cours et ses façades régulières en partie inachevées.»

Axonometrischer Schnitt. / Coupe axonométrique.

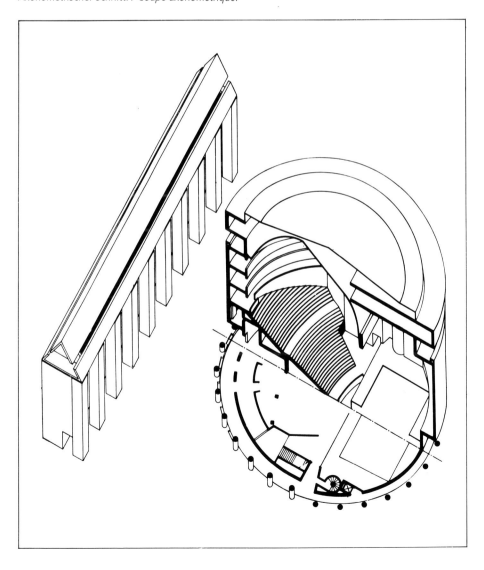

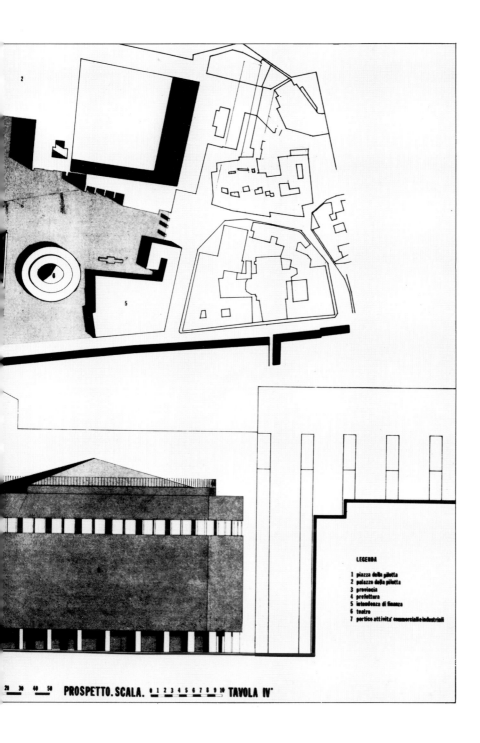

1965 Rathausplatz und Gedächtnisbrunnen, Segrate (Mailand)

Der Entwurf schließt den Platz mit einer Mauer ab, die ihn so vom Land trennt. In der Mauer sind Öffnungen. Der Platz wird außerdem durch zylinderförmige Elemente abgegrenzt, Fragmente anderer Konstruktionen.

Der wesentliche Teil dieses Platzes ist das Partisanendenkmal, bei dem verschiedene Architekturelemente übereinandergefügt sind. Der Platz und das Denkmal sollen als eine Architektur der Schatten gesehen werden, Schatten als Zeichen der Zeit und für das Verstreichen der Jahreszeiten.

Das Denkmal besteht auf der einen Seite aus einem Brunnen und auf der anderen aus einer Tribüne. Die Tribüne ist gegen den Platz gerichtet, der am Ende mit einer breiten Treppe ansteigt. Grün, Bäume und Rasen, schließen die Treppe ab. Der Platz ist mit roten rechteckigen Porphyrsteinen gepflastert. Die Treppe ist aus Zement und der Brunnen aus Eisenbeton. Die dreieckige Röhre und die Säule sollten leuchtend weiß lackiert werden. Die Mauer, die den Platz abschließt, und die zylinderförmigen Elemente sind nicht ganz verwirklicht worden.

1965 Place de la Mairie et fontaine monumentale, Segrate (Milan)

Le projet clôt la place par un mur qui la sépare de la campagne. Des portes sont ouvertes dans ce mur. Les extrémités de la place sont aussi soulignées par des éléments cylindriques, des fragments de constructions.

L'élément dominant est un monument aux partisans. Il est fait de divers éléments d'architecture. La place et le monument se veulent une architecture d'ombres, marques du temps et du passage des saisons.

Le monument est fontaine d'un côté, tribune de l'autre. La tribune, tournée vers la place, se termine par d'amples gradins. Les gradins finissent par de la végétation : pelouse et arbres.

La place est pavée de porphyre rose. Les gradins sont en ciment. La fontaine est entièrement en ciment armé. Le conduit triangulaire et la colonne devaient être revêtus d'un verni blanc brillant.

Le mur de clôture de la place et les éléments cylindriques ne sont pas encore complètement réalisés.

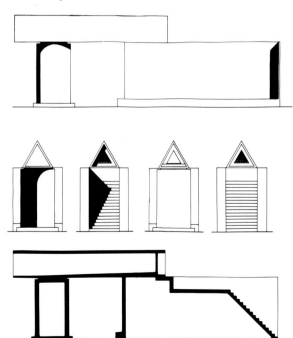

Perspektiven und Schnitte des Brunnens.
Vues et coupes de la fontaine.

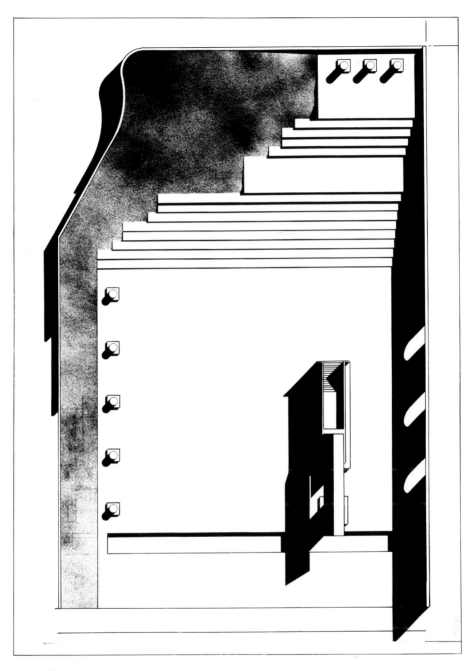

Gesamtübersicht. / Plan général.

Perspektivische Ansicht. / Perspective de la place.

**1966 Wohnsiedlung im Viertel
San Rocco, Monza (Mailand)**
Entwurf für einen Wettbewerb.
In Zusammenarbeit mit G. Grassi.

Monza ist eine kleine Stadt, die praktisch mit Mailand zu einer Agglomeration verschmolzen ist, die den Norden der lombardischen Hauptstadt kennzeichnet. Die umliegende Landschaft ist tief abgesunken. Sogar die Bezugspunkte, die für die Industrielandschaft typisch waren, sind verschwunden. Der Entwurf soll also zwei Dinge aufzeigen:
1) Die Möglichkeit in der Misere und im Durcheinander der Mailänder Industriegebiete an der Peripherie eine klare und erkennbare Form herauszukristallisieren.
2) Eine architektonische Alternative zu den Bautypen der Spekulation und des sozialen Wohnungsbaus.
Der Entwurf für das Viertel San Rocco stellt einen Wohnkomplex dar, der vom Hof bestimmt wird und seine Vorgänger in der Antike wie in der Moderne findet, in einer Kontinuität der Form, die von den Kartäuserklöstern bis zu den großen Höfen der Modernen Bewegung in Berlin oder Wien (Berlin-Britz oder der Karl-Marx-Hof) geht, eine Kontinuität, die aber auch ein lokales und ethnisches Element enthält, eine Art zu bauen, wie sie in der Lombardei seit Jahrhunderten üblich ist.

**1966 Complexe résidentiel dans la
localité de San Rocco, Monza (Milan)**
Projet pour un concours.
En collaboration avec G. Grassi.

Monza est une petite ville presque collée à Milan dans laquelle ce complexe opère à la façon d'une «connurbation» caractéristique du nord de la capitale lombarde. Le paysage environnant est profondément dégradé; jusqu'aux signes de référence du paysage industriel qui sont perdus. Le projet a donc deux significations:
1) La possibilité d'isoler une forme précise et identifiable de la misère et de la confusion de la périphérie milanaise.
2) L'alternative architecturale entre les types de constructions à caractère spéculatif et les constructions économiques populaires.
Le projet pour le quartier San Rocco apparaît comme une unité résidentielle basée sur un système de cours, et retrouve l'échelle propre aux exemples anciens comme aux exemples modernes, dans l'évolution de la forme qui, partie des chartreuses a fini par produire les grands Höfe du mouvement moderne à Berlin ou à Vienne (Berlin-Britz ou Karl-Marx-Hof), mais qui reprend aussi un élément local, populaire, une façon de construiere maintenant séculaire en Lombardie.

Plastikmodell, von oben gesehen. / Maquette, vue générale.

1968 Rathaus, Scandicci (Pavia)
Entwurf für einen Wettbewerb.
In Zusammenarbeit mit M. Fortis
und M. Scolari.

Der Kern des Bauwerks besteht aus drei Gebäuden. Im ersten sind die Ämter mit ständigem Publikumsverkehr untergebracht (Einwohnermeldeamt, technisches Büro, Stadtpolizei, Gesundheitsamt usw.). Das zweite, senkrecht und im Erdgeschoß mit dem ersten verbunden, enthält das Sekretariat des Bürgermeisters, das Restaurant, das Café und den Lesesaal. Der dritte Komplex ist der Rathaussaal, der als großer öffentlicher Saal konzipiert ist. Diese drei Komplexe sind verbunden und um eine Symmetrieachse angeordnet, die die verschiedenen typologischen Schemas zusammenfügt.

Der Bürotrakt ist eine große zentrale Fläche, die nach innen gewendet ist und sich mit Arkaden dem Platz entlang erstreckt. Man kann ihn als zentrales quadratisches Element mit fortlaufenden Arkaden definieren. Die Büros haben Ausblick auf diese Arkaden, die ein städtisches Element darstellen. Die Anordnung der Büros wird von allgemeinen Prinzipien geleitet. Aufgrund der ausreichenden Tiefe können sie bequem doppelt ausgelegt werden.

Wie aus dem Längsschnitt zu ersehen ist, ist das Büro des Bürgermeisters direkt mit den anderen Büros verbunden, zu denen es praktisch eine dritte Etage bildet. Außerdem ist es mit dem darunterliegenden Block mit Bibliothek und Restaurant verbunden, der das Basiselement bildet.

Charakteristisch ist der Durchgang durch das Bauwerk in Richtung Gemeindesaal. Aufgrund ihrer Form und ihrer Masse kann die Passage für Ausstellungen benutzt werden und weitet sich zu diesem Zwecke an einer Stelle zu einem Saal aus, der mit einem Satteldach versehen ist.

Der Gemeindesaal entspricht genau dem für Konferenzsäle vorgeschlagenen Typus: Ein zentraler Raum mit bescheidenen Abmessungen,

1968 Palais communal, Scandicci (Pavie)
Projet pour un concours. En collaboration avec M. Fortis et M. Scolari.

La bâtiment est constituée de trois noyaux principaux. Le premier est destiné aux services de l'administration en rapport permanent avec le public (état civil, bureaux techniques, vigiles, hygiène, etc.). Le second, vertical, comprend le secrétariat du maire, son bureau, et, au rez-de-chaussée, le bar-restaurant et la salle de lecture. Le troisième noyau coïncide avec la salle du conseil, conçue comme une grande salle publique. Les trois noyaux sont joints et disposés selon un axe de symétrie qui réunit les différents schémas typologiques.

Le corps des bureaux est un grand plan central tourné vers l'intérieur et qui se déroule au fil d'un portique et d'une place. On pourrait le définir comme un élément carré central, avec une coursive continue en arcade. Sur le portique se présentent les divers bureaux, comme sur une galerie de caractère urbain. La disposition des bureaux est régie par le principe général qui caractérise les doubles distributions, de profondeur suffisante et adaptée à l'espace.

Le bureau du maire, comme on le voit sur la coupe longitudinale, est relié directement à ses services, et constitue en fait le troisième étage dont le socle serait la salle de lecture et le bar-restaurant.

Le parcours caractéristique du bâtiment est le passage vers la salle du conseil. La galerie, par sa forme et ses dimensions, peut servir à des expositions, pour cette raison, elle est couverte tout au long du trajet et s'élargit en une salle.

La salle du conseil propose la typologie bien définie des lieux d'assemblée : un espace central de dimensions modestes mais que le plan centré et la couverture en coupole permettent d'utiliser au mieux.

Le corps surélevé du bureau du maire s'appuie

dessen Grundriß und dessen Kuppeldach ihn jedoch optimal verwendbar machen.

Der erhöhte Trakt des Bürgermeisterbüros ist gegen die Bibliothek und den Bürotrakt mit Eisenträgern abgestützt. Die lichte Weite zwischen den Trägern wird von vier Stahlsäulen unterbrochen. Die galerieähnliche Passage wurde mit einem Eisenträger konstruiert. Die Kuppel ist aus Metall.

Es ist geplant, das ganze Bauwerk mit dunklem Marmor oder einem anderen, grauen, nicht glänzenden Stein aus der Toskana zu verkleiden, den man auf verschiedene Art bearbeiten kann. Die Stahlsäulen werden mit weißem oder hellblauem Emaillack versehen. Die Arkaden werden innen verputzt und weiß gestrichen.

sur la bibliothèque et sur le carré des bureaux, au moyen de poutres de fer. La portée des poutres est interrompue par quatre colonnes d'acier. Le pont-galerie est réalisé par une poutre de fer. La coupole est métallique.

Tout l'édifice doit être revêtu du «bardiglio» rose ou d'une autre pierre toscane de couleur grise et mate, traitée sur des modes divers. Les colonnes d'acier sont vernies d'émail blanc lumineux ou bleuciel. Les arcades intérieures sont crépies et teintées de blanc.

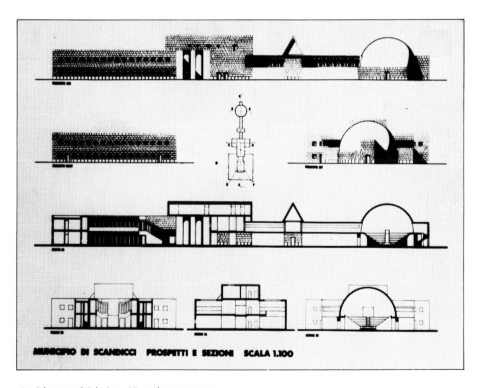

Ansichten und Schnitte. / Façades et coupes.

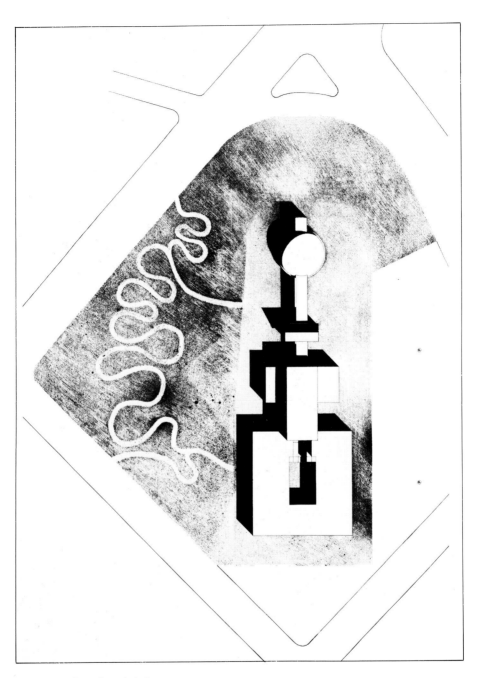
Gesamtansicht. / Plan général.

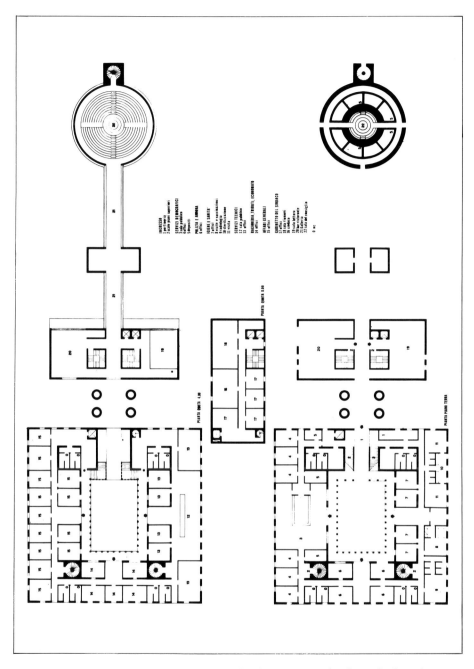

Grundriß auf 4 m Höhe und des Erdgeschosses. / Plan du niveau 4 et plan du rez-de-chaussée.

1969–1973 Wohnblock im Viertel Gallaratese 2, Mailand (Via Falck 37)

Das Gebäude gehört zu einem größeren Wohnkomplex, der von Carlo Aymonino entworfen wurde.
Es ist 182 m lang und 12 m breit. Das Erdgeschoß hat auf zwei Höhen Arkaden, die durch eine Treppe miteinander verbunden sind. Die Arkaden bestehen aus 3 m tiefen Mauern und 1 m tiefen Pfeilern. Mauern und Pfeiler sind 0,20 m dick. In der Mitte des Gebäudes befinden sich vier Säulen von 1,80 m Durchmesser. Ihr Längsabstand beträgt 3,50 m und ihr Tiefenabstand 8 m. Die Mauern und Pfeiler haben einen Abstand von 1,80 m. Nach je 16 Stützwänden gibt es Treppen. Die erste Treppe unten ist um drei Stufen höher als der Boden. Der Zugang zu den Treppen kann sowohl von den Arkaden aus wie auch von außen erfolgen.
Der in bezug auf das Erdgeschoß überhöhte Teil hat dieselben technischen Daten, nur daß sich über den Arkaden Geschäftsräume befinden.
Die Treppen führen direkt zum offenen Laufgang. Er ist durchgehend 1,85 m breit und auf der äußeren Seite durch quadratische Öffnungen im Mauerwerk von 1,50 m Seitenlänge ganz offen. Vom offenen Laufgang geht man direkt in die Räume. Zum Treppenhaus hin befinden sich auf 1,70 m Höhe auch die Badezimmerfenster. Die Öffnungen des Treppenhauses sind quadratisch und haben eine Seitenlänge von 2,80 m. Sie werden durch Metallgitter gesichert, die in Querrichtung durch Eisenträger verstärkt sind. Das Gebäude ist aus Beton und elfenbeinfarbig verputzt. Die Wohnungen bestehen im wesentlichen aus zwei Räumen mit Bad. Jede Wohnung hat zur Hauptfassade hin eine oder zwei Loggien.

1969–1973 Unité résidentielle du quartier Gallaratese 2, Milan (37, via Falck)

Le bâtiment fait partie d'un complexe résidentiel plus vaste projeté par Carlo Aymonino.
C'est un bâtiment long de 182 m et profond de 12 m. Le portique du rez-de-chaussée sur deux niveaux est relié par un escalier. Le portique est formé de murs de trois mètres de profondeur pour les refends et d'un mètre pour les pilastres; les pilastres et les refends ont une épaisseur de vingt centimètres.
A l'intérieur et en tête du corps principal, on trouve quatre colonnes d'un mètre quatre-vingt de diamètre. Ces colonnes ont un entre-axe de 3.50 m longitudinalement et de 8 m transversalement. Les murs de refends et de pilastres ont 1.80 m d'entre-axe. Tous les seize refends on trouve les groupes d'escaliers; le premier palier est surélevé de trois marches par rapport au sol. L'accès aux escaliers peut se faire également depuis l'extérieur.
La partie plus haute présente les mêmes caractéristiques mais, sous le portique, on trouve une structure d'accueil pour magasins ou activités commerciales. Les groupes d'escaliers mènent directement à la coursive, qui constitue un parcours continu de 1.85 m de large, régulièrement ouvert sur l'extérieur par des percements carrés de 1.50 m de côté. De là on accède aux locaux dont les fenêtres de service donnent sur la coursive. Leur allège est à 1.70 m. La coursive est éclairée en face des escaliers par de grands percements carrés de 2.80 m de côté. Ces percements sont protégés de grilles métalliques contreventées par des fers transversaux. Tout le bâtiment est en béton armé recouvert d'enduit granulé de couleur ivoire. Les appartements proposés sont principalement des deux-pièces, plus services; chaque appartement dispose d'une ou de deux loggias en façade.

Arkaden. / Portique.

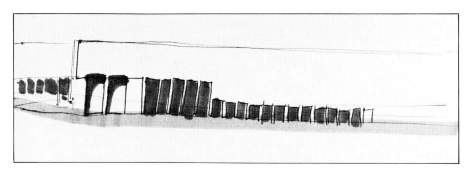

Tuschzeichnungen. / Dessins à l'encre de Chine.

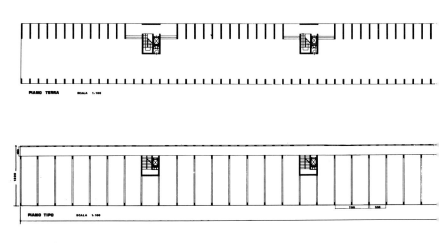

Grundriß des Erdgeschosses und eines Etagentyps.

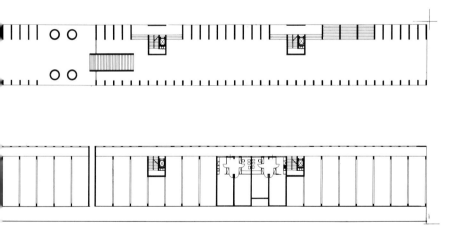

Plan du rez-de-chaussée et plan type.

Die Hauptfassade. / Façade principale.

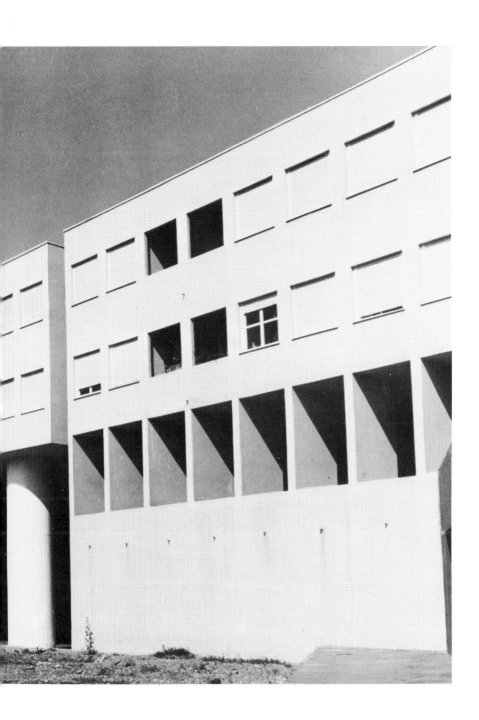

1969/70 De-Amicis-Schule, Broni (Pavia)
Restaurierung und Erweiterungsbau.

«Es geht um die Vergrößerung und Restaurierung einer zu Beginn dieses Jahrhunderts erbauten kleinen Schule in Broni bei Pavia.
Ich habe den Laubengang, das Treppenhaus und neue Klassenzimmer im Hof gebaut.
Im Hof habe ich den Pfeilerrhythmus intensiviert, um den Raum lebendiger zu gestalten. Hinter den Pfeilern sieht man den Verputz der alten Fassade. Ich glaube, daß man hier die Dialektik zwischen Altem und Neuem im wahrsten Sinne des Wortes erfahren kann.
Dem Treppenhaus gibt das große Fenster zum Hof Licht. In dieser Architektur haben das Licht und die Einfachheit der Konstruktion eine große Bedeutung.»

1969/70 Ecole De Amicis, Broni (Pavie)
Restauration et agrandissement.

«Il s'agit de l'extension et de la restructuration d'une petite école du début des années 1900 à Broni, à côté de Pavie. J'ai réalisé le portique, l'escalier d'accès et de nouvelles classes dans la cour.
Dans la cour, j'ai multiplié le rythme des piliers : je l'ai voulu comme une accélération de l'espace. Entre ces piliers, on peut voir le crépi de la vieille façade. Le rapport dialectique entre le vieux et le neuf n'existe que s'il est saisi dans sa matérialité.
L'éclairage de l'escalier vient de la grande fenêtre de la cour. Dans cette architecture, toute réside dans la lumière et la simplicité de la structure.»

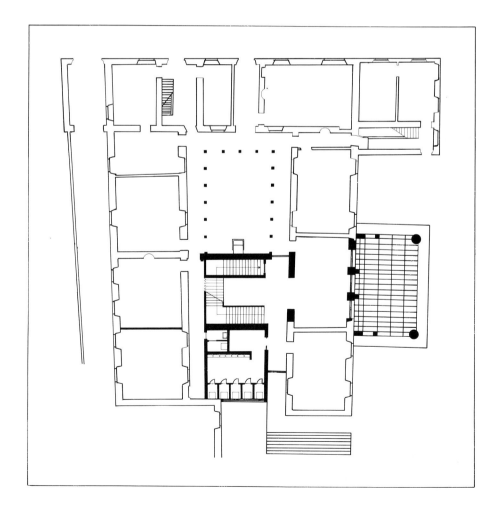

Innenhof. / Cour intérieure.

Grundriß. Die Änderungen sind schwarz eingezeichnet. / Plan. Intervention en noir.

1971 Friedhof von San Cataldo, Modena
In Zusammenarbeit mit G. Braghieri.
Im Bau.

Dieser Entwurf gewann den nationalen Wettbewerb von 1971, der für die Vergrößerung des alten neoklassizistischen Friedhofs von Costa ausgeschrieben worden war.
Das Einfügen in den großen schon vorhandenen Friedhof erfolgt durch die Erweiterung der Außenmauern, aber ohne die bestehenden zu zerstören. Die Mauer von Costa, die nach der Originalzeichnung restauriert wird, führt die des neuen Bauwerks weiter.
Der 1978 hinzugefügte Säulengang ist wie eine überdachte Straße in der Stadt und beherbergt die Geräte, die auf dem Friedhof gebraucht werden. Am oberen Ende befinden sich Grabnischen.
Die geradlinigen Säulengänge, denen entlang die Leichen bestattet werden, geben dem Friedhof seine typische Form. Die Säulengänge sind außen und innen. Sie verlaufen sowohl zu ebener Erde wie in den oberen Geschossen. Diese Bauten enthalten im wesentlichen die Grabkammern. In der Mitte dieses Bereichs gibt es noch weitere Grabkammern, deren regelmäßige Aufeinanderfolge ein Dreieck beschreibt. Die Mittelachse stößt auf das letzte Querelement, das sich seitlich ausweitet und das Dreieck umschließt. Am Ende dieser Mittelachse befinden sich zwei Elemente von strenger Form: Ein Kubus und ein Konus. Im Konus und darunter befindet sich das Massengrab, im Kubus die Gedächtnisstätte für die Kriegsgefallenen und das Beinhaus.
Diese beiden Monumentalelemente sind mit der Mittelachse skelettartig verbunden. Nur ihre dimensionale Beziehung ist monumental, wobei unter monumental die Darstellung der Bedeutung des Todes und der Erinnerung zu verstehen ist. Die beiden Monumentalelemente begrenzen die Mittelachse.

1971 Cimetière de San Cataldo, Modène
En collaboration avec G. Braghieri.
En construction.

Projet lauréat d'un concours national lancé en 1971, dont l'objet était l'extension d'un vieux cimetière néoclassique de Costa.
L'insertion dans le grand cimetière existant se fait par l'agrandissement de l'enceinte périphérique, sans la rompre, en la continuant. Le mur de Costa, restauré systématiquement selon le dessin original, poursuit celui du nouvel édifice.
L'insertion du portique, plus tardive (projet réalisé en 1978), se présente comme une rue couverte de caractère urbain qui accueille les éléments nécessaires à la vie du cimetière ; dans sa partie supérieure on trouve une série de petits lieux.
La forme typologique du cimetière est caractérisée par le parcour rectiligne des portiques, le long desquels sont rangées les dépouilles. Les parcours des portiques sont périphériques et centraux, ils se développent au rez-de-chaussée et sur les niveaux supérieurs. Ces bâtiments contiennent des colombariums.
Au centre, d'autres colombariums sont groupés en une succession régulière inscrite dans un triangle. Cette épine centrale, ou vertébrale, s'élargit vers la base et le bras de l'ultime barre transversale tend à se refermer. Aux extrémités de cette épine centrale, on trouve deux éléments aux formes strictes : un cube et un cône. Dans le cône, en dessous de celui-ci, on trouve la fosse commune ; dans le cube, le sanctuaire des victimes de guerre et l'ossuaire.
Ces deux éléments monumentaux sont liés à l'épine centrale de façon à former une configuration ostéologique. Seul le rapport de leurs dimensions est monumental. La monumentalité pose le problème de la description de la signification de la mort et du souvenir. Ces éléments définissent l'épine centrale.

Das viereckige Bauwerk mit seinen regelmäßigen Fenstern entspricht einem Haus ohne Etagen und ohne Dach. Die Fenster sind einfach Öffnungen in der Mauer. Es ist das Haus der Toten; architektonisch ein unvollendetes und somit verlassenes Haus. Dieses unvollendete und verlassene Bauwerk ist eine Analogie zum Tod.

Der Konus überragt das Massengrab wie ein großer Schornstein. Durch den Durchgang ist er mit den Grabkammern verbunden. Die Verbindung wird an zwei Stellen gewährleistet. Oben gelangt man über einen offenen Gang dorthin. Dieser ist mit dem Durchgang durch die Grabkammern verbunden und bildet sozusagen dessen Abschluß. Vom Eingang aus führt eine Reihe von Treppen zum Grabstein des Massengrabs hinunter.

In der Mitte des Friedhofs sind die Grabkammern in paralleler Reihenfolge so angeordnet, daß sie, planimetrisch dargestellt, ein Dreieck beschreiben. Die einzelnen Grabreihen steigen in der Höhe progressiv an, so daß sie auch im Querschnitt ein Dreieck ergeben.

Die Grundrißprogression ist gegenläufig zur Höhenprogression, geht aber in dieselbe Richtung. Das längste Element ist also das niedrigste und das kürzeste das höchste. Das längste Parallelelement ist die Basis der Figur und geht über das Dreieck hinaus. In zwei rechten Winkeln schließt es das Dreieck ein. So entsteht eine der Wirbelsäule ähnliche Form oder zumindest ein skelettartiges Gebilde. Die Außenmauern der Gebäude bestehen aus vorgefertigten Zementblöcken, die mit Feinputz versehen und rosa getönt sind. Die Innenverbauung ist aus vorgefertigten, sich selbst tragenden Zementelementen und enthält die Grabkammern. Die horizontalen Flächen, die äußeren Säulengänge und die oberen Durchgänge sind aus glattem grauem Zement. Die Überdachung des Eingangs und der Bauten am Rand besteht aus einem sichtbaren Dachstuhl aus Eisen, das mit blaulackierten Aluminiumplatten abgedeckt ist.

L'édifice cubique, aux fenêtres régulières taillées dans les murs et sans huisseries, se présente comme une maison sans toiture ni plancher. C'est la maison des morts. En architecture, c'est une maison inachevée et par conséquent abandonnées. Cet ouvrage, inachevé et abandonné, est une analogie à la mort.

Le cône surplombe la fosse commune à la façon d'une grande cheminée. Il est relié au parcours central des colombariums. L'articulation se fait sur deux plans: au plan supérieur, on accède à une coursive à l'air libre. Cette coursive est liée au circuit des colombariums. Il en constitue comme la conclusion. Au sol, depuis l'entrée, une série de gradins descendent vers la pierre tombale qui recouvre la fosse commune.

Au centre du cimetière, les colombariums sont groupés en une succession régulière de parallélépipèdes inscrits en plan dans un triangle. Chaque élément s'élève progressivement afin de s'inscrire aussi dans un triangle en section transversale.

La progression en plan est inverse de celle en élévation mais suit la même direction. L'élément le plus long est également le plus bas alors que l'élément le plus court est le plus haut. L'élément parallélépipédique qui sert de base à la figure est replié à angle droit et enferme le triangle. Cela lui donne une forme analogue à celle d'une colonne vertébrale, ou, quoiqu'il en soit, l'allure d'une configuration ostéologique.

Les murs périphériques des bâtiments sont en blocs de ciment préfabriqués revêtus d'un enduit fin pigmenté de couleur rose. La structure intérieure est faite d'éléments préfabriqués autoportants en ciment, qui contiennent les colombariums. Les surfaces horizontales, les portiques périphériques, et les parcours surélevés, sont en ciment gris lisse. La toiture du portique d'entrée de l'édifice périphérique est constituée de fermes métalliques recouvertes de plaques d'aluminium prélaquées de couleur bleue.

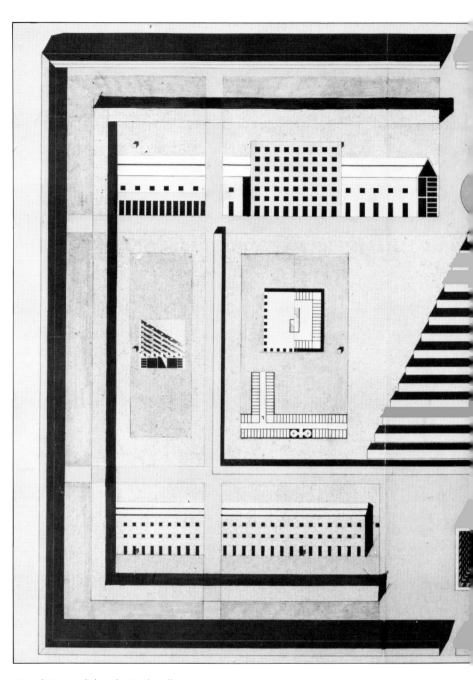

Mensch-ärgere-dich-nicht-Spiel. Collage.

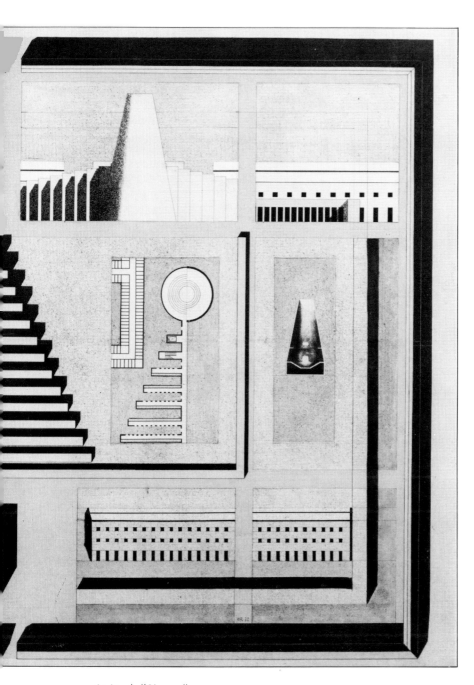

«Le Jeu de l'Oie», collage.

Ansicht des Beinhauses und des Massengrabes. Detail.
Perspective sur l'ossuaire et la fosse commune. Détail.

Ansichten der Säulengänge und des Beinhauses.
Vues des portiques et de l'ossuaire.

Gesamtansicht. Rechts der neoklassizistische Friedhof von Costa; in der Mitte der jüdische Friedhof, die Toilettenräume und die lange Verbindung durch das neue Eingangsportal.

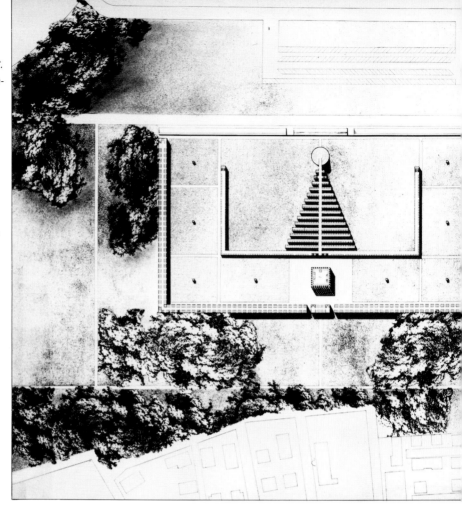

Ansicht der Kapellen. / Vue des chapelles.

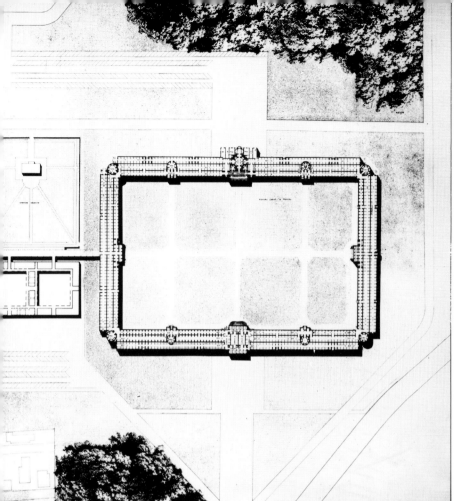

Plan général. A droite, le cimetière néoclassique de Costa; au centre, le cimetière juif, les services et la longue articulation du nouveau portique.

Das Beinhaus. / L'ossuaire.

1972 Rathaus, Muggiò (Mailand)
Entwurf für einen Wettbewerb.
In Zusammenarbeit mit G. Braghieri.

Dieser Entwurf stellt die Verbindung eines vorhandenen Parks mit einem alten Dorfkern dar. Der Kegelstumpf in der Mitte hat zwei Stockwerke. Im Erdgeschoß befindet sich ein Raum für Ausstellungen und Versammlungen. Oben ist der Sitzungssaal des Gemeinderates. Die seitlichen Gebäude sind die Büros für die öffentlichen Ämter und für die Parteien. Der innere Platz geht in den davorliegenden Dorfplatz über. In der Mitte ist eine Statue von Giorgio De Chirico, «Die Archäologen», aufgestellt. Dieser Entwurf steht in Beziehung zum wachsenden Interesse für die surrealistischen Erfahrungen, weniger was die Form betrifft als im eher unvorhergesehenen Zusammenfügen der Bauelemente.

1972 Mairie, Muggiò (Milan)
Projet pour un concours.
En collaboration avec G. Braghieri.

Ce projet articule un parc existant avec le centre d'un village ancien.
Le cône central a deux niveaux. Au rez-de-chaussée, se trouve un lieu pour les réunions et les expositions. Dans la partie supérieure est située la salle du conseil municipal. Les bâtiments latéraux renferment les bureaux destinés au public et aux associations politiques.
La place centrale qui en découle, s'articule avec la place existante du village. Une statue de Giorgio De Chirico, «Les Archéologues», est posée en son centre. Le projet est lié à notre intérêt croissant pour les expériences des surréalistes, pas tant formellement, que du point de vue du sens de la composition imprévue des objets.

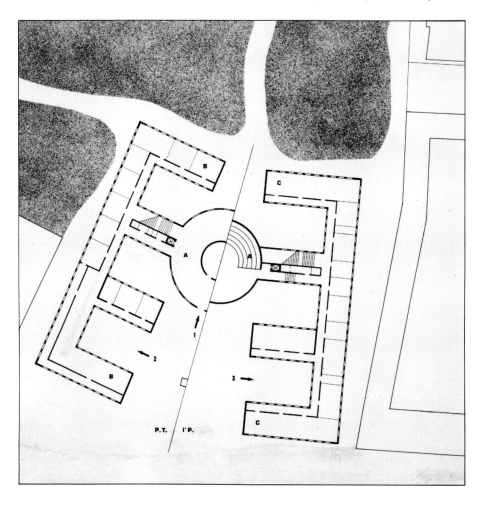

Tuschzeichnung. / Dessin à l'encre de Chine.

Grundriß des Erdgeschosses und der ersten Etage. / Plan du rez-de-chaussée et de l'étage.

**1972–1976 Grundschule,
Fagnano Olona (Varese)**

Die zentrale Idee, die dieser Schule zugrunde liegt, ist, eine kleine Stadt zu bauen. Diese Stadt verläuft auf zwei Ebenen um einen zentralen Platz herum. Dieser Platz ist als Theater mit Stufen konzipiert. Hier können Unterrichtsstunden im Freien, politische Manifestationen und Versammlungen stattfinden.
In dem zylinderförmigen Bau befindet sich die Bibliothek der Schule und eine für das Stadtviertel. Im ersten Gebäude, das man sieht, sind die Direktion, der Schularzt und die Mensa untergebracht. Daran schließen sich die Klassenräume an, die sich regelmäßig um eine zentrale Achse herum gruppieren, in Zyklen unterteilt sind und alle streng nach Osten oder Südosten liegen. Es gibt 22 Klassenzimmer. Der vor der Schule errichtete Schornstein hat symbolischen Charakter. Er ist wie die alten Fabriken aus Ziegelsteinen erbaut und setzt die Schule zur umliegenden Industrielandschaft in Beziehung.

**1972–1976 Ecole élémentaire,
Fagnano Olona (Varèse)**

Au départ, l'idée est que cette école forme une petite cité. Cette cité se veut centrée sur une place à deux niveaux, conçue comme un théâtre en gradins. Dans ce théâtre à l'air libre, peuvent se tenir des cours, des manifestations politiques, des réunions.
Le cylindre contient la bibliothèque de l'école et une bibliothèque au service du quartier. Les locaux de la direction, l'infirmerie et le réfectoire sont situés dans le premier bâtiment que l'on voit. Le gymnase est situé dans sa partie supérieure. Le classes sont ensuites réparties régulièrement de part de d'autre d'un axe central. Toutes sont rigoureusement orientées à l'est-sud-est. Il y en a vingt-deux. La cheminée placée à l'avant de l'école a une valeur symbolique. Elle est en brique comme celles des vieilles usines et donne à l'école une signification référentielle au paysage qui l'entoure.

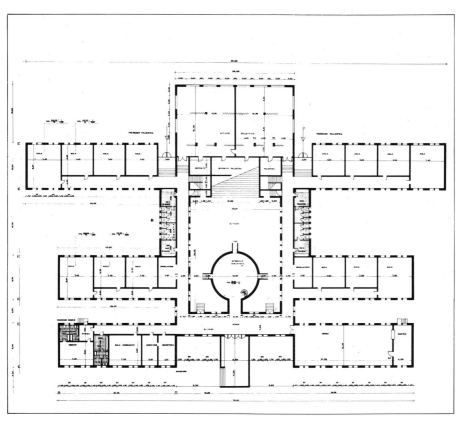

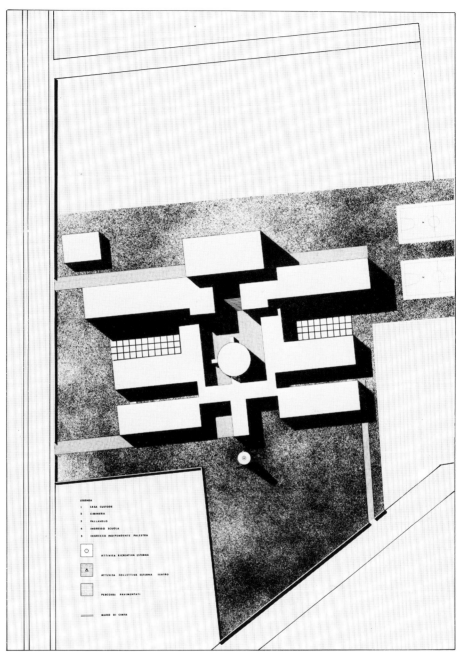

Gesamtansicht. In der Mitte der Platz mit Stufen. / Plan général. Au centre, la place en gradins.

Grundriß des Erdgeschosses. / Plan du rez-de-chaussée.

Hauptfront. / Façade principale.

Der Eingang. / Entrée.

Innenhof. / Cour intérieure.

Der Innenhof: Die Bibliothek. / Cour intérieure: La bibliothèque.

**1973   Einfamilienhäuser,
Broni (Pavia)**

In Zusammenarbeit mit G. Braghieri.

Dieser Wohnkomplex wurde als sozialer Wohnungsbau der Gemeinde Broni im Oltrepò bei Pavia entworfen.
Es sind Einfamilien-Reihenhäuser mit Erdgeschoß und zwei Stockwerken. Das Erdgeschoß besteht aus einem Vorbau, in dem die Garage, die Waschküche, die Küche und ein großer Abstell- und Vorratsraum für landwirtschaftliche Produkte untergebracht sind. Im ersten Stock liegen der Wohnraum und ein Zimmer. Der Wohnraum führt auf eine kleine Terrasse, die die Fassaden dieser Häuser charakterisiert. Im oberen Geschoß befinden sich zwei Schlafzimmer. Die Raumaufteilung ist nicht zwingend und erlaubt dem einzelnen Besitzer gewisse Freiheiten bei der Anordnung der Räume.
Im Viertel für sozialen Wohnungsbau führt diese Häuserreihe entlang der Hauptstraße. Diese breite Straße, die ins historische Zentrum des Dorfes führt, beeinflußte den Entwurf wesentlich.
Der Bautyp Einfamilienhaus gestattet eine lange und flache Konstruktion, die vom Hügel und vom Weinberg überragt wird. Die gewölbten Dächer, die von weißen Mauern unterbrochen werden, betonen die Landschaft der Region Oltrepò bei Pavia.
Die Mauern, die das gewölbte Dach abgrenzen, heben außerdem die verschiedenen Wohneinheiten hervor, hinter denen jeweils ein kleiner Garten liegt. Diese Gemüsegärten auf der Rückseite stellen dazu noch eine homogene Grünzone dar.

**1973   Maisons individuelles,
Broni (Pavie)**

En collaboration avec G. Braghieri.

Il s'agit d'un ensemble résidentiel projeté pour la zone de construction économico-populaire de la commune de Broni sur l'Oltrepò pavésien.
La typologie de ces constructions est celle de maisons individuelles en bande, qui comprennent un rez-de-chaussée et deux étages. Au rez-de-chaussée on trouve un portique, sous lequel sont regroupés le garage, la buanderie, la cuisine et un grand local de dépôt et de rangement pour les produits agricoles. Au premier étage on trouve le séjour et une chambre : le séjour se prolonge sur une terrasse qui caractérise la façade du bâtiment. A l'étage supérieur on trouve deux chambres à coucher. La disposition n'est pas contraignante et permet au propriétaire une relative liberté d'occupation des locaux.
L'ensemble de ces maisons longe la rue principale de la zone de construction économico-populaire : le plan est en effet caractérisé par cette vaste rue centrale qui aboutit au centre historique du village. La typologie de la maison individuelle permet de réaliser une construction longue et basse, dominée par la colline et le vignoble ; les toits semi-circulaires, interrompus par l'élévation du mur blanc, accentuent le paysage de l'Oltrepò pavésien. Les murs qui scandent la couverture circulaire signalent les diverses maisons situées au centre d'un petit jardin. Ce jardin, à l'arrière, constitué d'une série de potagers, est quand même une zone verte homogène.

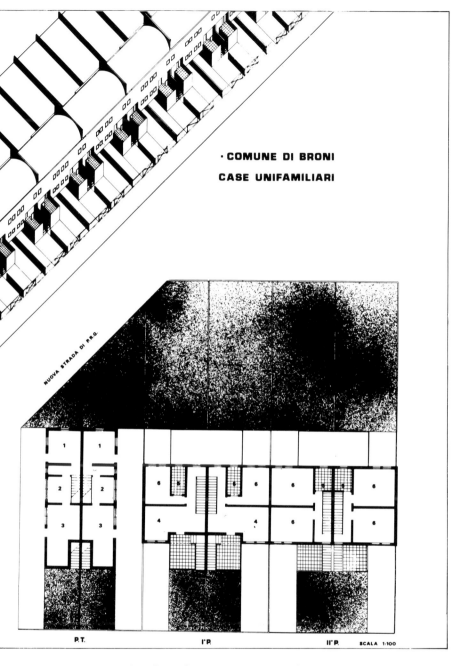

Axonometrie und Grundrisse. / Axonométrie et plans.

1973   Villa in Borgo Ticino (Pavia)
Entwurf. In Zusammenarbeit mit G. Braghieri.

Dieser Entwurf ist für ein Haus auf einem Grundstück im Wald bestimmt, das durch den Fluß Tessin charakterisiert wird. Das Grundstück ist zum Teil eben, zum Teil liegt es an einem bewaldeten Hang. Diese topographische Bedingung, die für Bauten in Hügellandschaften oder in den Bergen typisch ist, hat bei der Konzeption des Projekts eine besondere Rolle gespielt. Die Villa, die sich über den ebenen und abfallenden Teil erstreckt, versucht ganz allgemein eine Lösung für Bauten in Hanglage oder in den Bergen anzubieten. Sie besteht aus einem Bauelement auf dem ebenen Teil des Grundstücks und aus vier Bauelementen auf dem Hang. Im ersten Bauteil befinden sich die Küche und der Wohnraum. Sie werden durch ein zum Wald offenes Atrium unterteilt, von wo aus man perspektivisch die Gebäudeteile, die auf Pfählen stehen, sieht. In den Pfahlbauten im bewaldeten Teil liegen sind die Schlafzimmer, zu denen man durch einen Flur gelangt, der in einem umlaufenden Balkon endet. Die vier Gebäudeteile der Schlafzimmer sind untereinander durch einen in der Mitte gelegenen Korridor verbunden, der längs dem Gebäudeteil auf dem ebenen Grundstück verläuft.

Typisch für diese Villa sind die Gebäudeteile, die in einer waagrechten Linie aus dem Hang herauswachsen und durch die unterschiedliche Höhe der Pfeiler an das Grundstück angepaßt sind. Auf diese Weise erscheinen sie wie Hängebrücken. Diese freitragende Konstruktion ermöglicht, das Haus im Wald selbst lebendig werden zu lassen, gerade dort, wo der Wald am geheimnisvollsten erscheint, das heißt zwischen den Zweigen der Bäume. Die Fenster der Schlafzimmer öffnen sich in der Tat auf der Höhe der Zweige, und an einigen Punkten im Haus (Atrium, Balkon, Schlafzimmer) ist das Verhältnis zwischen dem Grün des Waldes, dem Himmel und der Erde wirklich einzigartig.

1973   Villa à Borgo Ticino (Pavie)
Projet. En collaboration avec G. Braghieri.

Il s'agit du projet d'une maison sur un terrain à l'intérieur d'un bois qui domine le fleuve Tessin (Ticino). Le terrain se caractérise par une partie plane et une forte pente boisée. Cette caractéristique topologique du terrain, qui nous ramène aux conditions de construction en colline ou en montagne, a eu une importance particulière pour la conception du projet. Cette construction, répartie entre la partie plane et la partie escarpée, propose une solution générale aux constructions sur ce type de terrain. La villa est composée d'un corps de bâtiment posé sur le terrain plat et de quatre corps surplombant le terrain en pente. Dans la première partie on trouve la cuisine et le séjour. Ils sont séparés par un hall ouvert sur les bois où ils se reflètent et d'où les corps de bâtiments suspendus sont vus en perspective. Dans les corps de bâtiments suspendus on trouve les chambres à coucher distribuées par un couloir qui se poursuit en galerie extérieure. Les quatre corps de chambres à coucher sont reliés entre eux par un couloir qui longe le bâtiment situé sur la partie plane.

La caractéristique typologique de l'édifice réside dans le fait que les corps de bâtiments situés sur le terrain en pente se développent, indépendants, selon une ligne horizontale, tandis que le raccord au terrain est donné uniquement par les différentes hauteurs des piliers. Traités de cette manière, les bâtiments ont l'air de ponts suspendus dans le vide. Cette façon de suspendre, ou de construire en l'air, permet de faire vivre la maison dans les bois, précisément là où ils sont le plus secrets et le plus inaccessibles : dans les branches des arbres. Les fenêtres des chambres s'ouvrent en effet dans les branches. De certains points de la maison (l'atrium, la galerie, les chambres à coucher) le rapport à la verdure des bois, au ciel, au terrain, est véritablement particulier.

Die Pfahlbauten sind aus lackierten Eisenträgern konstruiert und bilden eine freitragende Decke, auf die die Wände aus Holz oder leichtem Material aufgesetzt sind. Die innere Aufteilung des Hauses ist sehr frei und leicht an die verschiedensten Anforderungen anpaßbar. Das Hauptgebäude auf dem ebenen Grund hat eine weite Vorhalle, wo das Leben des Hauses im Sommer stattfindet. Das Dach besteht aus verschweißten Metallplatten.

Les bâtiments suspendus sont composés de poutres en fer laquées qui forment un pont-terrasse ou un plafond sur lequel sont posées les constructions en bois ou en matériaux légers. La distribution interne est libre et adaptable au diverses exigences de la vie qui se déroule dans la maison. Le corps de bâtiment principal, posé sur le terrain plat, est précédé d'un vaste portique, projection extérieure de la vie de la maison pendant l'été. La toiture est en plaques métalliques soudées.

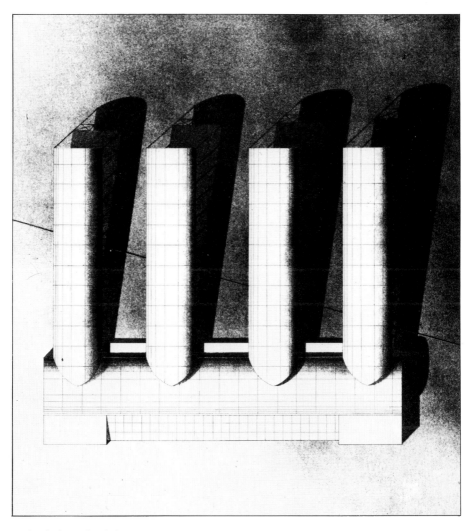

Dachaufsicht. / Plan de la couverture.

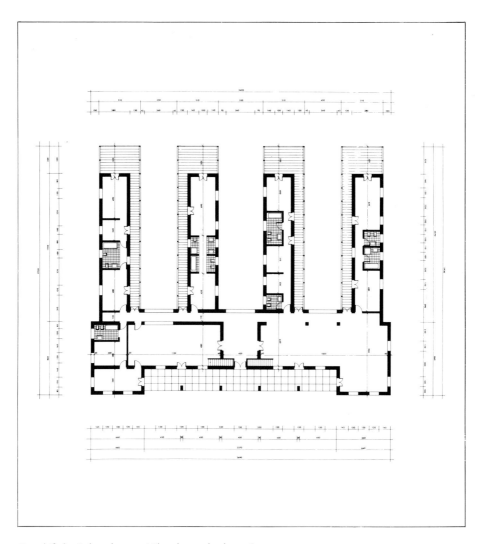

Grundriß des Erdgeschosses. / Plan du rez-de-chaussée.

Zeichnung, Mischtechnik. / Dessin, techniques mélangées.

Ansichten und Schnitte.

Perspektivische Ansicht.

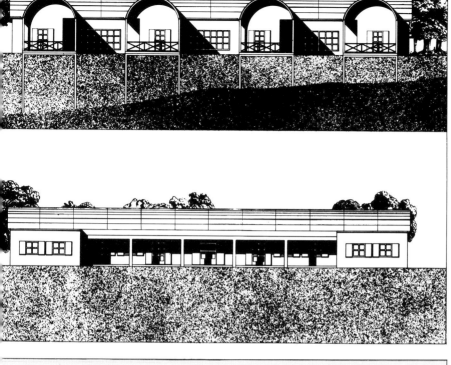

Façades et coupes.

Perspective.

1973 Pavillon im Wald der Villa, Borgo Ticino (Pavia)
In Zusammenarbeit mit G. Braghieri

Dieses Häuschen, fast ein Pavillon im Wald, besteht aus einer Reihe von Räumen, die durch einen Korridor verbunden sind, an dessen Enden sich die Eingangstüren befinden. Vor dem Korridor ist ein Portal, das die Fassade bildet.
Das Dach besteht aus Metallplatten, die mit Eisenträgern gegen die Ziegelsteindecke abgestützt sind. Es ist gewölbt und an den Enden durch die Mauern der Stirnseiten abgeschlossen. Auf den Stirnseiten, die völlig gleich sind, befindet sich jeweils ein Fenster und darüber eine runde Öffnung mit einem Drahtgeflecht. Diese Öffnung dient der Belüftung des Raumes unter dem Dach.
Dieses kleine Gebäude besteht aus Backsteinen, und die Flächen der Wände wurden erdfarben, grau-gelb, verputzt. Die Farbe wurde mit dem Verputz vermischt, um ihn gleichmäßig mit dem Mauerwerk altern zu lassen. Die Vorhalle wurde mit grauen Steinen aus der Gegend gepflastert. Türen und Fenster sind aus Holz.

1973 Pavillon dans le bois de la villa, Borgo Ticino (Pavie)
En collaboration avec G. Braghieri.

Ce petit édifice, presqu'un pavillon forestier, est constitué d'une série de locaux reliés par un couloir aux extrémités duquel se trouvent les portes. Devant ce couloir, se déroule un portique. Il est la façade du bâtiment.
La couverture, faite de plaques métalliques, avec une charpente de fer posée sur le plafond en brique, est courbe et fermée aux extrémités par le rehaussement des têtes de murs. Sur ces deux murs égaux, se trouvent une fenêtre et, en partie haute, une ouverture circulaire occultée par une grille. Cette ouverture sert à la ventilation de la toiture.
La petite construction est en brique et les parois sont enduites d'une couleur terre, gris-jaune. La couleur est mélangée à l'enduit de façon à pouvoir vieillir uniformément avec la maçonnerie. Le portique est pavé de pierre grise locale. Les huisseries sont en bois.

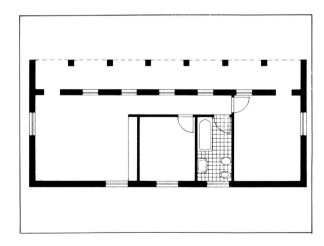

Grundriß. / Plan.

Seitenansicht. / Façade latérale.

1974 Verwaltungsgebäude der Region, Triest

Entwurf für einen Wettbewerb. In Zusammenarbeit mit G. Braghieri und M. Bosshard.

Die Aufteilung des ganzen Gebäudes konzentriert sich auf drei große verglaste Höfe in der Mitte. Jeder davon besteht aus einem quadratischen Raum von 14 × 14 m, der auf den vier Seiten von einer 1,50 m breiten Brüstung umgeben ist. Diese Brüstung ist für den Aufbau der oberen Balkone oder Laufgänge. Die drei zentralen Räume sind über die ganze Höhe des Gebäudes frei. Im Erdgeschoß und den weiteren Etagen befinden sich die offenen Laufgänge, die die beiden Frontseiten des Gebäudes verbinden und zu den Mittelteilen Zugang verschaffen. Die zentralen Verbindungselemente enthalten die Treppen und sanitären Anlagen, die in bezug auf das Innere des Bauwerks baryzentrisch angeordnet sind. Im Erdgeschoß sind diese Mittelstücke offen, damit sie mit den drei großen zentralen Höfen eine Einheit bilden.

Die drei großen Höfe sind mit Glas abgedeckt, das dem Mittelquadrat von 14 × 14 m entspricht.

Auf der Hauptfassade zum Meer, auf der Höhe des Daches, befinden sich die Gewächshäuser. Sie springen auf der Fassade vor und sind mit den oberen Laufgängen verbunden.

Alle Büros befinden sich entlang dem vorderen und hinteren Gebäudeteil regelmäßig angeordnet.

Das Gebäude besteht aus Beton, wobei die Innenhöfe eine Eisenkonstruktion haben, die mit den Außenmauern aus Beton verbunden ist. Diese Eisenkonstruktion trägt das Glasdach, so daß die ganze Innenstruktur des zentralen Raumes in bezug auf Konstruktion und Form eine Einheit darstellt, die in die Gesamtkonstruktion eingepaßt ist.

Auch die vorspringenden Gewächshäuser auf der Hauptfassade zum Viale Miramare sind eine

1974 Immeuble des services régionaux, Trieste

Projet pour un concours. En collaboration avec G. Braghieri et M. Bosshard.

La distribution de l'édifice tout entier est organisée sur trois grandes cours vitrées au centre. Chacune d'entre elles est constituée d'un espace central carré de quatorze mètres de côté, et surmonté d'un bandeau de 1,50 m de haut, courant sur les quatre côtés. Le bandeau est la projection des coursives aux loggias supérieures. Les trois espaces centraux sont libres sur toute la hauteur du bâtiment: un rez-de-chaussée et deux étages. Par là se présentent les coursives qui relient les deux façades du bâtiment et desservent les corps centraux.

Les corps centraux de liaison contiennent escaliers et services, en position de bary-centre par rapport au bâtiment tout entier. Le rez-de-chaussée des espaces centraux est ouvert de manière à permettre l'unité avec les grandes salles.

Les trois espaces centraux sont couverts par une verrière correspondant au carré central de quatorze mètres de côté.

Sur la façade principale, face à la mer, à hauteur de couverture, se trouve l'emplacement des serres: celles-ci sont constituées d'éléments en saillies sur la façade et reliées par la coursive supérieure.

Tous les bureaux sont situés le long de deux corps, antérieurs et postérieurs, en une succession régulière.

La structure du bâtiment est en béton armé. Les cours intérieures ont une structure de fer qui s'organise avec les murs périphériques de béton armé. Cette structure de fer porte la verrière, de telle manière que toute la structure de la partie intérieure de l'espace central constitue une entité constructive et formelle, insérée dans la structure générale.

De même, les serres situées en saillie de la fa-

Eisenkonstruktion. Sie sind wie Brücken konstruiert, die sich gegen die Betonkonstruktion der zentralen Gebäudeteile abstützen. Die Gewächshäuser bestehen aus gekreuzten Trägern, auf die sich entlang der Wände und im oberen Teil die Glasplatten stützen. Zwischen den Platten und den Trägern schützt ein Metallnetz vor direkter Sonnenbestrahlung.

Der Steinsockel war vorhanden und früher das Fundament des alten österreichischen Eisenbahnmagazins. Er wird restauriert und als Fundament des neuen Gebäudes beibehalten. Mit Öffnungen versehen, bildet er Zugang zu den verschiedenen Räumen (Druckerei, Magazin usw.), die sich im Erdgeschoß befinden. Dieser Sockel stellt die physische Kontinuität zwischen Altem und Neuem dar, eine Kontinuität, die auch in der Maserung der Steine, in der Farbe und im perspektivischen Einfügen der am Meer entlang führenden Straße aufgenommen wird. Das ganze Gebäude ist weiß verputzt. Die Eisenteile der Träger der Gewächshäuser und des Daches sind dunkelgrün lackiert. Der Bodenbelag der drei zentralen Höfe besteht aus grauen Steinen, während der der Büros und der Flure aus Plastik ist.

çade principale de la rue Miramare sont en fer; structuralement ce sont des ponts s'appuyant sur la structure de béton armé des corps centraux. Les serres sont constituées de travées porteuses croisillonnées et, dans la partie supérieure, de plaques de cristal. Entre les plaques et la travée est inséré un filet de protection faisant fonction d'écran contre la lumière solaire directe.

Le socle de pierre existant représente le soubassement de l'ancien bâtiment autrichien des magasins du chemin de fer. Il sera conservé et restauré comme soubassement du nouveau bâtiment. Dans celui-ci, sont disposées des ouvertures par lesquelles on accède à une série de locaux (imprimerie, dépôts, etc.) qui se trouvent au rez-de-chaussée. Le socle représente la continuité physique du passé au présent. Continuité qui se retrouve aussi dans le dessin de la pierre, dans la couleur, dans l'enfilade de la route qui longe la mer. Tout le bâtiment est crépi et teinté de couleur blanche. Les parties en fer des serres et de la couverture sont vernies en vert sombre.

Le sol des trois salles principales est de pierre grise, alors que celui des bureaux et des couloirs est en matière plastique.

Tuschzeichnung. / Dessin à l'encre de Chine.

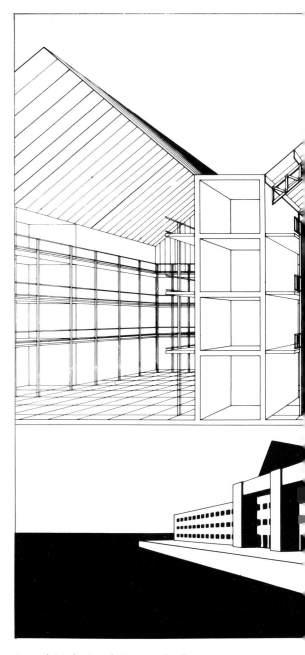

Perspektivische Ansicht innen und außen.

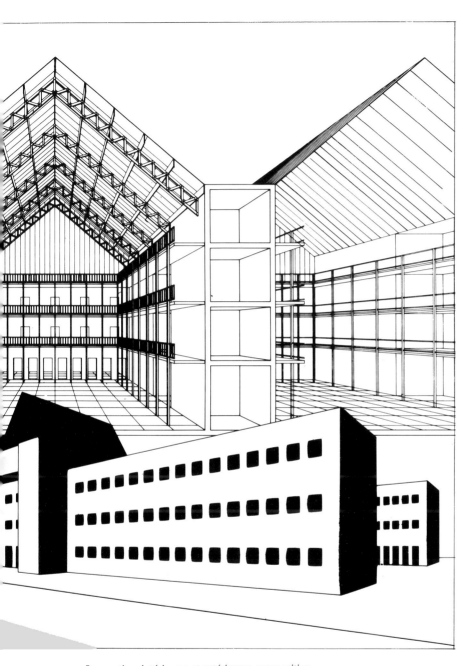

Perspectives intérieures et extérieures, composition.

1974 Studentenheim, Triest
Entwurf für einen Wettbewerb.
In Zusammenarbeit mit G. Braghieri,
M. Bosshard und A. Cantafora.

Dieser Entwurf hat sowohl mit dem Entwurf für das Haus in Borgo Ticino wie mit dem Wohnblock im Viertel Gallaratese etwas Gemeinsames. Von dem Wohnblock im Viertel Gallaratese hat es die langen Gebäudeteile mit umlaufendem Laubengang, in denen die Zimmer der Studenten untergebracht sind. Das ebenfalls stark abfallende Grundstück wird wie bei der Villa in Borgo Ticino bebaut. Die Gebäudeteile mit den Zimmern der Studenten verlaufen wie Eisenbrücken, die durch andere, querverlaufende Brücken verbunden sind.

Das ganze Projekt erscheint wie eine freitragende Konstruktion, die durch Eisenpfeiler mit der Erde verbunden ist. Die verschiedenen Gebäudeteile vereinigen sich im Gebäude der Gemeinschaftsräume (Mensa, Cafeteria, Lesesäle, Arbeitsräume usw.), das sich auf dem ebenen Teil befindet. Dort verbindet ein quer verlaufender Durchgang die Zimmertrakte miteinander.

Das Gebäude mit den Gemeinschaftsräumen hat einen Grundriß mit einer großen freien Fläche in der Mitte, an die die verschiedenen Räume anstoßen. Der mittlere Raum ist Mensa und Versammlungsraum und erhält, wie das Verwaltungsgebäude der Region Triest, Licht durch ein großes Glasdach.

Dieses sehr steile und spitze Glasdach sieht man vom Fuß des Hügels aus. Schon durch seine Form stellt es den Brennpunkt, das Zentrum und den Bezugspunkt des ganzen Gebäudes dar.

In diesem Projekt wird das Bemühen, leichtere Baumaterialien zu benutzen und optimal den Kontrast zwischen leichten, technologischen Elementen (Eisen und Glas einfallsreich verwendet!) und massiven Baustoffen (Stein, Verputz, Beton) hervorzuheben, mit einer gewissen Klarheit zum Ausdruck gebracht. Andererseits tritt

1974 Maison des étudiants, Trieste
Projet de concours.
En collaboration avec G. Braghieri,
M. Bosshard et A. Cantafora.

Ce projet représente un trait d'union entre le projet pour la maison de Borgo Ticino et l'immeuble du Gallaratese. De l'unité résidentielle du Gallaratese, il a repris la typologie de longs corps en coursive constitués par les chambres des étudiants; tandis qu'en même temps, il développe le rapport au terrain fortement escarpé de la maison à Borgo Ticino. Les différents corps de chambres d'étudiants se développent comme des ponts métalliques qui sont, çà et là, unis par d'autres ponts transversaux.

Tout le projet se présente comme une construction aérienne qui est ancrée au sol au moyen de hauts piliers métalliques. Ces corps de bâtiments sont réunis à l'immeuble des services sociaux (foyer, bar, salle de lecture, ateliers, etc.) se trouvant sur la partie plane; les corps de chambres convergent vers celui-ci au moyen d'un passage transversal.

L'immeuble des services sociaux est réalisé au moyen d'un plan central et d'un grand espace intérieur libre, dans lequel les différentes salles s'organisent: Le restaurant, le foyer et la salle d'assemblée. Elles sont éclairées par une grande verrière comme dans le centre d'affaires.

Ce toit vitré, très pentu, s'aperçoit depuis le pied de la colline et représente formellement le foyer, le centre, le signal de tout le bâtiment.

Dans ce projet, la recherche de l'utilisation des matériaux les plus légers ou de la valorisation maximale des contrastes entre les éléments légers, presque technologiques (le fer et le verre employés à la manière de l'ingénieur), et les matériaux massifs (la pierre, l'enduit, le béton armé), s'exprime avec une certaine clarté. Ils se projettent de cette manière dans le rapport à la nature. Le choix de l'ingénierie et des matériaux légers correspond au vide, à la pente de la col-

das Projekt durch seine Beziehung zur Natur hervor, wo die Vorliebe für das Technologische und für die leichten Baumaterialien dem leeren Raum, dem Hügelhang entsprechen, wie eben eine Brücke, während sich die massiven Teile auf festem Boden abstützen.

line, où l'on s'apponte, tandis que la partie pleine se pose sur la terre ferme.

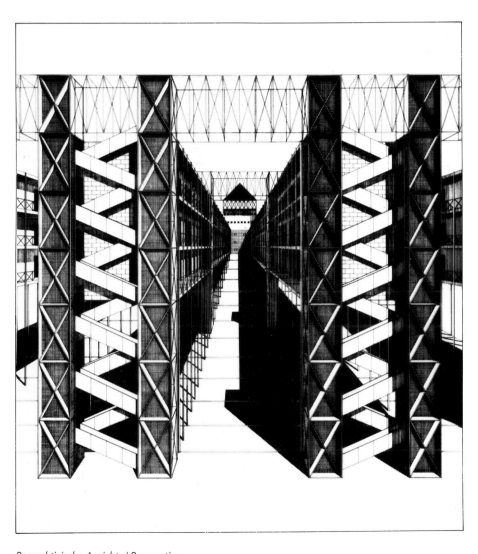

Perspektivische Ansicht. / Perspective.

«Das heiße Leben», Tuschzeichnung. / «La chaleur de la vie», dessin à l'encre de Chine.

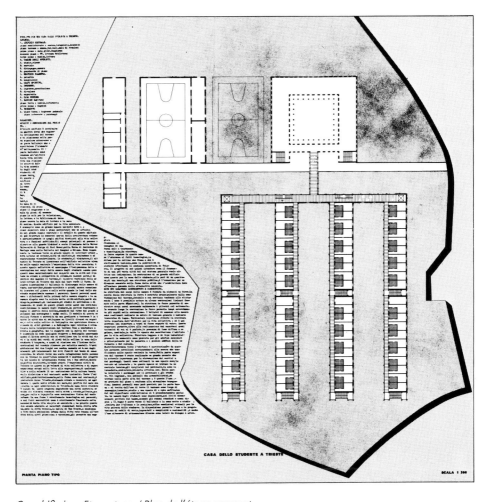

Grundriß eines Etagentyps. / Plan de l'étage couvrant.

1976 Studentenheim, Chieti
Entwurf für einen Einladungswettbewerb.
In Zusammenarbeit mit G. Braghieri und
A. Cantafora.

Der Entwurf ist so konzipiert, daß man Basiselemente hinzufügen kann. Diese sind in sich eher Konstruktionseinheiten als Einzelstücke. Das Ganze besteht aus den Häuschen der Studenten und den Gemeinschafts- oder öffentlichen Gebäuden.
Die Häuschen haben alle denselben Grundriß: ein Raum mit Bad und davor ein überdachter Balkon. Das Zentral- oder Gemeinschaftsgebäude hat einen rechteckigen Grundriß mit einem Mittelstück, das von oben Licht bekommt. Es enthält die Mensa und drinnen und draußen Aufenthaltsräume. Es ist wie eine Fabrik konstruiert und durch sein Eisenträgergerüst auf Erweiterung hin konzipiert. Der geschlossene Teil ist mit Material wie vorgefertigten Zementblöcken mit gekörnter Oberfläche, Ziegelsteinen oder anderen Materialien ausgemauert, je nachdem, was der lokale Markt anbietet. Das Glasdach ermöglicht eine umlaufende Galerie, deren offener Teil als Gewächshaus für Palmen und andere Mittelmeerpflanzen ausgelegt ist.
Vor dem Gemeinschaftsgebäude befinden sich der Schornstein für die zentrale Heizung und dahinter Arkaden als überdachter Teil des Platzes in der Mitte. Der Platz besteht so aus Galerien und offenen Räumen und steht im Gegensatz zu den Straßen, entlang denen sich die Häuschen aufreihen. Die Häuschen sind geradlinig aneinandergestellt.

1976 Maison des étudiants, Chieti
Projet de concours sur invitation.
En collaboration avec G. Braghieri et
A. Cantafora.

Le projet est conçu sur l'addition d'éléments de base. Ces éléments sont des unités constructives plutôt que des objets particuliers. Ce sont les maisons des étudiants et l'édifice communautaire public.
Les maisons ont toutes le même plan, un local de service précédé d'un espace couvert. Elles se distinguent par le fait d'être à un ou deux niveaux. L'édifice central ou édifice public, de plan rectangulaire avec un espace central éclairé par le haut, contient la cantine et des salles de réunion closes et à ciel ouvert. Cet édifice est construit comme un bâtiment industriel – un caractère extensible lui est conféré par sa structure en poutres en fer. Le remplissage est fait de matériaux tels que des blocs de ciment graunuleux préfabriqués, ou des briques, ou autres, selon les opportunités locales de construction et la situation avantageuse du marché.
La couverture vitrée permet la réalisation d'une galerie continue. Dans la partie ouverte, la galerie est conçue comme une serre pour des palmiers et autres plantes méditerranéennes.
En face de l'édifice public, on voit la cheminée de l'installation thermique centrale et, plus loin, un portique, lieu couvert de la place centrale. La place est ainsi constituée d'une galerie et d'espaces ouverts s'opposant aux longues rues sur lesquelles s'alignent les maisons. Les maisons sont toujours contiguës pour faire référence à une typologie linéaire.

Tuschzeichnung. / Dessin à l'encre de Chine.

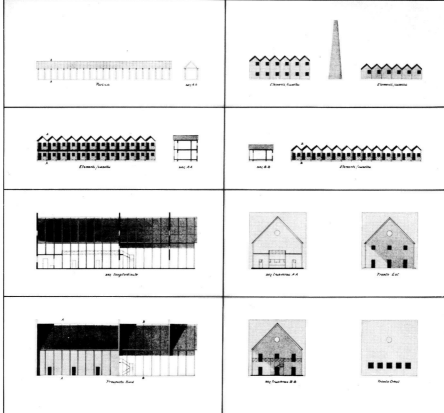

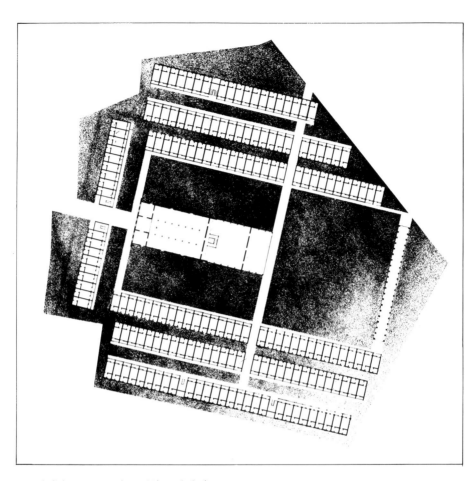

Grundriß der Gesamtanlage. / Plan général.

*Perspektive des Gemeinschaftsgebäudes (oben). Ansichten und Schnitte (unten).
Perspective du bâtiment collectif (en haut).
Façades et coupes (en bas).*

1977 Geschäftszentrum, Florenz
Entwurf für einen Wettbewerb. In Zusammenarbeit mit C. Aymonino und G. Braghieri.

Der Entwurf erstreckt sich auf den Bereich einiger großer rechteckiger Bebauungskomplexe, die durch Höfe aufgelockert werden: zwei Wohneinheiten, eine Glasgalerie mit Büros, eine Basar-Galerie und die Türme des Justizpalastes.
Die Parkzone ist auf dem Platz ganz im Norden hinter dem Justizpalast vorgesehen. Der Platz ist durch Trennwände unterteilt, die mit Öffnungen versehen sind. Die so entstehenden Plätze im Freien können zu Darbietungen, Spielen usw. benutzt werden. Daneben befindet sich ein als Kantine vorgesehener Pavillon. Die Feuerschutzmauern bilden draußen und drinnen Räume für verschiedene Aktivitäten.
Der Justizpalast besteht aus einer Plattform, die die Gerichtshöfe und deren Büros aufnimmt. In den Türmen über der Plattform gibt es noch weitere Büros und die Archive. Das regionale Verwaltungsgebäude hat eine Glasüberdachung. Der Geschäftsverkehr wickelt sich gegenüber den öffentlichen Gebäuden ab. Unter den Arkaden, städtisches Element erster Kategorie, sind die Büros der regionalen Verwaltung und der Gewerkschaften untergebracht. Die Aufteilung im Innern ist so, daß die Räume auch zu Wohnzwecken verwendet werden können.
Die Höfe sind für kulturelle Veranstaltungen und Treffen vorgesehen. Sie sind untereinander verbunden und werden bezeichnet nach dem, was sich darin befindet: eine Fontäne, eine Palme, eine Statue. Die kleine Galerie verbindet die Galerie mit dem Wohnkomplex. In dieser kleinen Galerie befinden sich Geschäfte und Werkstätten. Das Museum liegt auf einem der ersten gepflasterten Plätze und hat mehrere Etagen, die durch Treppen und einen Aufzug, die sich in einem metallkorbähnlichen Schacht befinden, verbunden sind.

1977 Centre d'Affaires, Florence
Projet de concours. En collaboration avec C. Aymonino et G. Braghieri.

Le projet s'étend sur l'aire de quelques grands îlots rectilignes: interrompant le tissu par des cours: deux unités résidentielles, une galerie vitrée pour les bureaux, une galerie-bazar, un complexe de tours pour le Palais de Justice.
L'esplanade des parkings est située sur l'aire la plus au nord, derrière le Palais de Justice. Cette esplanade est divisée par des cloisons percées d'ouvertures. Les espaces à ciel ouvert ainsi définis peuvent servir pour des représentations scéniques, des jeux, etc. Adjacent à l'esplanade, on trouve un pavillon destiné au réfectoire; les murs coupe-feu individualisent, en s'ouvrant et se fermant, des salles pour diverses activités.
Le Palais de Justice consiste en une dalle qui accueille les tribunaux le long des cours de bureaux. Dans les tours, au-dessus de la dalle, se trouvent d'autres bureaux et les archives. Les bureaux de l'Administration sont organisés sous une voûte vitrée; le fonctionnement se déroule en gradins qui mettent en avant les lieux publics. La galerie, monument urbain par excellence, accueille les bureaux de la région et ceux des syndicats; la distribution interne se prête à un usage résidentiel.
Les cours représentent des lieux pour les événements culturels et les recontres; elles sont communicantes et chacune se singularise par une réalisation figurative: une fontaine, un palmier, une statue. La petite galerie relie la grande galerie à la résidence: à l'intérieur sont situés tous les locaux commerciaux et les boutiques d'artisanat. Le musée est placé sur une des premières aires pavées et son fonctionnement se fait par des étages successifs traversés par une structure métallique contenant l'escalier et les ascenceurs.

Tuschzeichnung. / Dessin à l'encre de Chine.

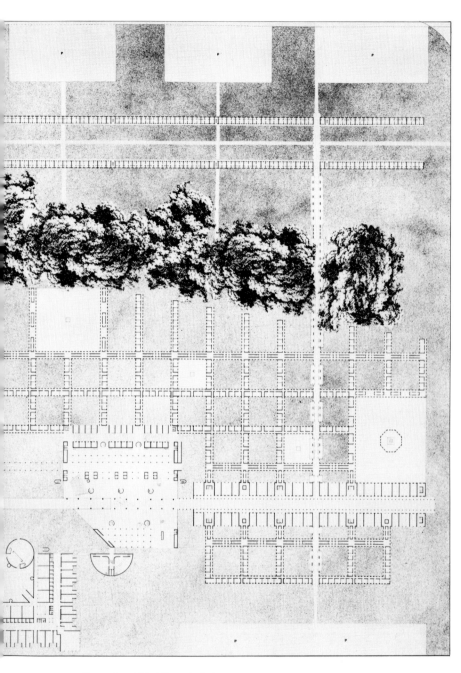
Gesamtansicht. / Plan général.

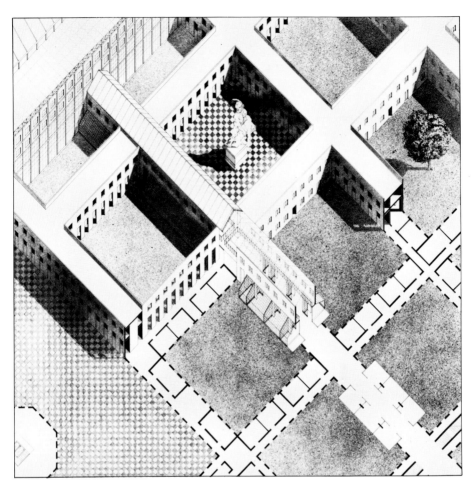

Die Höfe: Grundriß, Axonometrie und axonometrischer Schnitt.
Les cours: Plan, axonométrie et coupes axonométriques.

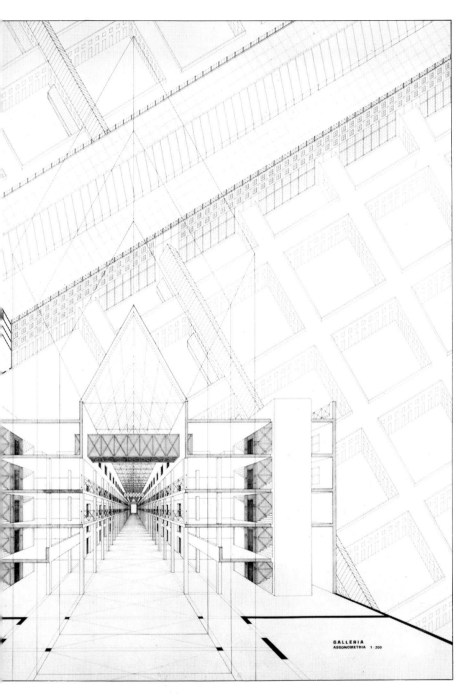

Perspektive und Axonometrie der Galerie.
Perspective et axonométrie de la galerie.

1977–1979 Häuser in Mozzo (Bergamo)
In Zusammenarbeit mit A. Pizzigoni.

Diese Reihenhäuser befinden sich an der Peripherie von Bergamo, in einem dicht besiedelten Stadtteil. Es sind insgesamt vier. Auf der einen Seite gibt es einen Balkon, der durch Pfeiler abgegrenzt wird. Auf der anderen Seite ist jeweils der Haupteingang mit Treppen, die von zwei Mäuerchen begrenzt und von einem Blechdach abgedeckt werden. Es ist wie das Hauptdach hellgrün. Die Häuser sind ockerfarben verputzt, was gut zur örtlichen Umgebung paßt. Jedes Haus hat einen kleinen quadratischen Flur, von dem aus, dem Eingang gegenüber, eine Treppe zur oberen Etage führt. Die Rückfassade hat Loggien, an die die verschiedenen Zimmer anstoßen.

1977–1979 Maisons à Mozzo (Bergame)
En collaboration avec A. Pizzigoni.

Ces maisons en bande se trouvent à la périphérie de Bergame, dans une zone de forte densité. Il y en a quatre en tout. Sur un côté, on trouve un corridor-galerie régulièrement ponctué de piliers, sur l'autre, les quatre entrées principales. Elles ont chacune leur escalier pris entre deux murets et couvert d'un toit en tôle. Ceux-ci ainsi que le toit principal également en tôle, sont de couleur vert clair. Les maisons sont teintes en ocre clair : la couleur ocre s'accordant bien à l'ambiance locale. Typologiquement, chaque maison est composée d'un hall carré d'où part, en face de l'entrée, un escalier qui mène au niveau supérieur. A l'arrière, une loggia réunit les différentes pièces.

Tuschzeichnung. / Dessin à l'encre de Chine.

Hauptfassade. / Façade principale.

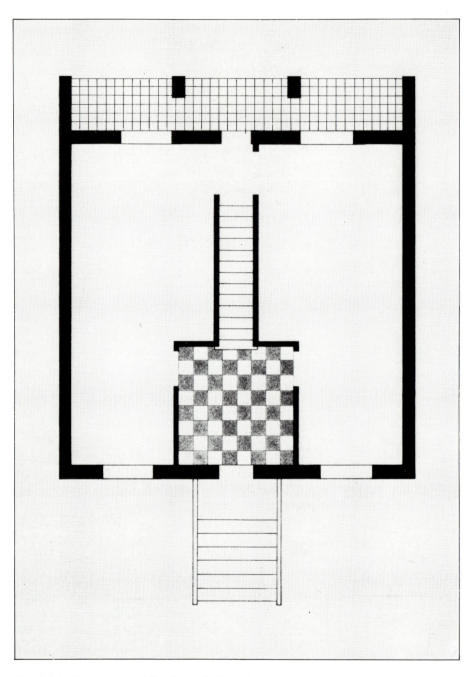

Grundriß des Erdgeschosses. / Plan du rez-de-chaussée.

Der Flur. / Le hall.

1978 Kleines wissenschaftliches Theater
Entwurf. In Zusammenarbeit mit G. Braghieri und R. Freno.

Das kleine wissenschaftliche Theater ist als Maschine für architektonische Versuche konzipiert. Es besteht aus lackiertem Blech und Holz. Es hat eine feststehende Bühne mit auswechselbaren architektonischen Elementen und einigen Bildern im Hintergrund. Der Ausdruck «wissenschaftlich» nimmt auf das wissenschaftliche Theater von Mantua, auf das anatomische Theater von Padua und auf andere kleine Theater Bezug, die es im 18. Jahrhundert besonders in Italien gab. Das kleine Theater ist gleichzeitig Maschine, Theater und Spielzeug. Es stellt das Theater an sich dar, indem es Raum für das Bühnenbild, die Handlung und auch für die Phantasie bietet.

1978 Petit théâtre scientifique
Projet. En collaboration avec G. Braghieri et R. Freno.

Le petit théâtre scientifique a été conçu comme une machine pour les expériences architecturales. Il est en tôle laquée et en bois. Il présente une scène fixe accueillant des éléments d'architecture que l'on peut manipuler, et quelques écrans de fond. Le terme «scientifique» fait référence au théâtre scientifique de Mantoue, au théâtre anatomique de Padoue, et à d'autres petits théâtres que l'on trouvait plus particulièrement en Italie au XVIIIe siècle. Le petit théâtre permet de construire un objet dans la machine. Il est théâtre et jouet. Il est forme théâtrale par excellence, dans son dessin (dessein) le plus élémentaire. Il détermine un lieu scénique pour l'action, aussi pour la mémoire.

Das Modell. / Maquette.

**1979 – 1981 Mittelschule,
Broni (Pavia)**

Die Schule befindet sich im neuen großen Schulzentrum der Gemeinde Broni in einem neuen Wohnviertel. Die Sporthallen und die Mensa hat sie mit der schon gebauten Schule für die Sekundarstufe II gemeinsam. Die beiden schon vorhandenen Schulgebäude und die Mensa liegen im Grünen. Die Schule ist eingeschossig und hat einen Innengarten. Sie besteht aus 12 Klassenräumen, 4 Fachräumen, Räumen für die Fachleitung und das Sekretariat, dem Lehrerzimmer, dem Zimmer für den Schularzt (außerdem gibt es hier zwei eigene sanitäre Anlagen), der Schülerbibliothek, dem Raum für die Hausmeister, den Räumlichkeiten für kulturelle Veranstaltungen und Zusammenkünfte, unterteilt in einen Saal und ein Auditorium, den Dusch- und Umkleideräumen, aus zwei Abstellräumen, die mit den entsprechenden Räumen für das Schulmaterial im Untergeschoß verbunden sind.

Die verschiedenen Teile sind um einen Garten in der Mitte angeordnet, wo sich der Raum für gemeinschaftliche Veranstaltungen, das Theater-Auditorium, befindet. Man kann es bei kulturellen öffentlichen Anlässen öffnen, da es eine direkte Verbindung zum Saal des Hauptatriums hat. Im Theater-Auditorium finden zahlreiche Veranstaltungen statt, die ein Bild vom Leben der Schule geben.

Alle Räume, mit Ausnahme des Theater-Auditoriums, sind 3 m hoch. Die Gasheizung liegt von der Schule getrennt und hat einen eigenen Zugang. Abstellmöglichkeiten für Fahrräder befinden sich außerhalb der Schule, aber in der Nähe des Eingangs und sind auch für die Sekundarstufe II vorgesehen. Daneben liegt ein für den ganzen Schulkomplex bestimmter Spielplatz.

Das Gebäude ist eine Mischkonstruktion aus vorgefertigten Platten und Beton. Die Fassaden sind farbig verputzt, das Dach besteht aus lackierten Blechplatten, die mit isolierendem und geräuschdämpfendem Material bestückt sind.

**1979 – 1981 Ecole secondaire,
Broni (Pavie)**

L'école se trouve au centre du nouveau grand complexe scolaire de la commune de Broni sur la zone de nouvelle expansion résidentielle. Les équipements sportifs et la cantine sont communs au lycée déjà construit. Les deux bâtiments scolaires existants et la cantine sont reliés par un espace vert. L'école présente une typologie de patio et de jardin intérieur. Elle est composée de douze salles normales, quatre salles spéciales, des services généraux – constitués de la direction pédagogique, du secrétariat, de la salle des professeurs et de l'infirmerie (ce groupe possède deux blocs sanitaires qui lui sont propres) –, la bibliothèque des lycéens, les locaux pour les appariteurs, un local pour les activités culturelles associatives, pour les rencontres et les activités collectives – distinct d'une salle et d'un auditorium –, des sanitaires et vestiaires, deux locaux reliés aux espaces de dépôt de matériel scolaire au rez-de-chaussée.

Les diverses parties s'organisent autour du jardin central où se trouve l'espace d'activité collective, théâtre-auditorium, qu'il est possible d'utiliser à des fins extrascolaires, par sa réunion directe à la salle commune de l'entrée principale. Dans le théâtre-auditorium, toutes les activités de l'école trouvent un moment de synthèse globale. Tous les locaux ont trois mètres sous plafond à l'exception de la salle de théâtre-auditorium. La chaufferie alimentée au gaz se trouve séparée de l'école et desservie par un accès propre. A l'extérieur de l'école, à proximité de l'entrée, on trouve le dépôt des bicyclettes qui peut également servir au lycée. Voisine des dépôts, une aire de jeux commune sert au complexe scolaire tout entier.

Tout le bâtiment a une structure mixte de blocs préfabriqués et de béton armé. Les façades sont enduites et teintées, la couverture est en tôle prévernie, avec des panneaux de matériaux insonorisants et antivibrations.

Tuschzeichnung. / Dessin à l'encre de Chine.

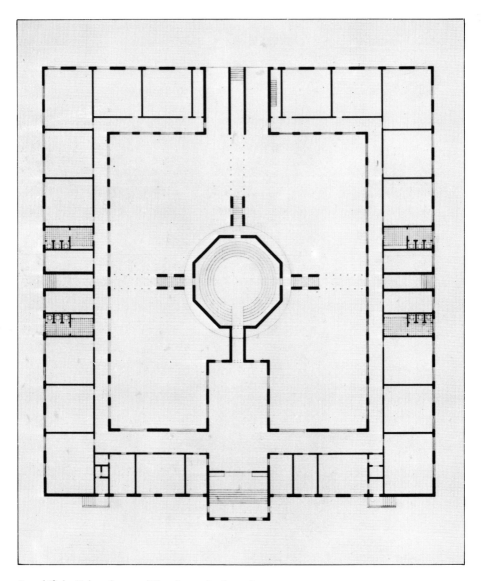

Grundriß des Erdgeschosses. / Plan du rez-de-chaussée.

*Hauptfront und rückseitiger Eingang.
Façade principale et entrée postérieure.*

**1979 Landesbibliothek, Karlsruhe
(Bundesrepublik Deutschland)**
Entwurf für einen Wettbewerb. In Zusammenarbeit mit G. Braghieri, C. Herdel und C. Stead.

Dieser Entwurf nimmt auf die Gegebenheiten der Altstadt von Karlsruhe Rücksicht, deren Besonderheit darin besteht, aus dem Gedankengut der Architektur der Aufklärerzeit entstanden zu sein und dieses auf das Leben der Stadt übertragen zu haben.
Karlsruhe kann in seiner ursprünglichen Planung und in seinem geschichtlichen Verlauf als Modell betrachtet werden. Zu diesem Modell gehören verschiedene Entwürfe, darunter vor allem die baulichen Eingriffe von Weinbrenner in der Kaiserstraße. Die Darstellung von Weinbrenner ist als Bezugnahme und Symbol zu verstehen: damit harmoniert der spitze Turm der Stefanskirche sowie die Tendenz zum Vertikalen in den deutschen Städten mit ihren Kirchen und Industriebauten.
Der Entwurf für die Landesbibliothek folgt den Umrissen der ursprünglichen Häusergruppe, indem er entweder die vorhandenen alten Bauwerke beibehält oder sie restauriert oder indem er neue Bauten in dieser Zone projektiert. Die Kontinuität dieser Bauwerke entlang der Straße wird nur durch eine große Galerie in der Mitte unterbrochen, die durch den ganzen Häuserblock geht. Diese Galerie ist eine überdachte Straße, die mit der Stadt und der Bibliothek verbunden ist, eine Straße, die zur Altstadt gehört, immer offen ist und von Geschäften und anderen Einrichtungen städtischen Lebens charakterisiert wird. Um die Galerie herum sind vier Gebäude angeordnet, in denen die Bibliothek untergebracht ist: die Archive, die Aufbewahrungsräume, die Lesesäle und andere für den Bibliotheksbetrieb nötige Räume.
In den umliegenden Häusern liegen die Verwaltungsräume: einerseits die Verwaltung der Bibliothek und andererseits Verwaltungen ande-

**1979 Landesbibliothek, Karlsruhe
(Allemagne fédérale)**
Projet pour un concours. En collaboration avec G. Braghieri, C. Herdel et C. Stead.

Ce projet est en rapport avec la réalité du centre historique de Karlsruhe dont la particularité est d'être né d'une idée de l'architecture illuministe, et de l'avoir traduite dans la vie de la cité.
Karlsruhe peut être considérée comme un modèle du genre dans son dessin d'origine et dans ses vicissitudes historiques. Différents projets ont concerné le modèle, dont le plus remarquable est l'intervention de Weinbrenner dans la Kaiserstraße. La perspective de Weinbrenner se lit comme une référence et un symbole : elle accompagne, par la flèche de la Stefanskirche, la tension verticale des constructions religieuses et industrielles de la cité allemande.
Le projet de la Landesbibliothek suit les contours de l'îlot d'origine, en maintenant et restaurant les anciennes constructions existantes, et inscrit les nouvelles constructions à l'intérieur de cet îlot. La continuité de ces constrictions le long de la rue n'est interrompue que par la grande galerie centrale qui traverse tout l'îlot. Cette galerie est une rue couverte qui lie la bibliothèque à la ville ; rue centrale qui fait partie du centre historique, toujours ouverte et caractérisée par des boutiques et des centres de vie urbaine.
Autour de la galerie, sont regroupés les quatre blocs destinés à la bibliothèque. Ils contiennent les lieux principaux de l'édifice : archives, magasins, salles de lecture, lieux fonctionnels à l'usage de la bibliothèque.
Dans les locaux périphériques, sont situés les sièges administratifs : d'un côté celui de l'administration de la bibliothèque, de l'autre, les sièges administratifs d'autres organismes de la ville. Ces trois parties peuvent par conséquent synthétiser le projet : les bâtiments périphériques à fonction administrative, les blocs intérieurs qui regroupent les différentes fonctions de la biblio-

rer städtischer Einrichtungen. In folgenden drei Teilen kann man den Entwurf zusammenfassen: die äußeren Häuser für die Verwaltung, die vier Gebäude für den Bibliotheksbetrieb sowie die Galerie oder überdachte Straße, die die Stadt mit der Bibliothek verbindet. Der Entwurf charakterisiert also den ganzen Komplex als zur Stadt gehörendes Ganzes.

Die Bauart ist gemischt aus Beton und Eisen. Während die Galerie aus Eisen und Glas besteht, sind die vier Gebäude der Bibliothek aus rotem Kalksandstein, um sie in Farbe und Art der Steine den alten Bauten der Gegend anzupassen.

thèque, la galerie ou rue couverte qui unit la bibliothèque à la ville. Ce projet caractérise à son tour toute la zone comme une partie identifiable de la cité. Le type de construction mêle structures de ciment armé et de fer. Alors que la galerie est de fer et de verre, les quatre blocs de la bibliothèque sont crépis avec de la chaux mêlée à la poudre de pierre rose (sandstein) afin d'obtenir la couleur et la nature de la pierre des vieilles constructions de la région.

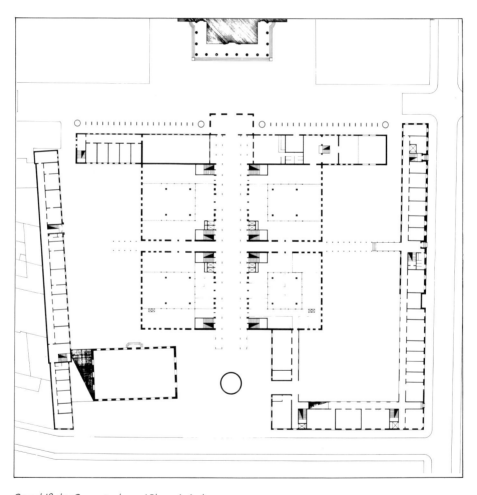

Grundriß der Gesamtanlage. / Plan général.

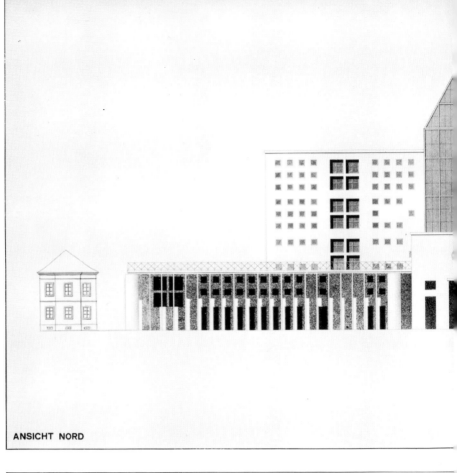

ANSICHT NORD

LANDESBIBLIOTHEK KARLSRUHE

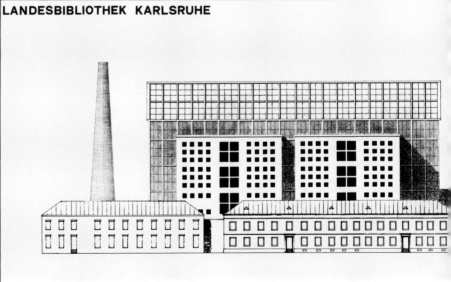

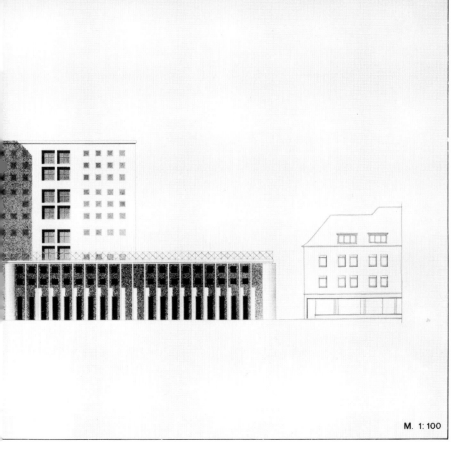

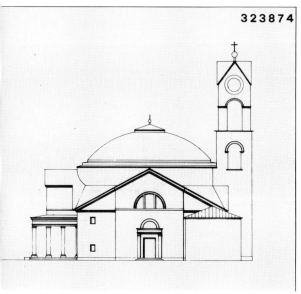

M. 1:100

323874

Nordfassade und
Ostfassade.
Façades nord
et est.

1979 Häuser in Pegognaga (Mantua)
In Zusammenarbeit mit G. Braghieri und der C.O.P.R.A.T.

Diese Häuser wurden wie diejenigen in Goito (Mantua) für eine Arbeiter-Baugenossenschaft entworfen. Die Fassade hat einen auf der ganzen Höhe überdachten Säulengang, in dem sich die Eingänge und Fenster befinden. Der Haustyp mit Vordach auf der ganzen Höhe nimmt die Form des alten lombardischen und emilianischen Bauernhauses wieder auf, dessen Modell man bei diesem Entwurf deutlich erkennt.
Die Häuser sind aus Beton und mit Zement verputzt, dem Ziegelsteine beigemischt wurden, wie es eine alte lombardisch-venezianische Tradition ist, um einen festen Verputz zu bekommen und eine Farbe zwischen Ocker und Rot, die für die untere Lombardei typisch ist.

1979 Maisons à Pegognaga (Mantoue)
En collaboration avec G. Braghieri et C.O.P.R.A.T.

Ces maisons ont été projetées, comme celles à Goito (Mantoue), par une coopérative ouvrière. La façade est constituée par une sorte d'ordre monumental produit par un portique de grande hauteur et sous lequel donnent les entrées et les fenêtres de l'étage. Le type de maison à grand portique répète formellement la maison agricole lombarde et émilienne. Elle se veut clairement à la base de ce projet.
Les constructions sont en ciment armé crépi avec de la brique mêlée au ciment selon l'ancienne tradition lombardo-vénitienne. On obtient ainsi une pâte consistante entre l'ocre et le rose, caractéristique de la basse Lombardie.

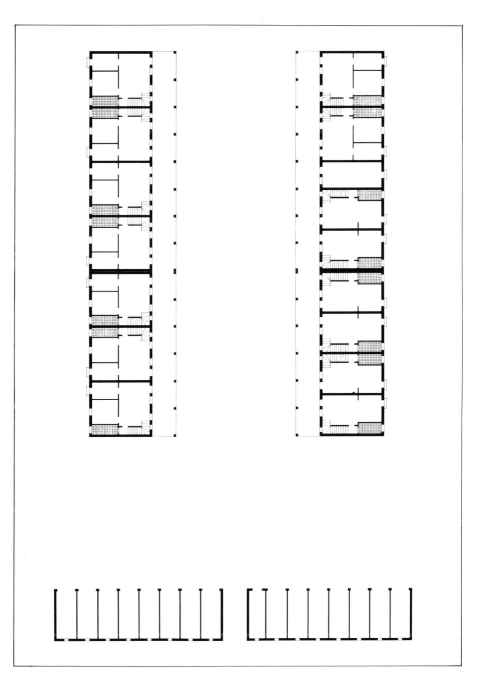

Grundriß des Erdgeschosses.
Plan du rez-de-chaussée.

Ansichten und Schnitte.

Façades et coupes.

1979 Turm für das neue Gemeindezentrum, Pesaro
Entwurf.

Dieser Entwurf gehört zu dem von C. Aymonino entworfenen neuen Gemeindezentrum von Pesaro, das verschiedene Gebäude charakterisieren, die von einer Kuppel beherrscht werden.
Der Turm fällt mit einem trigonometrischen Punkt zusammen und stellt einerseits ein neues städtisches Monument und andererseits einen Aussichts- und Bezugspunkt dar.
Er ist aus Beton, und seine doppelte Konstruktion bildet innen einen Ring, so daß ein Durchgang möglich ist. Ganz oben geht die Treppe ins Freie und führt auf die obere Terrasse.

1979 Tour pour le nouveau centre civique, Pesaro
Projet.

Cette tour s'inscrit dans le nouveau centre civique à Pesaro projeté par Carlo Aymonino, caractérisé par divers édifices dominés par une vaste coupole.
La tour coïncide avec un point trigonométrique centré sur sa pointe, et se présente comme un nouveau monument urbain, ou comme un point d'observation et de repérage.
Conçue en ciment armé, elle est parcourue à l'intérieur par une structure croisée qui constitue l'anneau central. Au sommet, l'escalier est à l'air libre et conduit à la terrasse supérieure.

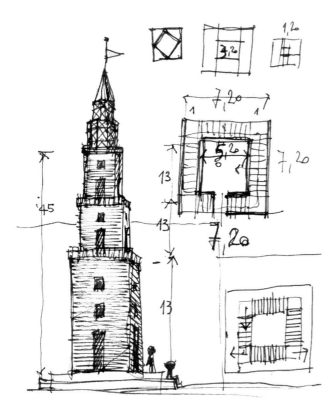

Tuschzeichnung.
Dessin à l'encre de Chine.

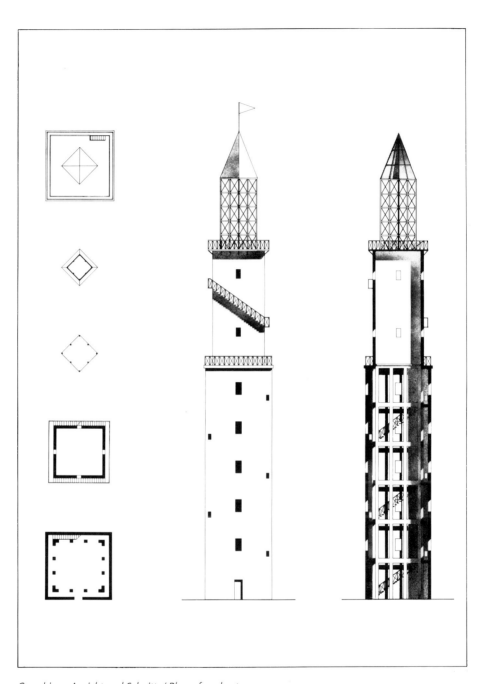

Grundrisse, Ansicht und Schnitt. / Plans, façade et coupe.

1979 Das Welttheater, Venedig

Das am 11. November 1979 offiziell in Venedig eingeweihte Theater befindet sich an der Landspitze Dogana und wurde für die Theater- und Architektur-Biennale konstruiert. Ziel der Biennale war, jene Theater auf dem Wasser wieder aufleben zu lassen, die es in großer Anzahl während des Karnevals im 18. Jahrhundert gab. In diesem Entwurf sind die Charakteristika dieser Theater verändert, wobei man jedoch das Konzept des schwimmenden Gebäudes beibehalten hat.

Das Gebäude steht auf Eisenträgern, die mit dem Floß verschweißt sind. Es hat eine Gesamthöhe von rund 25 m über dem Floß und besteht aus einem Würfel (9,50 m Seitenlänge und 11 m Höhe), auf dem sich ein Oktogon von 6 m Höhe befindet. Der Würfel endet oben in einer Terrasse, von der aus man einen Ausblick auf Giudecca und San Marco hat und fast die Statue der Fortuna an der Dogana berühren kann. Die Eisenrohrkonstruktion ist innen und außen mit Holz verkleidet.

Vom Typ her handelt es sich bei diesem Theater um eine Mischung des Stufen- und Galeriensystems. Stufen gibt es auf beiden Seiten der Bühne und in der Mitte. Darüber befinden sich drei Ränge. Es bietet bestenfalls 250 Personen Platz, doch bei den Aufführungen wurde diese Zahl weit überschritten.

Die Fensteranordnung macht die Stadt allgegenwärtig und bezieht die Architektur von Venedig mit in das Bühnenbild ein.

1979 Le Théâtre du Monde, Venise

Le théâtre, inauguré officiellement à Venise le 11 novembre 1979, situé à la pointe de la Dogana, a été réalisé pour la Biennale Théâtre/Architecture. L'idée de la Biennale était de refaire les théâtres sur l'eau qui erraient, nombreux, durant le carnaval au XVIIIe siècle. Le projet a été modifié, mais on a gardé le concept de théâtre flottant. Il a été construit dans les chantiers de Fusine, puis remorqué jusqu'à Venise.

L'édifice est posé sur des poutres métalliques soudées à la barge. Il s'élève à une hauteur d'environ 25 m au-dessus de son support. Il est constitué d'un cube (9,50 m de côté et 11 m de haut) sur lequel est posé un octogone haut de 6 m. Au sommet du cube on accède à une terrasse d'où l'on peut voir la Giudecca, Saint-Marc, et presque toucher la statue de la Fortune qui couronne la Dogana. La structure est faite de tubes métalliques habillés entièrement de bois à l'extérieur, et en partie à l'intérieur.

Typologiquement, le théâtre mélange le système de gradins et de galeries. Les gradins sont répartis des deux côtés de la scène centrale. Au-dessus sont disposés trois galeries. La capacité optimale est de 250 places, mais ce nombre a été largement dépassé durant les représentations. Le système des fenêtres rend la ville toujours présente, et l'espace scénique s'étend à l'architecture de Venise.

«Venezianisches Theater», Tuschzeichnung.
«Théâtre vénitien», dessin à l'encre de Chine.

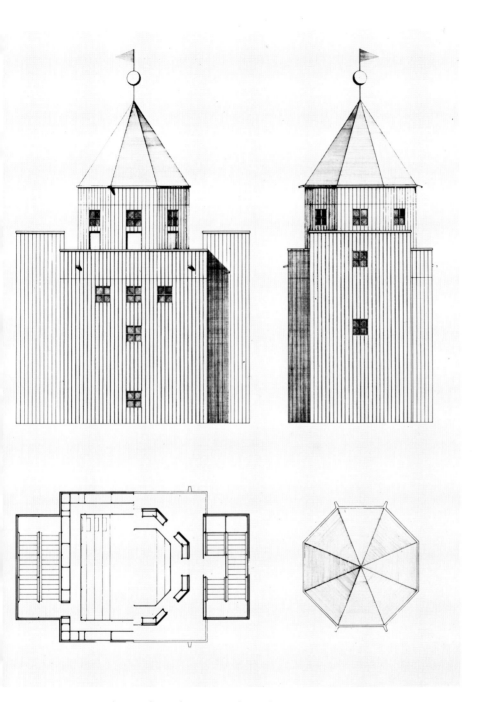

Ansichten und Grundrisse. / Façades et plans.

1980 West-Cannaregio, Venedig
Entwurf. In Zusammenarbeit mit G. Dubbini,
A. de Poli und M. Narpozzi.

Der Entwurf geht auf die Initiative der Stadt Venedig zurück, im Rahmen der städtischen Sanierung auch Neues anzubieten. Aus diesem Anlaß wurden zehn europäische und amerikanische Architekten konsultiert, und am 1. April 1980 wurden ihre Werke ausgestellt. Bei diesem Entwurf hat sich Rossi im wesentlichen um den Stadtteil gekümmert, der den Touristenstrom aufnimmt und darunter fast zusammenbricht. Nachdem man die Brücke für den Autoverkehr gesperrt hatte, hat man das Macello verstärkt, von dem ein Teil des alten Gebäudes als Anlegeplatz für den Fährbetrieb erhalten bleibt. Das Verlegen des Anlegeplatzes hat die Konstruktion einiger Gebäude im Westen von Cannaregio ermöglicht und vor allem ein großes Bauwerk am Canal Grande.

1980 Cannaregio ouest, Venise
Projet. En collaboration avec G. Dubbini,
A. de Poli et M. Narpozzi.

Le projet fait partie d'une initiative de la Commune de Venise pour offrir de nouvelles images de la ville dans le cadre d'une rénovation urbaine. Pour l'occasion dix architectes européens et américains ont été consultés et une exposition a eu lieu le 1er avril 1980. Dans ce projet, Rossi s'est intéressé principalement aux problèmes de fonctionnement de l'aire liée à l'accueil touristique de Venise, à la limite de l'effondrement. Eliminant l'accès automobile du pont, le Macello est mis en valeur et on conserve une partie de ses vieux bâtiments comme station d'arrivée d'un système de ferry-boat. Le déplacement de la station permet la réalisation de quelques édifices dans la partie du Cannaregio ouest et en particulier d'une importante construction sur le Grand Canal.

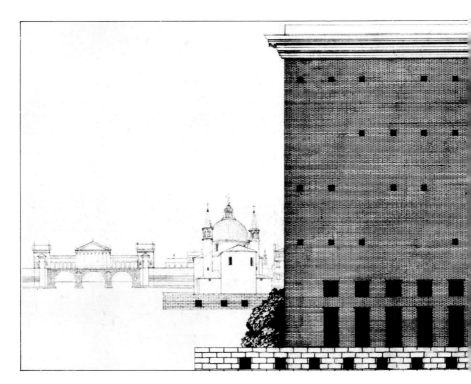

Wenn man dieses Projekt genauer ansieht, bietet sich das Fragment eines Bildes von Venedig zwischen Vergangenheit und Zukunft. Besonders analysiert und hervorgehoben wird die Architektur des großen Lagerhauses am Hafen, dem Warenumschlagplatz von Venedig.

L'étude de cette construction propose un fragment d'une image de Venise, entre la mémoire et le futur. Elle est en particulier analyse et célébration de l'architecture des grands magasins portuaires: les entrepôts vénitiens.

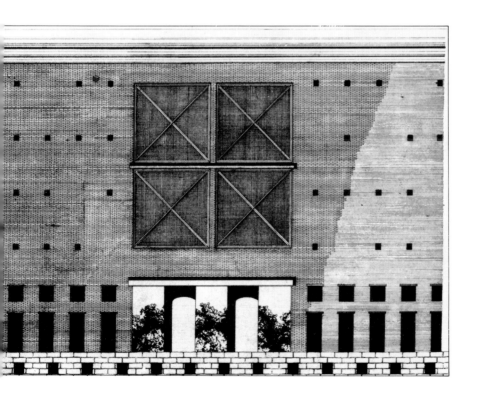

1980   Eingangstor zur Architekturschau im Arsenal, Biennale von Venedig

Der Eingang Corderie zum Arsenal von Venedig befindet sich am Ende einer langen, engen Gasse.
Um den Eingang zu kennzeichnen, wurde das Tor am Anfang der Gasse zwischen zwei alten Gebäuden errichtet. Es nimmt sich somit wie ein Stadttor aus und erinnert sowohl an die alten Stadttore wie auch an die Eingangstore zu großen Festen der Stadt.
Wie das Theater nimmt das Tor die Bauart der Stadt wieder auf. Zu bestimmten Anlässen des städtischen Lebens entstanden diese Konstruktionen und wurden danach zerstört oder in Architektur aus Stein umgewandelt. Viele Monumente haben gerade diesen Ursprung.
Das Tor ist eine Konstruktion aus Holz und Metall. Architektonisch nimmt es, wie das Theater, die Welt jenes Venedig wieder auf, das mit dem Schiffbau aus Holz und Eisen verbunden ist, wie es die Bilder von Carpaccio zeigen, die noch heute im Arsenal und in anderen Teilen von Venedig zu sehen sind. Diese Art zu bauen, die das Welttheater wieder aufgreift, trifft man übrigens in vielen Städten am Meer.

1980   Porte d'entrée de l'Exposition d'Architecture dans l'Arsenal, Biennale de Venise

L'entrée de la Corderie dans l'Arsenal de Venise est au fond d'une «calle» longue et étroite.
Pour marquer l'accès, la Porte a été mise à l'entrée de la calle entre deux vieilles constructions. Elle se présente alors comme une porte de ville. Elle se réfère à la fois à toutes les anciennes portes de ville et aux portes des fêtes des cérémonies urbaines.
Comme le théâtre, la porte reprend les architectures de la ville qui naissaient à des occasions précises de la vie urbaine et qui furent ensuite détruites ou transformées en architecture de pierre. Beaucoup de monuments ont justement cette origine.
La porte est faite de bois et de métal. Son architecture rappelle, comme celle du théâtre, le monde d'une Venise venue directement des tableaux du Carpaccio, vouée à la construction marine de bois et de fer, et qui existe encore aujourd'hui dans l'Arsenal et dans d'autres parties de la ville. Ce mode de construction, reprise pour le Théâtre de Monde, se veut d'ailleurs une communion avec la cité de la mer.

Das Tor. / La porte.

1981–1988 Südliche Friedrichstadt, IBA 84, Berlin (Kochstraße/Friedrichstraße) Einladungswettbewerb (1. Preis). In Zusammenarbeit mit G. Braghieri, C. Stead und J. Johnson. Ausführungsprojekt mit R. Ehlers, D. Grötzebach, G. Plessow, M. Scheurer.

«Das Problem, in Berlin, mitten in Friedrichstadt, ein Häuserviertel zu bauen, ist ein städtebauliches Problem. Das bedeutet, daß die eigene Idee und gute Architektur im Rahmen des Privaten nicht für die architektonischen und städtischen Belange einer großen Stadt gelten. Auch Hegemann kritisiert den großen Schinkel, weil er die stadtplanerischen Probleme Berlins nicht in einem einzigen Projekt gelöst hat. Er zitiert Weinbrenner, der zwar nicht die Größe Schinkels hatte, aber ein urbanistisches Projekt anbot, in dem die Architektur Bestandteil des gesamten Stadtbildes war.

Die Architektur Berlins, so gesehen, bietet den Ansatz für die wichtigsten Daten des Entwurfs. Es handelt sich im wesentlichen um Bauen auf städtischer Ebene, wo das Verständnis der Stadt Prämisse oder Teil des Entwerfens ist.

Der Fehler mancher moderner Architekten ist, nicht den großen Straßenachsen entlang gebaut zu haben, wodurch der Stadt Leben und Kompaktheit genommen wird. Die Straße ist ein städtisches Element erster Kategorie, vor allem an den belebtesten Punkten der Stadt.

Die Beispiele der europäischen Städte und New Yorks sind zu offensichtlich: in Frankreich, Italien und Spanien hat man Galerien gebaut, die ganze Stadtteile durchziehen. Die Galleria Vittorio Emanuele von Mailand, die von den Architekten der Moderne kritisiert wurde, ist heute allgemein als eines der bedeutendsten Beispiele für die Verbindung zwischen Stadt und Architektur anerkannt. Sie ist städtische Architektur.

Ein wesentlicher Punkt beim Entwerfen war also, Rücksicht auf die Anordnung der Straßen zu nehmen und die Häuser auf den Grundstücken

1981–1988 Südliche Friedrichstadt, IBA 84, Berlin (Kochstraße/Friedrichstraße) Concours sur invitation (1er prix). En collaboration avec G. Braghieri, C. Stead et J. Johnson. Projet exécutif avec R. Ehlers, D. Grötzebach, G. Plessow, M. Scheurer.

«Le problème de construire à Berlin et de construire un îlot au centre de Friedrichstadt, est un problème d'architecture urbaine. Cela signifie que l'invention personnelle, l'architecture au seul niveau individuel, n'est pas valable pour les problèmes architecturaux et urbains d'une grande ville. Aussi Hegemann critique-t-il Schinkel de n'avoir pas interprété les problèmes de Berlin au sein d'un plan directeur, et il cite Weinbrenner qui, sans égaler la stature de Schinkel, proposa une architecture qui était partie intégrante du dessin général de la ville.

Cette lecture de l'architecture de Berlin, à travers son plan d'aménagement, indique les caractéristiques du projet. Il s'agit principalement d'une construction à l'échelle urbaine où la compréhension de la ville constitue les prémices d'une partie de la projetation.

L'erreur d'une grande partie de l'architecture moderne est de ne pas s'être conformée à la rue, frustrant la ville de tout dynamisme et de tout lien : la rue est l'élément urbain par excellence, surtout dans les parties les plus denses de la cité.

Les exemples des villes européennes et de New York sont tous trop évidents ; en France, en Italie et en Espagne, des galeries furent construites qui traversent des parties entières de la ville. La galerie Victor-Emmanuel de Milan, critiquée par les architectes du Mouvement Moderne, est aujourd'hui universellement reconnue comme l'un des exemples les plus significatifs de l'union de la ville et de l'architecture ; c'est en effet une œuvre d'architecture urbaine.

Le premier point du projet fut par suite de respecter l'alignement de la rue en construisant les

entlang den Straßen zu bauen und so Friedrichstadt wiedererstehen zu lassen. Dort, wo man dieses Prinzip nicht befolgte, war das Ergebnis immer negativ. Gerade in Berlin wird das im Hansaviertel demonstriert, und keine Architektur kann so gut sein, um diesen städteplanerischen Fehlansatz zu korrigieren. In Le Havre geschah das Gegenteil: Die Bauten wurden entlang von Straßen und Arkaden konzipiert, was positiv ist, wenn auch die Architektur von Perret nicht zu seiner besten zählt. Dieses Prinzip zu bauen bietet die Möglichkeit, die vorhandenen Gebäude aufzuwerten und eine Kontinuität zwischen Neuem und Altem zu schaffen.

Eine der Straße entlang fortlaufende Fassade bedeutet ja nicht, daß es keine Durchlässigkeit von außen nach innen gibt. Passagen und Öffnungen gestatten durchaus, die Grünanlagen im Innern zu sehen.

So wurde es auch bei den großen Gebäuden und Häuservierteln der alten Städte gehandhabt. Der Hof wird zum geschützten Garten, und seine Schönheit kann von Spaziergängern auf der Straße bewundert werden. In den großen Städten muß für die öffentlichen und privaten Grünflächen dieser Mittelweg gefunden werden; die Grünanlagen werden praktisch zu einem architektonischen Faktor.

Entlang der Wilhelmstraße, gegenüber der Anhalterstraße, öffnet sich die Fassade zu einem großen Portal. An anderen Stellen lockern Bäume das Bauwerk auf, oder Öffnungen erlauben einen Blick auf die Seiten der Gebäude, auf die Backsteinwände, die für Berlin typisch sind.

Andererseits bringt diese Gestaltung den Charakter Berlins zum Ausdruck. Die Bäume haben wie bei den Bildern der deutschen Romantiker einen umfassenden Wert und drücken auch das aus, was die Architektur nicht sagt.

All das ist in der Kontinuität der Wohnarchitektur eingeschlossen, die im Erdgeschoß immer einen portalähnlichen Vorbau hat und zum Garten und zu den innern Gebäuden hin offen ist.

bâtiments le long du périmètre de l'aire, de reconstruire ainsi Friedrichstadt; où cela n'avait pas été fait, le résultat avait toujours été négatif. Exactement comme à Berlin, le quartier Hansa démontre cela, et des œuvres architecturales de qualité ne suffisent pas à combler des décisions d'urbanisme erronées. Au Havre, le contraire s'est produit. La construction de la ville avec des routes et des portiques est positive, même si les bâtiments ne sont pas le meilleurs de Perret.

Ce principe de construction signifie aussi la possibilité de valoriser les bâtiments existants en posant comme une continuité entre le nouveau et l'ancien.

La façade continue, de long de la rue, n'exclue pas la perméabilité entre le dedans et le dehors mais, au contraire, permet, par des passages et des trouées, de voir le green à l'intérieur.

Ceci se produit également dans les palais et les îlots de la vieille ville: la cour devient un jardin protégé et la beauté de ce jardin peut être admirée par quiconque marche le long de la rue. Dans la grande ville, le concept d'espace vert public et privé doit trouver cette médiation, comme si c'était un jardin pour ainsi dire architectural.

Le long de Wilhelmstraße, en face de Anhalterstraße, la façade est ouverte avec un grand portique. Aux autres endroits, les arbres interrompent le bâtiment. Des arrêts mesurés permettent de voir les côtés du bâtiment. Les briques sont caractéristiques de Berlin.

D'autre part, l'ensemble de la composition exprime le caractère de Berlin; les arbres, comme dans les œuvres des peintres romantiques allemands, ont une valuer complexe et expriment ce que l'architecture ne dit pas. L'ensemble se trouve dans la continuité de l'architecture résidentielle toujours en arcade au rez-de-chaussée, ouverte sur les jardins et sur les bâtiments à l'intérieur.

Il est constitué de briques et de verre, avec des toits de cuivre vert marqués par les flèches des tours d'ascenseurs. La référence aux Maîtres de

Sie besteht aus Backsteinen und Glas, aus grünen Kupferdächern und Aufbauten wie spitze Türme für die Fahrstühle. Das Anknüpfen an die Werke der großen Meister von Berlin und an die langen Gebäude des Belle-Alliance-Platzes sowie eine bestimmte Art von Stadtverständnis haben eine einheitliche Architektur hervorgebracht. Diese Architektur wird an den beiden Enden der Wilhelmstraße von zwei großen Säulen gekennzeichnet. Sie haben den Wert von Bezugspunkten in der Stadt und können wie die Säule von Filarete in Venedig oder wie ein Obelisk als charakteristische Punkte der Stadt verstanden werden.

Berlin (Mies et Schinkel), aux longs bâtiments projetés dans le style de la Belle-Alliance-Platz, à certaines manières d'envisager la ville, a donné une architecture unitaire.

Cette architecture est marquée à ses deux extrémités sur la Wilhelmstraße par deux colonnes géantes. Elles acquièrent valeur de référence urbaine et doivent fonctionner comme la colonne de Filarete à Venise, comme un obélisque, comme un point de repère dans la ville.

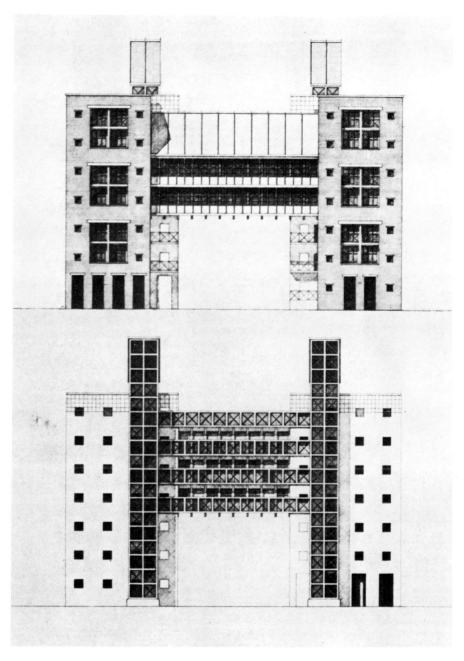

Portal zur Wilhelmstraße: Außen- und Innenansicht.
Porte sur la Wilhelmstraße: façade extérieure et intérieure.

Tuschzeichnung. / Dessin à l'encre de Chine.

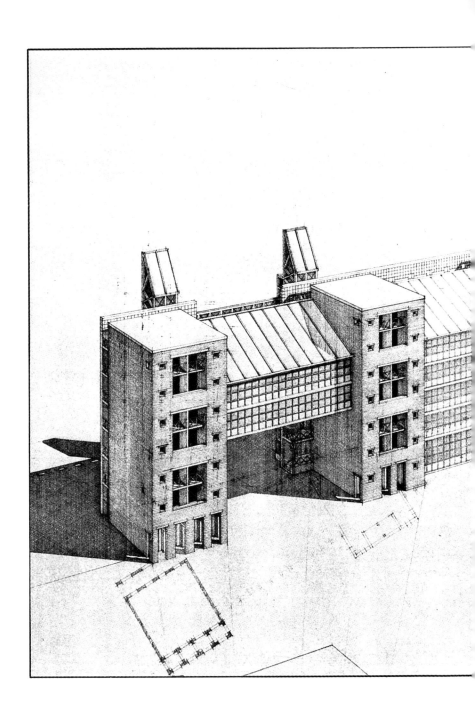

Perspektivische Darstellung. / Perspective.

Fassade zur Kochstraße und Innenhof.
Façade Kochstraße et cour intérieure.

Fassade zur Wilhelmstraße und Ecke Koch-Wilhelmstraße.
Façade Wilhelmstraße et angle Koch-Wilhelmstraße.

1982 Palazzo dei Congressi, Mailand
Entwurf. In Zusammenarbeit mit M. Adjmi und G. Geronzi.

Dieser Entwurf sollte einen ersten Vorschlag zur Gesamtüberbauung des Areals wie auch zur Typologie eines neuen Kongreßzentrums unterbreiten. Er basiert auf der Verbindung verschiedener Architekturelemente, die als Teile der Stadt aufgefaßt werden, vergleichbar dem historischen Nebeneinander der drei die Mailänder Innenstadt dominierenden Bauwerke Dom, Galleria und Scala. Das große Kongreßgebäude hat drei übereinanderliegende Säle mit abnehmendem Fassungsvermögen, wobei der kleinste Saal im Obergeschoß Licht von oben erhält. Eine zentrale Galerie führt wie ein Rückgrat vom Hauptgebäude zu den rippenartig angeordneten Gebäuden für Büros, Hotels, Pressezentrum und Dienstleistungssektor.

Am oberen Ende der Galerie markiert ein Turm mit einem langgestreckten, konischen Dach wie eine Fiale den Kopf des ganzen Komplexes. In dem Turm soll, der Außenwand entlanglaufend, das Museum für Stadtgeschichte eingerichtet werden. Über dem Museum liegt ein Vortragssaal; sein kugelförmiger Bau und der Oberlichteinfall von der Turmspitze verstehen sich als Hommage an Boullée.

Die Turmspitze ist aus Kristallglas und wird nachts von changierendem Licht beleuchtet, was sie zu einem Bezugspunkt im nächtlichen Stadtbild macht. Der ganze Baukomplex ist auf einen hohen, mit Stein verkleideten Sockel gesetzt, in dessen Innerem sich das Parkhaus mit direkten Zugängen zu den oberen Stockwerken und den wichtigsten technischen Einrichtungen befindet.

1982 Palais des Congrès, Milan
Projet. En collaboration avec M. Adjmi et G. Geronzi.

Ce projet, qui devait fournir un premier choix, aussi bien en ce qui concerne l'aire que la typologie du nouveau Palais des Congrès de Milan, se base sur la relation des diverses architectures conçues comme «morceaux» de ville et réunies entre elles selon la disposition historique des trois grands monuments du centre milanais: le Dôme, la Galerie, la Scala. Le grand Palais des Congrès, formé de trois salles superposées de grandeur décroissante, jusqu'à la petite salle du sommet, éclairée par la lumière zénithale, est lié aux bâtiments des bureaux, des hôtels, de la presse et des services généraux par la galerie centrale où ils s'insèrent perpendiculairement.

Au bout de la galerie se trouve le cône qui comme une tour en aiguille est la tête de tout le complexe. C'est là qu'est situé le Musée d'histoire urbaine, qui se développe le long du parcours périphérique; au dessus du Musée, il y a une salle pour rencontres et conférences construite dans une sphère et illuminée du sommet du cône en hommage à Boullée.

Le sommet du cône, en cristal, est éclairé pendant la nuit par une lumière changeante qui devient une référence du profil urbain nocturne. Tout le complexe architectural du Palais des Congrès est posé sur un haut socle ou soubassement revêtu de pierre. A l'intérieur du socle se trouvent les parkings directement reliés aux étages supérieurs et aux principaux services techniques.

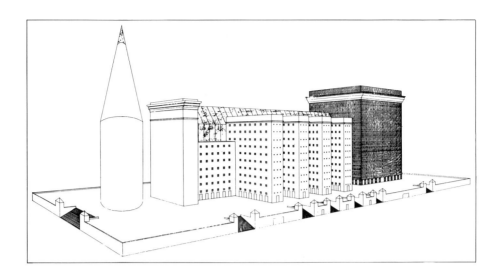
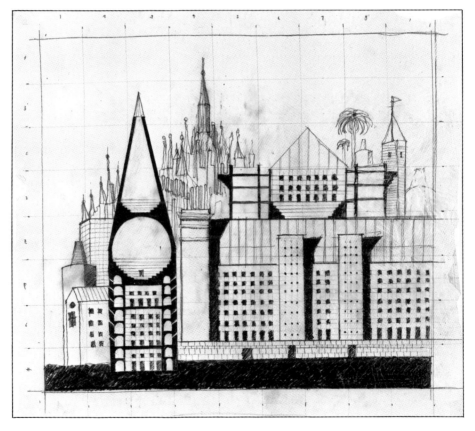

Axonometrie und Skizze. / Axonométrie et dessin.

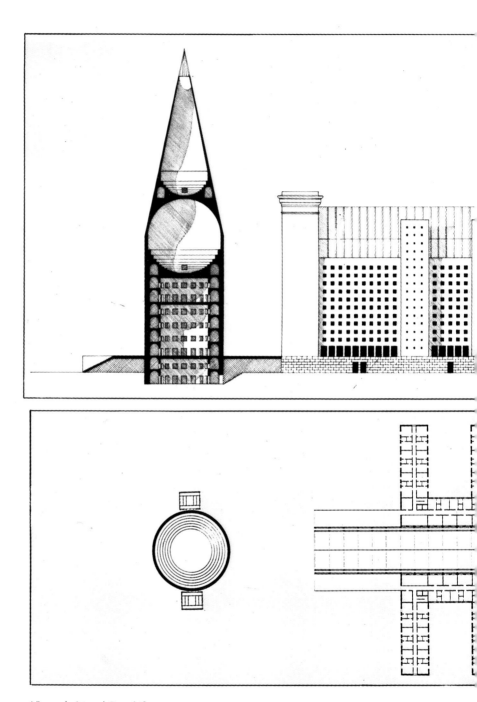

Längsschnitt und Grundriß.

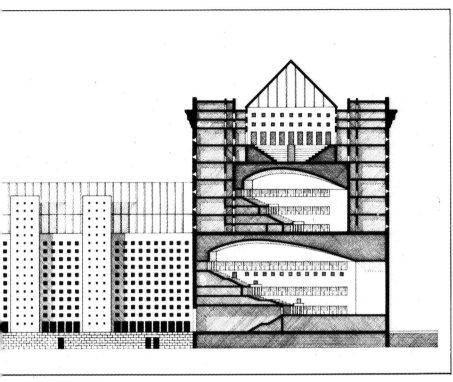
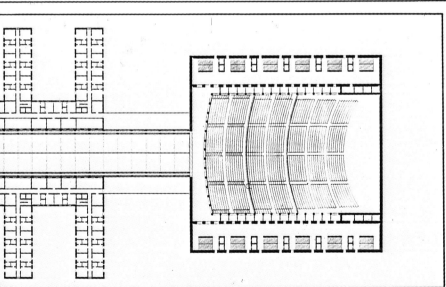

Coupe sur la façade longitudinale et plan.

1982   Überbauung Fiera Catena, Mantua
Entwurf für einen Wettbewerb. In Zusammenarbeit mit G. Braghieri und C.O.P.R.A.T.

Das Fiera-Catena-Areal ist nicht eigentlich klar begrenzt; alle bestehenden Bauten – die monumentalen wie auch die unbedeutenden – bleiben erhalten. Man kann sogar sagen, daß die auf dem Damm und am See liegenden Gebäude in ihrer Gesamtheit Fixpunkte sind, auf die der Entwurf sich bezieht. Seine fünf Teile sind:
– Eine Wiese, die wir «prato virgiliano» nennen und um die von Pflanzen optisch aufgelockerte, amphitheaterartig ansteigende Stufenreihen aus Natur- und Backstein geführt sind, mit der weißen Marmorstatue Vergils in der Mitte des Halbrunds; der an die Wiese grenzende Hafen hat Zugang zum Fluß und zum See und ist in der Form eines Amphitheaters angelegt.
– Ein zentraler Hof, dessen Regelmäßigkeit von den bestehenden Gebäuden durchbrochen wird und in dessen Mitte ein öffentliches Gebäude liegt, das als Zentrum für Veranstaltungen, Tagungen, Theateraufführungen etc. und gleichzeitig als Hotelhalle dienen soll.
– Eine Reihe von kleineren Gebäuden an den Kreuzungen des rechtwinklig angelegten Straßennetzes im unteren Teil des Areals; sie bilden den Wohnbereich des im Bungalowstil konzipierten Hotels oder können als Garderoben von Sportanlagen und ähnliches genutzt werden.
– Die «La Ceramica» genannte Fabrik, ein Bau, dessen architektonische Schönheit noch bei seiner derzeitigen Verwahrlosung bemerkenswert ist und der wieder seine Bedeutung als zentrales Element erhalten soll und so erweitert wird, daß er für Ausstellungen, Büros und andere Funktionen genutzt werden kann.
– Die Sanierung der verstreut liegenden alten Häuser und die Errichtung von Gebäuden mit Werkstätten, deren Typologie sich an den früheren Einrichtungen für Handwerker und Gewerbetreibende orientiert.

1982   Aire de la Fiera Catena, Mantoue
Projet pour un concours. En collaboration avec G. Braghieri et C.O.P.R.A.T.

Les contours de l'aire de Fiera Catena restent pratiquement non définis ; les constructions existantes, aussi bien les monumentales que celles de peu ou pas du tout de valeur, restent. On peut même dire que toutes les constructions, existantes avec la digue et le lac, sont les points fixes d'où se développe le projet.
Il se compose de cinq constructions :
– un pré, que l'on appellera «pré virgilien», entouré de gradins corrodés et parcourus par les plantes, formant un amphithéâtre en pierre et brique et au centre duquel se trouve la statue de Virgile en marbre blanc. A l'intérieur du pré, le port communique avec le canal et le lac et suit avec ses installations la forme de l'amphithéâtre.
– une cour centrale dont la forme régulière est altérée par les constructions existantes et au centre de laquelle se trouve un édifice public destiné à lieu de réunion, congrès, spectacles, qui est aussi le hall d'un hôtel.
– une série de petites constructions au croisement du réseau des rues qui forment la partie inférieure de l'aire et constituent, la partie résidentielle de l'hôtel selon la typologie du motel et de l'hôtel-résidence, ou bien les éléments de service des activités sportives, des jeux, etc.
– la fabrique appelée «La ceramica», bâtiment de remarquable beauté architecturale malgré son actuelle dégradation, s'impose comme élément central, basilique ou monument, et comme tel est agrandi et employé comme galerie et siège de bureaux et potentiellement apte aux plus diverses fonctions.
– la reconstruction des anciens îlots présents dans l'aire et la construction de bâtiments pour les artisans ayant leur propre typologie qui reprend les concepts des anciennes installations pour le commerce et l'artisanat.

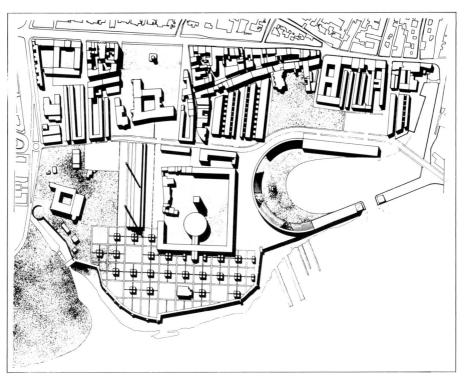

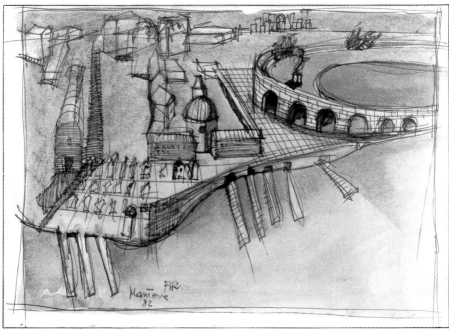

Lageplan der gesamten Überbauung und Skizze. / Planimétrie générale du complexe et dessin.

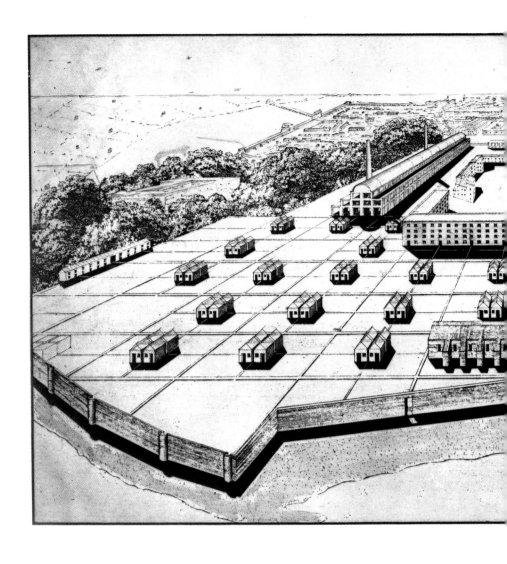

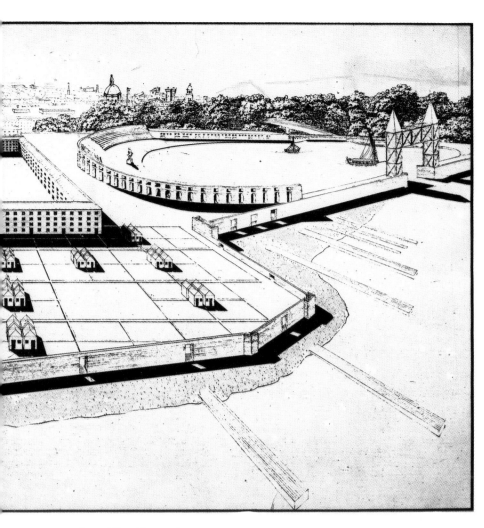
Perspektive. / Perspective.

1982 Überbauung des Kop van Zuid, Rotterdam

Entwurf für einen internationalen Einladungswettbewerb. In Zusammenarbeit mit G. Braghieri und F. Reinhart.

Große Hafenbecken und dazwischen verstreut liegende städtische Zonen kennzeichnen die ursprüngliche Struktur des *Kop van Zuid.* Die einstige Überbauung dieser Zonen hatte sich strikt an den strukturgebenden Elementen des Hafens, wie etwa Hafenbecken, Eisenbahnlinien, Straßen, Industriebauten, Lagerhäuser, orientiert.
Auch Venedig war auf ähnliche Weise gewachsen: Noch für die Zeit der Renaissance läßt sich eine Stadtplanung nachweisen, die von kaufmännischen und militärischen Überlegungen diktiert war. Carpaccios Venedig etwa, das mit Palladios Bautätigkeit ein Ende fand, war eine Stadt der Piers, mobilen Bauten, Brücken, Wasserwege; die vorgelagerte Dogana diente der Verteidigung der Salzlager, welche zu den bedeutendsten Schatzhäusern Venedigs zählten.
Die städtebauliche Schönheit des *Kop van Zuid* ist auf ähnliche Gegebenheiten gegründet: Die Gebäude der großen Schiffahrtsgesellschaften, die Lagerhäuser mit den Namen der Städte, deren Waren hier ein- und ausgehen, die Kräne, die Außenbecken – dies sind die Baumonumente dieses außergewöhnlichen Wirtschaftszentrums.
Die Wohnhäuser der anliegenden Quartiere entsprechen dem traditionellen holländischen Typus und zeigen höchstens zweckbedingte Modifikationen: bescheidene Backsteinhäuser, oft in Gruppen um kleine *squares* gebaut – ein Stück holländisches Dorfleben, verstreut in einem geschäftigen Ganzen. Auch heute noch sind diese Häuser wegen ihres historischen Bezugs und der Qualität ihrer Baumaterialien von einzigartiger Schönheit. An dieser grundsätzlichen, strikten Stukturanalyse des *Kop van Zuid* orientiert sich der Entwurf; er enthält keinerlei formale Neuerungen oder konzeptionelle Akzente.

1982 Aire Kop van Zuid, Rotterdam

Projet pour concours international sur invitation. En collaboration avec G. Braghieri et F. Reinhart.

La structure du Kop van Zuid est originairement formée par des grands bassins portuaires avec des aires urbaines isolées qui se trouvent entre eux; le dessin général de ces aires suivait littéralement les lignes de force du port comme les bassins, les voies ferrées, les rues, les bâtiments industriels, les dépôts. Il en fut de même pour la formation de Venise; c'est seulement à la Renaissance que le dessin urbain est confirmé, poussé par les exigences mercantiles et militaires. La Venise de Carpaccio, bloquée par les interventions palladiennes, était une ville de pontons, constructions mobiles, ponts, canaux de circulation. Ainsi la pointe de la Douane défendait les Magasins à sel, point des plus importants pour la richesse vénitienne.
La trame du Kop van Zuid nous montre le même type de beauté urbaine; les bâtiments des grandes compagnies navales, les dépôts avec le nom de la ville ou des nations d'origine ou destinataires des marchandises, les grues, les bassins sont les monuments de cet extraordinaire centre.
Les constructions résidentielles des aires urbaines voisinantes sont du type traditionnel hollandais; il n'y a pas d'inventions mais juste quelques transformations nécessaires. De petites maisons en brique, souvent en série, interrompues par des squares de petites dimensions; des fragments ou des villages d'Hollande insérés dans le système général. Aujourd'hui encore, ces maisons, par continuité historique et solidité des matériaux, possèdent une singulière beauté.
Le projet s'en tient à cette lecture fondamentale, presque rigide, du Kop van Zuid; il n'y a pas d'inventions formelles ou de directrices privilégiées.

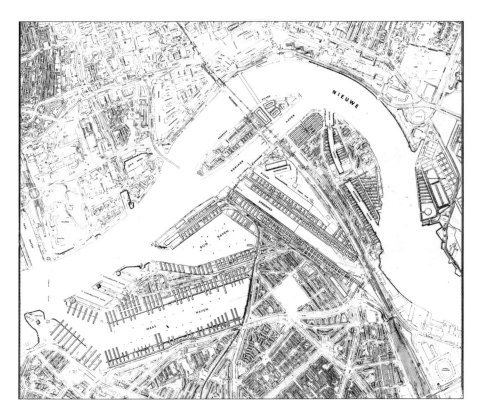

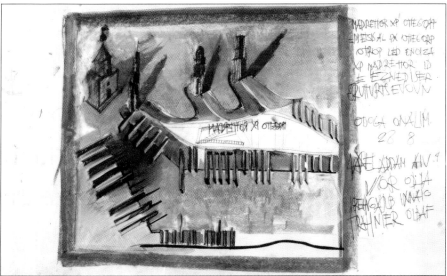

Lageplan und Entwurfsskizze. / Planimétrie générale et dessin.

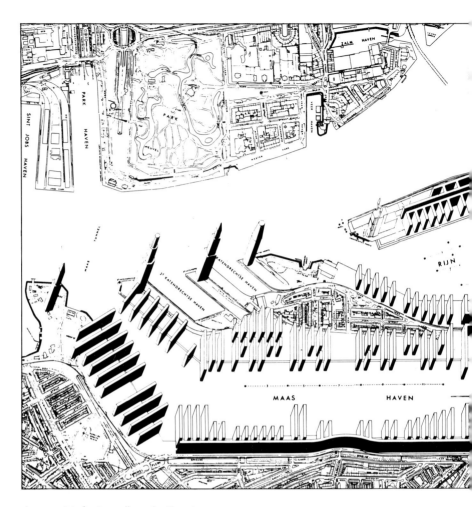

Axonometrische Darstellung der Situation.

Axonométrie général.

**1982–1989 Verwaltungs- und
Geschäftszentrum Fontivegge, Perugia**
In Zusammenarbeit mit G. Braghieri,
G. Geronzi, M. Scheurer.

Mittelpunkt dieses neuen Stadtteils ist eine das natürliche Gefälle des Geländes aufnehmende Piazza, wie sie für die Städte im Herzen Italiens so bezeichnend ist. Die Topographie des Baugeländes ist das erste architektonische Formelement. In diesem Fall bildet das abfallende, durch einen Belag von Ziegelsteinen und Steinplatten gestaltete Gelände die Piazza und damit das Zentrum des ganzen Komplexes – eine relativ weiträumige Piazza, deren Kern oder Gipfel im konischen Turm des «Theaters» respektive Quartierzentrums liegt. Begrenzt wird sie von einem an den Viale Angeloni angrenzenden Gebäude auf der einen Seite, einem Gebäude für Verwaltung und Handelsunternehmen auf der andern und der Brücke, die die Piazza mit der Villa Buitoni verbindet. Architektonisch gesprochen heißt das: Sie ist determiniert von einem langgestreckten Bau rechts (mit Arkaden) und von einem Verwaltungszentrum links. Dieses hat die Funktion des Palazzo Pubblico oder Palazzo dei Signori, respektive Broletto oder Arengo – jenes für die lombardischen Städe so typischen Palazzos, in dem Verwaltung und Handelsinstitutionen ihren Sitz haben.

Am oberen Ende der durch diese Gebäude determinierten Piazza befindet sich als zentrales Element der Konus des Theaters: Er ist Symbol und Mittelpunkt zugleich. Dahinter folgt das Gebäude für öffentliche Aktivitäten. Es hat einen großen Saal mit doppelter Stockwerkhöhe, an dessen Außenseiten (auf beiden Stockwerken) Büroräume untergebracht sind, während im Zentrum ein variabel nutzbarer Raum mit Lichteinfall von oben und von der Seite liegt. Dieser große, zentrale Raum ist direkt mit dem als Eingang dienenden Konus verbunden und kann je nachdem für Ausstellungen, Theater- und Opernaufführungen, öffentliche und kulturelle

**1982–1989 Centre d'Affaires
et Commerce Fontivegge, Pérouse**
En collaboration avec G. Braghieri, G. Geronzi,
M. Scheurer.

La construction de cette partie de la ville a son centre dans une grande place qui se forme sur la pente naturelle du terrain, ce qui est caractéristique des places de l'Italie Centrale. La topographie du terrain est la première forme de l'architecture. Le développement topographique du terrain, formé d'un pavement en brique et pierre, constitue la place ou le centre du projet, une place relativement vaste qui a son centre ou sommet dans la tour conique du théâtre-centre du quartier et est entourée par le bâtiment qui délimite l'avenue Angeloni d'un côté, par un bâtiment pour centre d'Affaires et commerce et par le pont qui unit la place à l'avenue de Villa Buitoni de l'autre côté. En termes architecturaux, elle est délimitée par un long bâtiment sur la droite (avec portiques) et par un bâtiment pour centre d'Affaires sur la gauche : celui-ci a la fonction de Palais public ou Palais des Seigneurs ou de «Broletto» ou de «Arengo» lombard, siège de rencontres de commerce ou gouvernement public. Au sommet de ces bâtiments, qui constituent la place, le cône du théâtre est l'élément central : symbole et centre. Derrière le cône ou tour se trouve le bâtiment des activités publiques : il est constitué par une grande salle, qui de la cote zero monte sur deux étages et présente, latéralement, une série de bureaux (premier et deuxième étages) et au centre un espace indivisé avec lumière zénithale et latérale. Le grand espace central est étroitement relié à l'espace conique d'accès et permet, continûment, son utilisation comme lieu d'expositions, manifestations publiques, de représentations théâtrales (prose et musique) et de rencontres culturelles, syndicales, politiques. Il est le centre civique et cette caractéristique civique ou fonction peut mieux se dérouler dans le petit théâtre : la salle à gradins,

Veranstaltungen, Gemeinde- oder Parteiversammlungen genutzt werden. Er stellt das Zentrum des städtischen Lebens dar. Noch mehr entspricht dieser Funktion das kleine Theater: Sein tieferliegender, mit ansteigenden Sitzreihen ausgestatteter Saal hat Platz für 300 Personen und ist direkt mit dem als Eingang und Foyer dienenden Konus verbunden. Zugleich stellt der Konus per se schon innerhalb der Piazza einen öffentlichen Raum dar.

placée à un niveau inférieur et qui peut contenir environ 300 personnes, est directement reliée au cône qui sert d'entrée et de foyer. En même temps le cône est de par lui-même le lieu public de la place.

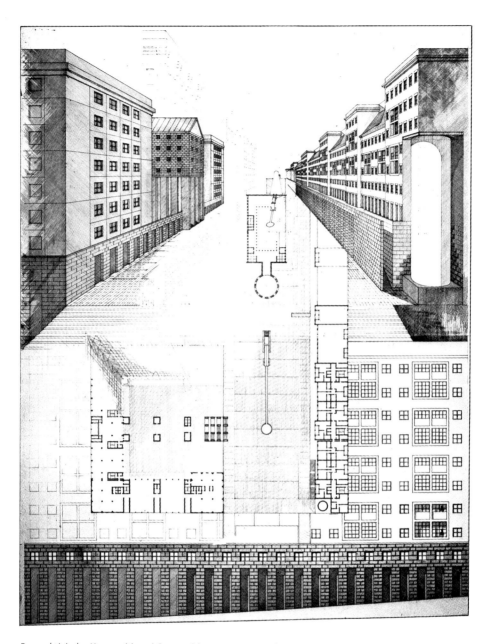

Perspektivische Komposition. / Composition avec perspective.

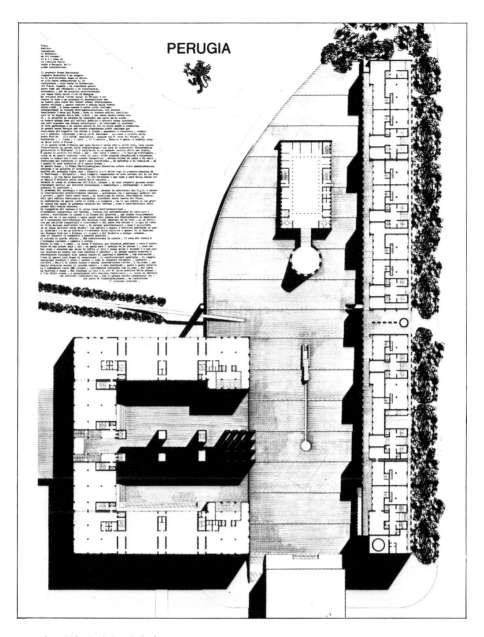

Lageplan. / Planimétrie générale.

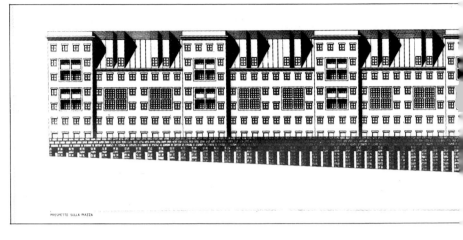

Ansicht Piazza Colonna. / Façade sur la Place Colonna.

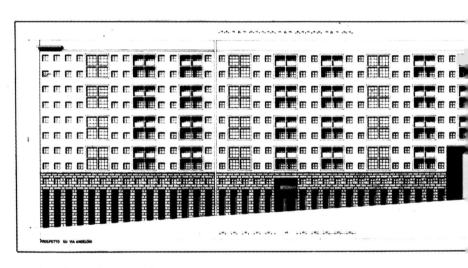

Ansicht Viale Angeloni. / Façade Viale Angeloni.

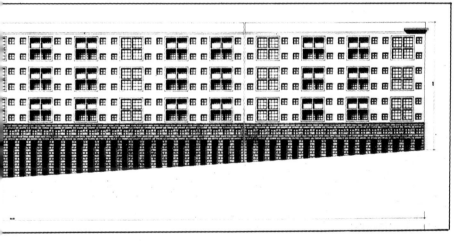

Blick von der Straßenebene und vom oberen Ende der Piazza.
Vue du niveau de la rue et de la place surélevée.

Rückfassade und Portikus des Broletto.
Façade postérieure et portique du Broletto.

1983–1985   Mehrfamilienhaus Rauchstraße, Berlin-Tiergarten
In Zusammenarbeit mit G. Braghieri und C. Stead.

Dieses Gebäude ist eine spiegelbildliche Entsprechung desjenigen der ehemaligen norwegischen Botschaft an der Ecke Drakestraße–Rauchstraße. Es wird in seinem Charakter geprägt von einem vom Treppenturm ausgehenden Mittelgang. Die Wohnungen liegen zu beiden Seiten dieses Ganges, der von dem großen Fenster an seinem Ende Licht erhält. Alle Wohnungen entsprechen den von der Stadt Berlin vorgeschriebenen Normen und haben Balkons, die auf den zentralen Innenhof gehen.
Die Außenwände sind aus rotem Backstein mit Bändern von gelbem Ziegelstein, wodurch die Stockwerke markiert werden. Eigentliches Gelenk des Gebäudes ist der Treppenturm. Er erhält Licht durch die Fenster im Turmaufsatz: Eingang und Treppenhaus bilden somit einen von oben erhellten, einheitlichen Bereich. Das Dach des Turmaufsatzes war aus Kupfer vorgesehen, wurde aber in verzinktem Metall ausgeführt. Die Fassadengestaltung ist einheitlich mit in regelmäßigem Abstand folgenden Öffnungen, die von grün gestrichenen Metallsturzen markiert sind.
Das Wechselspiel von Metall und Backstein ist in allen Teilen beibehalten; nur die Ecke, in der der Eingang liegt, besteht ausschließlich aus Mauerwerk mit nur kleinen Fensteröffnungen. Diese Ecke versteht sich als Abschlußmauer oder Konstruktionselement.
Dem Gesamtüberbauungsplan entsprechend bildet der Bau den Abschluß des auf den Tiergarten hin orientierten Wohnviertels.

1983–1985   Maison sur la Rauchstraße, Berlin-Tiergarten
En collaboration avec G. Braghieri et C. Stead.

La construction, qui répète symétriquement le volume de l'ex-ambassade norvégienne qui se trouve à l'angle entre la Drakestraße et la Rauchstraße, est typologiquement déterminée par le corridor central qui part de la tour des escaliers. Le corridor divise les appartements et est éclairé par la grande fenêtre du fond. Les appartements, qui respectent les normes de la réglementation urbanistique berlinoise, ont toujours une loggia qui donne sur l'espace central.
Extérieurement la construction est en briques rouges avec des bandes de briques jaunes qui indiquent les étages du bâtiment. La tour des escaliers qui constitue le noyau central, reçoit la lumière zénithale de la verrière d'en haut : l'entrée et l'escalier constituent ainsi un espace unitaire éclairé par le haut. La couverture prévue en cuivre est réalisée en métal zingué. Les façades sont continues et les ouvertures se succèdent régulièrement, ponctuées par les architraves en fer peintes en vert. Le rapport entre le fer et la brique est présent sur toutes les parties du bâtiment alors que sur les murs d'angle, où se trouve l'entrée, la surface en maçonnerie est continue. Seules s'y ouvrent de petites fenêtres. Cet angle est conçu comme un mur de fermeture ou une coupe de la construction.
Tout le bâtiment, en accord avec le plan général, ferme le complexe résidentiel, en s'ouvrant vers le Tiergarten.

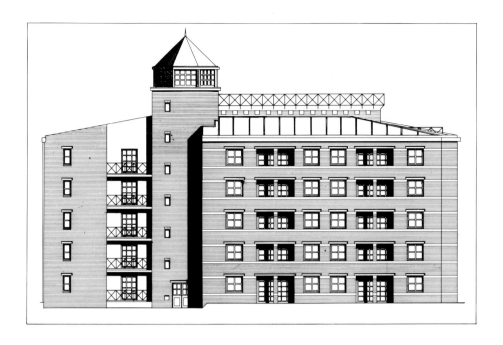

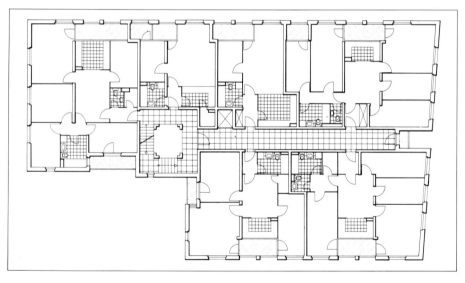

Hauptansicht und Grundriß Erdgeschoß.
Façade principale et plan du rez-de-chaussée.

Ansichten des Gebäudes. / Vues sur la maison.

Ansicht von der Straße.
Vue de la rue.

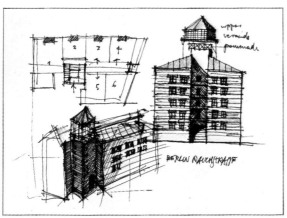

Skizze.
Dessin.

1983–1989 Teatro Carlo Felice, Genua
In Zusammenarbeit mit I. Gardella, F. Reinhart, A. Sibilla.

Die Bescheidenheit und zugleich auch der Hochmut dieses Projektes liegen darin, daß es auf die naheliegende Idee einer Neuschöpfung, auf formale Konventionen und auf funktionalistische oder rein technische Lösungen verzichtet. Das neue Theater soll ein im städtischen Kontext bedeutendes architektonisches Werk sein, ein Beitrag zu dem, was man früher «Architektur der Stadt» nannte. Der Verzicht auf rein funktionalistische oder technische Lösungen bedeutet jedoch nicht, daß man die Funktion oder eine optimale Technik ignoriere; Projektdarstellungen, Detailstudien und Berichte bezeugen dies *in abundantiam*.

Das Äußere des Projektes beschreiben heißt auch schon sein Inneres erklären: Gute Architektur stellt immer ein einheitliches Ganzes dar; seit dem Pantheon ist in Volumen und Ansicht eines guten Bauwerks zugleich dessen Schnitt enthalten. Das wichtigste Baumaterial des Theaters ist Stein, gefolgt von Verputz und Eisen.

Eine kleine, gedeckte Piazza, die sich gleichsam zur Stadt hin öffnet, bildet den Eingang: Hier kann man von mehreren Seiten zusammenströmen. Auch wenn sie klein ist, stellt diese gedeckte Piazza doch einen wesentlichen Aspekt des Projektes dar und interpretiert den Geist des Theaters; sie ist Aufenthalts- und Durchgangsort für die Besucher, ein Filter zwischen der Stadt und dem eigentlichen Theatergebäude. Von hier gelangt man ins Foyer mit den einander gegenüberliegenden Treppenaufgängen, die zum großen Zuschauerraum führen.

Vom oberen Stockwerk aus durchschneidet eine konische Öffnung wie ein großer Kamin den ganzen Eingangsbereich; man kann von den verschiedenen Ebenen aus in die einzigartige Turmspitze hinaufschauen, durch die Himmelslicht bis zur Eingangspiazza hinabfällt und diese

1983–1989 Théâtre Carlo Felice, Gênes
En collaboration avec I. Gardella, F. Reinhart, A. Sibilla.

La modestie et l'orgueil de ce projet est d'avoir repoussé toute invention facile, toute étiquette formelle, toute esquisse fonctionnaliste ou techniciste. Le nouveau théâtre doit être une architecture d'importance civile, ce que les anciens appelaient justement «architecture civile». Le fait de repousser toute tentative purement fonctionnaliste ou techniciste ne veut justement pas dire refuser la fonction et la technique optimales; les illustrations du projet, les relations, chaque étude le démontrent ad abundantiam.

La description de l'extérieur du projet est aussi la description de son intérieur; une bonne architecture forme un corps unique; à partir du Panthéon toute bonne architecture révèle par le volume et la façade, sa propre coupe. Le principal matériau du bâtiment est la pierre, puis l'enduit et le fer.

L'entrée du bâtiment est une petite place couverte, presqu'ouverte sur la ville: il est possible d'y confluer de plusieurs directions. La place couverte, bien que limitée, est un aspect particulier du projet et interprète l'esprit du théâtre; les personnes s'y arrêtent ou passent dans cette zone qui est comme un filtre entre la ville et le bâtiment du théâtre. De là on accède au vestibule intérieur où les escaliers sont clairement placés en position frontale; de cette salle on monte à la grande cavea.

A l'étage supérieur une ouverture conique, comme une grande cheminée, traverse toute la coupe; à chaque étage on peut se mettre à la fenêtre de cette singulière coupole, où la lumière zénithale descend en projetant un cercle de ciel sur la place de l'entrée.

La lumière est recueillie par une lanterne polygonale, une pyramide à facettes; c'est un précieux petit élément qui s'ajoute à la reconstruction philologique du bâtiment de Barabino. Comme

kreisförmig erhellt. Dieses Licht wird von einer polygonalen Laterne eingefangen, einer facettierten Pyramide; sie ist ein kleines, kostbares Element, das sich über die originalgetreue Rekonstruktion des einstigen Teatro Barbarino erhebt – ähnlich den Archäologen, die mit kleinen Betonungen die unterschiedlichen Epochen der ans Licht beförderten Bauwerke kenntlich machen.

Der große Zuschauerraum füllt den ganzen Raum des alten Theaterbaus aus: Die Sitzreihen fallen gestaffelt vom obersten Rang bis zum Bühnenraum ab. Hier sitzen die meisten der 2000 Zuschauer; die Zwischenräume in der Saalmitte entsprechen den Empfehlungen der Lehrbücher und der Theaterbautradition. Einige wenige Zuschauer sind in den Seitenbalkonen untergebracht, wo Sicht und Akustik ausgezeichnet sind. Bei gewissen Anlässen können auch die beiden Logen über dem Proszenium genutzt werden.

les archéologues qui marquent par de minuscules ressauts, les différentes époques des bâtiments redécouverts.

La grande salle occupe tout l'intérieur de l'ancien bâtiment: la salle est une cavea, une surface qui s'étage en gradins du haut jusqu'à la scène. Cette cavea reçoit la grande majorité des 2000 spectateurs, tenant compte et maintenant les distances indiquées par les manuels et la tradition. Peu d'autres spectateurs prennent place dans les loges latérales et ont la possibilité de jouir de bonnes conditions visuelles et acoustiques. Quelques loges pour situations et usages particuliers, se trouvent sur le mur qui donne sur la scène.

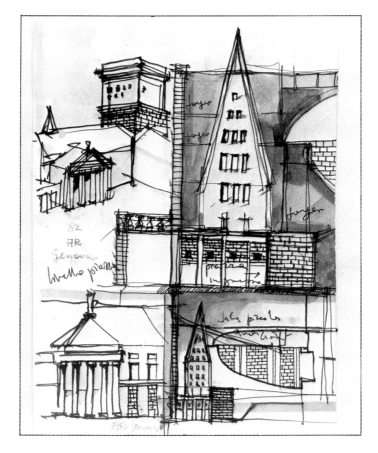

Tuschzeichnung.
Dessin à
l'encre de Chine.

Detail des Innern mit Laterne. / Détail de l'intérieur avec lanterne.

Treppendetail. / Détail de l'escalier.

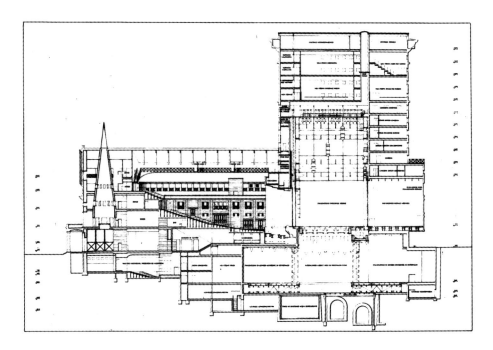

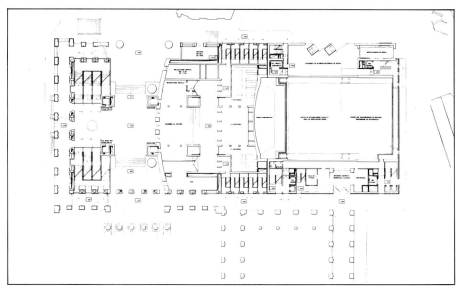

Längsschnitt und Grundriß Erdgeschoß.
Coupe longitudinale et plan du rez-de-chaussée.

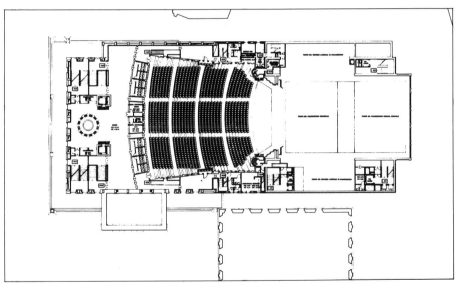

Außenansicht und Grundriß Saalgeschoß.
Vue extérieure et plan au niveau de la salle.

1983 – 1988   Rathaus von Borgoricco (Padua)
In Zusammenarbeit mit M. Scheurer, M. Zancanella.

Typologisch betrachtet bezieht sich das neue Rathaus auf die klassische Struktur der Villa des Veneto, die aus einem Hauptgebäude in der Mitte und zwei Seitenflügeln besteht. Auch in seiner Ausrichtung nach Süden und seiner Begrenzung durch die im Norden vorbeiführende Straße entspricht es diesem Typus; zudem ist der Bau in bezug auf die Längsachse vollkommen symmetrisch. Der Haupttrakt und die beiden Seitenflügel bilden ein «Campus», das von Arkadengängen eingefaßt ist – ein öffentlicher Raum par excellence und Treffpunkt für die Bürger.

Man betritt das Gebäude durch den mit zwei Säulen markierten Haupteingang, der sich in der Mitte des vorstehenden Portikus befindet, oder durch die beiden Nebeneingänge in den Seitenflügeln. Das zweigeschossige Hauptgebäude beherbergt im Erdgeschoß die Bibliothek und Teile des Museums, im Obergeschoß den Gemeindesaal. Der andere Teil des Museums befindet sich in zwei offenen Räumen, die zu beiden Seiten des Mittelbaus liegen.

In den beiden eingeschossigen Seitenflügeln sind die Büros der Verwaltung untergebracht. Auf der Nordseite befinden sich zudem noch zwei kleine Versammlungssäle, die direkt zugänglich sind. Das Archiv ist in zwei großen Räumen im oberen Stock untergebracht. Die Heizungsanlage schließlich befindet sich in einem Kellerraum außerhalb des Gebäudes und hat einen Fabrikschornstein als Abzug.

Bei der Zuteilung der Funktionen im Gebäudeinneren bilden die Bibliothek und das Museum räumlich und funktionell eine Einheit; sie weisen darauf hin, daß das Leben einer Gemeinde sich gleichzeitig im kulturellen, administrativen und bürokratischen Bereich manifestiert. Gesamthaft entspricht jeder inneren Funktion ein eigener, auch äußerlich klar definierter Baukörper.

1983 – 1988   Mairie, Borgoricco (Padoue)
En collaboration avec M. Scheurer, M. Zancanella.

Du point de vue typologique, la nouvelle Mairie reprend la structure typique de la «villa» de la Vénétie, constituée d'un corps central principal et de deux ailes latérales de service. De même l'orientation et le rapport avec la rue sont typiques, étant tournée vers le sud et située au nord de l'axe routier; en outre elle est parfaitement symétrique par rapport à l'axe longitudinal. Le corps principal, avec les deux ailes, forme un «campo» tout entouré d'un portique, lieu publique par excellence.

On accède au bâtiment, par l'entrée principale, indiquée par deux colonnes, qui s'ouvre au centre du portique frontal et, par deux entrées secondaires, le long des deux ailes latérales. Dans le corps principal à deux étages se trouvent au rez-de-chaussée la Bibliothèque et une partie du Musée, à l'étage supérieur la Salle du Conseil, à laquelle on accède grace à deux escaliers placés symétriquement par rapport à l'axe longitudinal du bâtiment. La deuxième partie du Musée est située dans deux locaux ouverts, déplacés sur les deux côtés du corps principal. Dans les deux ailes à un seul étage, se trouvent les bureaux administratifs. Sur le côté nord, on trouve deux petites salles de réunion accessibles directement de l'extérieur. Les archives sont situées dans deux locaux à l'étage supérieur. La centrale thermique est placée dans un local enterré, séparé du bâtiment, avec une cheminée d'échappement en forme de cheminée tronconique.

Dans la distribution interne des fonctions, la Bibliothèque et le Musée constituent une seule unité spatiale et fonctionnelle et permettent que la vie de la Municipalité s'articule à travers sa fonction culturelle, administrative et bureaucratique. A chaque fonction interne correspond un volume précis, clairement défini à l'extérieur.

Tuschzeichnung. / Dessin à l'encre de Chine.

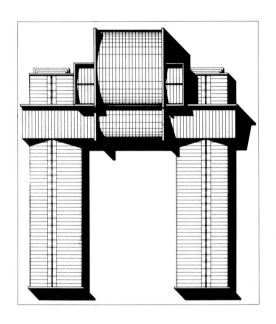

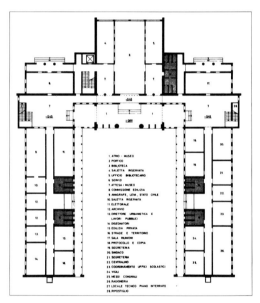

*Dachaufsicht
und Grundriß Erdgeschoß.
Plan de la couverture
et du rez-de-chaussée.*

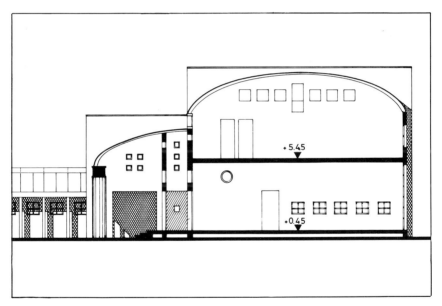

Perspektive und Längsschnitt.
Perspective et coupe longitudinale.

Ansichten von Nordwesten und Westen.
Vues du nordouest et ouest.

Nordansicht und Hauptfassade.
Vue du nord et façade principale.

1983–1989 Bahnhof für Autoreisezüge San Cristoforo, Mailand
In Zusammenarbeit mit G. Braghieri; ferner M. Oks, M. Scheurer (1. Phase), M. Baracco, P. Digiuni (2. Phase), C.O.P.R.A.T., O. Mietta, P. Pomodoro (3. Phase).

Die Architektur dieses Entwurfs will eindeutig «das Bild» eines Bahnhofs vermitteln und hebt dabei einige traditionelle und funktionale Aspekte wie etwa die Dachkonstruktionen, Galerien, überdachten Durchgänge, Niveauunterschiede und die große, zentrale Bahnhofshalle hervor. Die fortlaufenden langen Überdachungen unterstreichen zudem den horizontalen Charakter und die besondere Typik des Gebäudes.
Bei der Raumaufteilung wurde der Raumplan der italienischen Eisenbahngesellschaft vor allem im Eingangsbereich abgeändert, so daß die beiden Hauptflügel durch eine große Eingangshalle miteinander verbunden sind, welche zugleich einen zentralen Treffpunkt für die Reisenden darstellt.
Von dieser Halle führt eine breite Treppe zum ersten Stock, wo sich auf der einen Seite die Schalter, das Verkehrsbüro sowie ACI, Bank, Bahnhofspolizei und Zoll befinden; auf der anderen Seite, jenseits einer Durchgangsgalerie, die zu den Passerellen führt, von denen aus man zu den Bahnsteigen gelangt, befinden sich die Wartesäle und ein Imbißstand.
Im zweiten Stock liegen auf der einen Seite die Toilettenräume für das Bahnpersonal und auf der anderen, mit Zugang zum Turm, das Restaurant mit den dazugehörigen Toiletten für die Reisenden. Das Restaurant hat ein sichtbares Tonnendach mit einer Unterkonstruktion aus Holz, während die Passerellen und das Hauptgebäude Kupferdächer haben.
Der Mittelbau und die beiden Seitentrakte sind aus Sichtbackstein und klammern die anderen beiden Gebäudeteile ein; die Struktur dieser bei-

1983–1989 Terminal Wagons-Lits de la Gare S. Christoforo, Milan
En collaboration avec G. Braghieri (1e phase avec M. Oks, M. Scheurer; 2e phase avec M. Baracco, P. Digiuni; 3e phase avec C.O.P.R.A.T., O. Mietta, P. Pomodoro).

L'architecture du projet essait d'offrir clairement «l'image» de la gare en donnant une particulière importance à certains aspects traditionnels et fonctionnels comme les couvertures, les galeries, les passages couverts, les différences de niveau et le grand espace central du hall. La continuité des couvertures souligne en outre le caractère horizontal du bâtiment et la particulière typologie de la construction.
Du point de vue de la distribution, le schéma planimétrique fourni par la Société des Chemins de Fer a été sensiblement modifié surtout du côté de l'entrée pour obtenir un grand hall qui puisse relier les deux principaux côtés du bâtiment et en même temps former un lieu central de rendez-vous et d'attente.
Du hall, on accède par moyen d'un large escalier au premier étage où se trouvent les guichets, les bureaux de tourisme, de l'ACI, la banque, la Polfer et la douane d'un côté, et de l'autre, à travers une galerie de dégagement reliée aux passerelles qui portent aux quais, les salles d'attente et le bar.
A l'étage supérieur, d'un côté les services du personnel ferroviaires et relié à la tour centrale, de l'autre côté, le restaurant avec ses relatifs services. La partie occupée par le restaurant a une couverture en berceau en vue avec un contre-plafond en bois alors que toutes les couvertures de la construction et des passerelles de liaison sont en cuivre.
Le corps du bâtiment central et les deux latéraux sont en brique pleine face à vue et contiennent les autres parties du bâtiment qui ont une structure portante avec poutres apparentes la plupart en fer. Tous les pavements internes sont en

den Trakte mit ihren sichtbaren Dachbindern vornehmlich aus Eisen ist von den tragenden Elementen bestimmt. Die Bodenbeläge im Gebäudeinneren sind alle aus Sphäroidquarz oder aus Granit, die der Bahnsteige und der Eingänge in den Backsteintürmen aus Porphyr; die Böden der oberen Durchgangsgalerie und der zu den Bahnsteigen führenden Passerellen hingegen sind aus verzinktem Eisen. Die Mauerwerkpartien des Gebäudes haben einen Sockel aus verzinktem Eisen; die Arkaden der Bahnsteigseite sind mit Keramikplatten verkleidet und haben Blenden aus verzinktem Eisen an den Kanten.

quartz sphéroïdal ou en granit. Les quais et les halls des tours d'accès en brique sont en porphyre alors que la galerie supérieure et les passerelles de liaison aux quais sont en feuilles de fer zingué. Les parties en maçonnerie du soubassement du bâtiment sont en fer zingué. Le portique du côté des voies est revêtu de céramique avec les angles couverts de fer zingué.

Dachaufsicht. / Plan de la couverture.

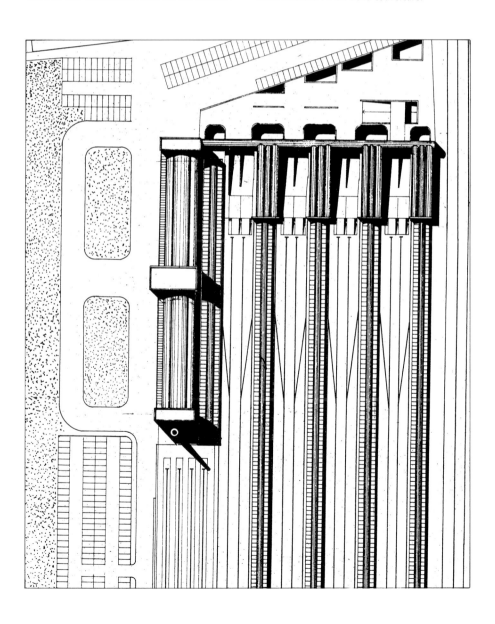

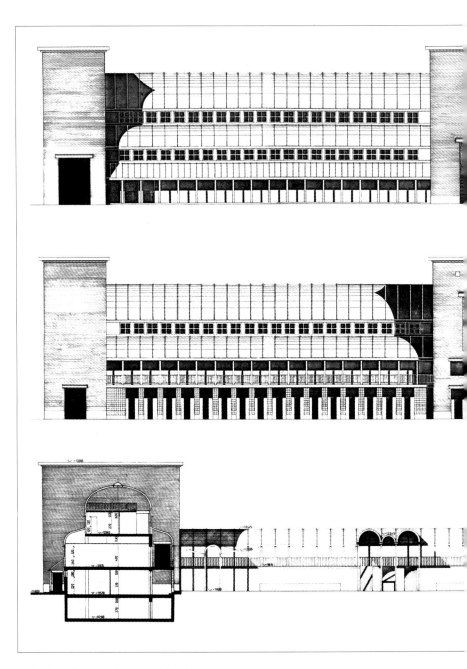

Außenfassade gegen die Piazza (oben).
Innenfassade gegen die Geleise (Mitte).
Querschnitt (unten).

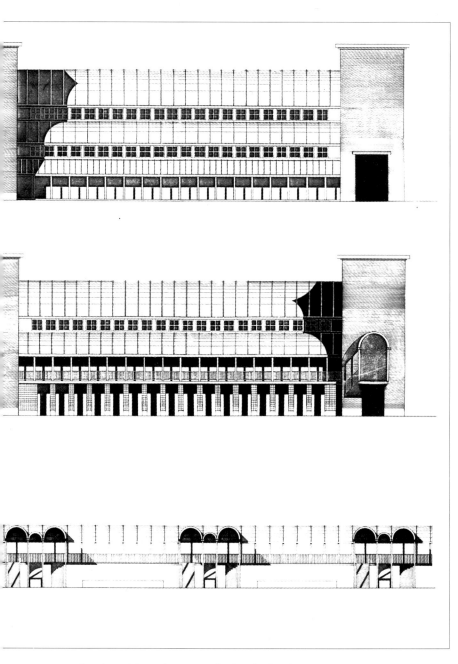

Façade extérieure donnant sur la place (en haut).
Façade intérieure donnant sur les quais (au milieu).
Coupe transversale (en bas).

1984 Bürohochhaus Techint, Buenos Aires

Entwurf für einen internationalen Einladungswettbewerb. In Zusammenarbeit mit G. Braghieri, G. Ciocca, M. Oks, M. Scheurer.

Dieser Entwurf basiert auf den strengen Auflagen der Stadtverwaltung und der Baubehörden und versucht, sie bei der Gestaltung des gesamten öffentlichen Bereiches einzuhalten. Die wichtigste dieser Auflagen besagt, daß der Bau erst bei einer Höhe von 14 m beginnen dürfe, damit der Ausblick auf die Kirche Santa Catalina von den benachbarten Straßen Cordoba, Reconquista und Viamonte nicht verbaut wird.

Der Entwurf geht von diesen Überlegungen aus. Die Typologie eines modernen Bürogebäudes (als Sitz von Firmen, Verwaltung, Handelsunternehmen etc.) ist im Grunde gegeben: Es ist die des offenen Raumes, in der Fachsprache «open space» genannt. In diesem großen, offenen Raum kommt den vertikalen Verbindungs- und Transportwegen, die das ganze Gebäude durchlaufen und fixe, systemimmanente Bestandteile sind, eine den Entwurf bestimmende Bedeutung zu.

Da praktisch zwei Drittel des Gebäudes erst auf dem Niveau von 14 m beginnen, wird die Piazza mit ihren zwei gedeckten Räumen zu einem grundlegenden Architekturelement. Der Eingang zu diesen zwei Bereichen ist bestimmt von den großen Eisenportalen, welche zusammen mit den Außenmauern tragende Funktion haben, und von den wie große Toreingänge wirkenden Einschnitten im Mauerwerk der beiden Seiten. Die erste der überdachten Piazzen, welche auf die Avenida Cordoba orientiert ist, hat ein großes Bassin oder Schwimmbecken. Vom Beckenrand gelangt man in den unteren Teil des Gebäudes mit den allgemein zugänglichen Räumen.

Wenn man die Piazza weiter durchschreitet, kommt man zum Gebäudeeingang: Um einer-

1984 Immeuble commercial Techint, Buenos Aires

Projet pour concours international sur invitation. En collaboration avec G. Braghieri, G. Ciocca, M. Oks, M. Scheurer.

Ce projet accepte les obligations imposées par l'administration municipale et par les commanditaires, en essayant de les développer pour tout ce qui concerne la partie publique. Les obligations regardent essentiellement le respect de la côte de 14 mètres comme niveau d'où doit partir la construction; ceci pour permettre la vue de l'église de Santa Catalina pour qui monte de Cordoba ou parcourt Reconquista ou Viamonte.

C'est à partir de ces considérations que commence la composition du projet. Un bâtiment pour bureaux (centre d'Affaires, administratif, commercial, etc.) possède aujourd'hui une typologie préfixée: celle de l'espace ouvert ou open space, en termes professionnels. Dans ce grand espace ouvert, les transports verticaux assument une importance particulière pour le projet et sont de plus les éléments inamovibles du système.

Etant donné que les deux tiers environ du bâtiment commencent au niveau des 14 mètres, la place qui comprend deux espaces couverts est l'élément fondamental du projet. L'entrée de ces espaces est caractérisée par les grandes portes en fer qui, avec les murs périphériques constituent la structure portante de l'édifice, et latéralement, par des coupes dans les murs comme des grandes portes d'entrée. La première place couverte, donnant sur l'avenida Cordoba, contient un grand bassin ou piscine, et, des bords de la piscine, on pénètre dans la partie inférieure du bâtiment à caractère public.

En avançant sur la place, on trouve l'entrée du bâtiment: pour sauvegarder la transparence de la place, mais en même temps pour donner une fermeture physique au bâtiment, la partie centrale est réalisée en parois de cristal. Ces parois

seits die Transparenz der Piazza zu wahren, dabei aber doch einen physischen Abschluß des Gebäudes zu erreichen, sind die zurückversetzten Wände im unteren Bereich des Mittelteils aus Kristallglas. Diese Wände stellen eine Projektion und eine Verlängerung des Mittelteils dar: Dieser ist höher als die beiden anderen Teile und bestimmt das Profil der ganzen Konstruktion. Strukturell ist das Gebäude in drei Teile gegliedert, was den vertikalen Charakter des ganzen Komplexes hervorhebt: Der mittlere Teil überragt die beiden Seitentürme, wobei die Installation der zentralen Klimaanlage genutzt wird, um dem mittleren Bau einen Dachaufsatz oder «top» nach dem Vorbild der traditionellen Hochhäuser von New York zu geben. Die beiden anderen Türme, die von den Seitenwänden und dem Mittelbau eingefaßt sind, haben kupferne Tonnendächer.

Der obere Bereich des Techint-Gebäudes ist ein Bestandteil des städtischen Profils von Buenos Aires und kann im Gesamtbild der Stadt ein neues, charakteristisches Element darstellen.

sont la projection et l'extension de la partie centrale du bâtiment: la partie centrale monte sur les autres et caractérise le profil de toute la construction.

Du type de structure dérive la répartition du bâtiment en trois parties qui participent à donner une image de verticalité plus accentuée à toute la construction: la partie centrale surmonte les deux parties latérales et utilise l'emplacement central du dispositif de refroidissement et de conditionnement, pour y construire autour le couronnement ou top, selon la tradition des tours de New York. Les deux autres parties du bâtiment, enfermées entre la partie centrale et les deux murs latéraux sont recouvertes de deux toits en berceau de cuivre.

La partie supérieure ou aire du bâtiment Techint appartient au profil urbain de Buenos Aires et pourra être un nouvel élément caractéristique de la ville.

Tuschzeichnung. / Dessin à l'encre de Chine.

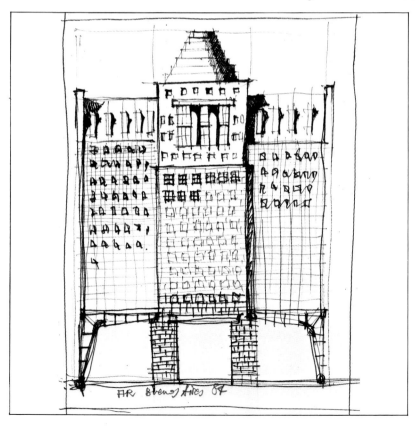

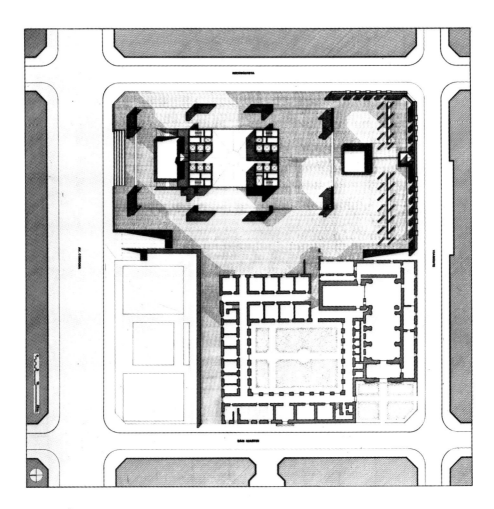
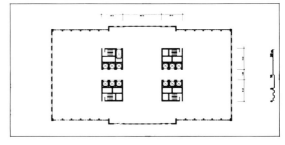

Grundriß Erdgeschoß und Grundriß Normalgeschoß.
Plan du rez-de-chaussée et plan type.

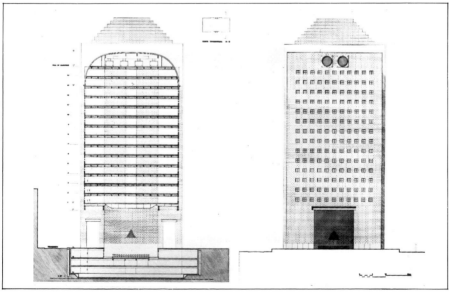

Perspektive, Schnitt und Seitenfassade. / Perspective, coupe et façade latérale.

1984–1987 Bürogebäude «Casa Aurora», Turin

In Zusammenarbeit mit G. Braghieri, G. Ciocca, F. Marchesotti, M. Oks, M. Scheurer, L. Uva.

Der Grundriß des neuen Bürogebäudes des Turiner Konzerns GFT folgt dem rechtwinklig angelegten Straßennetz von Turin: Der Komplex macht etwa ein Viertel der gesamten Häusergruppe zwischen dem Corso Emilia und dem Corso Giulio Cesare aus.

Wie beim Plan Cerdà in Barcelona wird die Ecke des Gebäudes geschnitten, wodurch der Bau gleichsam eine Stirnseite mit dem Haupteingang erhält. Am Corso Emilia verbindet eine Brücke auf Niveau + 6,00 m den Neubau mit dem alten GFT-Gebäude, das restauriert werden soll. Zwischen diesen beiden Blöcken liegt die Portierloge, eine zur Straße hin abgerundete Konstruktion aus Stahl und Sicherheitsglas; sie ist das Scharnier zwischen den beiden Gebäuden und auch der Blickfang des Corso Emilia.

Das Gebäude ist als «open space» konzipiert, was eine gleichmäßige Rhythmisierung der Fassade durch die in regelmäßigen Abständen folgenden Fensteröffnungen erlaubt.

Determinierendes Element dieser Architektur ist die markante, die Ecke schneidende Fassade mit dem Haupteingang; sie hat zwei große, eiserne Säulen (Höhe 8,00 m, Durchmesser 1,40 m), welche einen Eisenträger stützen, auf dem ein fensterloser Backsteinturm lastet. Von diesen Säulen gehen Arkadengänge nach beiden Seiten aus; sie werden am Ende jeweils durch einen Turm von gleicher Höhe wie der Hauptturm begrenzt.

Besondere Beachtung verdient die Eisen- und Steinkonstruktion der Arkadengänge, die die untere Partie des ganzen Gebäudes bestimmt: Der Stein (von grauer, bei Regen grünlicher Farbe) wird «Verde d'Oropa» genannt und ist der gleiche, der auch im Piemontesischen Oropaheiligtum und in anderen wichtigen Turiner Baumonumenten vorkommt. Zwischen die

1984–1987 Edifice des bureaux «Casa Aurora», Turin

En collaboration avec G. Braghieri, G. Ciocca, F. Marchesotti, M. Oks, M. Scheurer, L. Uva.

L'immeuble des bureaux GFT de Turin suit planimétriquement le réseau du plan cartésien de la ville: il occupe environ un quart de l'îlot compris entre l'avenue Emilia et l'avenue Giulio Cesare. L'angle de la construction est coupé comme dans le plan Cerdà de Barcelone de manière à ce que le bâtiment se trouve avec un front privilégié sur Porta Palazzo. Le long de l'avenue Emilia le bâtiment rejoint le vieux bâtiment GFT, en restauration, par un pont qui relie les deux blocs au niveau de la cote +6,00 m. Dans la fente entre les deux bâtiments se trouve la loge du portier ou garde, en fer et cristal de sécurité courbé; elle devient ainsi charnière des deux blocs et «foyer» du parcours le long de l'avenue Emilia.

Le bâtiment se présente avec un plan libre (open space), qui permet un rythme régulier des fenêtres qui se succèdent à la même distance tout le long du corps.

L'architecture de la construction est déterminée par la façade singulière, à angle vers Porta Palazzo, constituée de deux grandes colonnes en fer (hauteur 8,00 m; diamètre 1,40 m) qui soutiennent une poutre en fer sur laquelle s'appuit une tour en brique sans ouvertures. De ces deux colonnes partent deux portiques qui se développent tout le long des deux avenues et s'arrêtent, à l'extrémité, sur deux tours de la même hauteur de la tour principale. La construction du pilier en fer et pierre qui détermine le soubassement haut et continu, a une particulière importance. La pierre est Vert d'Oropa (de couleur grise et verdâtre sous la pluie), la même du grand sanctuaire piémontais d'Oropa et d'autres constructions de Turin. Entre la pierre et la brique se trouve une corniche en terre cuite (formée de briques à section réduite mais cuites avec la même argile) qui se relie conceptuellement aux cor-

Steinplattenverkleidung und die Backsteinpartie schiebt sich ein Kranzgesims aus Ziegelstein (kleineren Formats, aber aus demselben Ton wie der Backstein); es bezieht sich auf die Kranzgesimse der Turiner Palazzi Juvara und Alfieri. Das Dach ist mit Kupferblech gedeckt; es nimmt den Typus des französischen Mansardengeschosses wieder auf, wobei die Mansarden aber auch die Rückseite des Daches durchbrechen.

niches des palais turinois de Juvara et Alfieri. La couverture est en feuilles de cuivre, avec des volumes du genre de la mansarde française, mais qui suivent toute la coupe du toit.

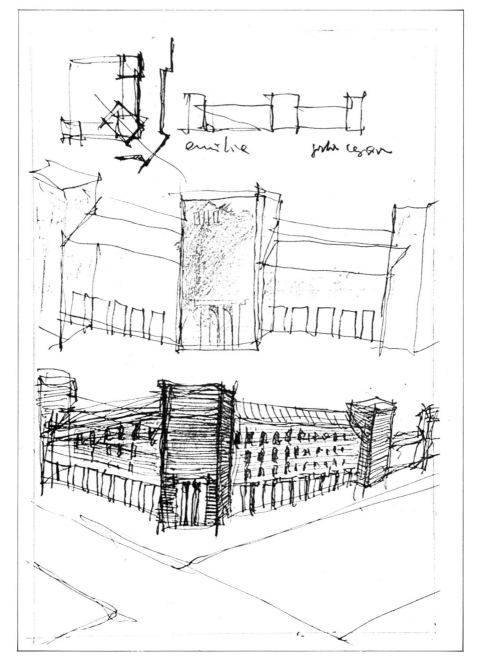

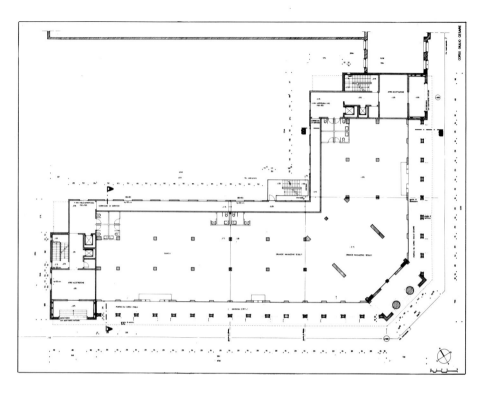

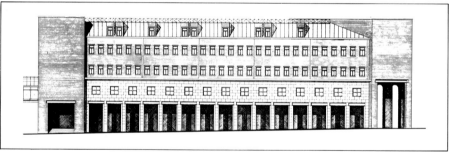

Grundriß Erdgeschoß und Fassade Corso Emilia.
Plan du rez-de-chaussée et façade Corso Emilia.

Blick auf den Haupteingang. / Vue de l'entrée.

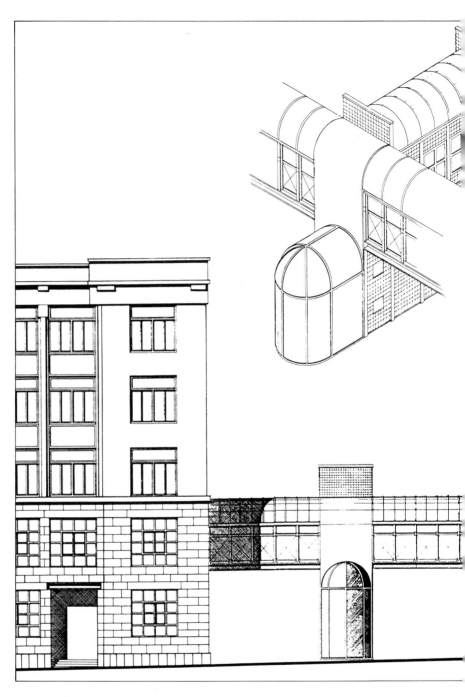
Detailansicht mit Eingang Corso Emilia.

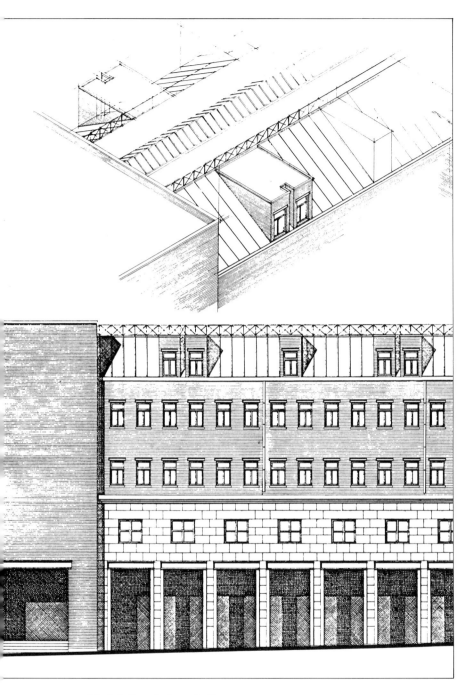

Détail de l'entrée Corso Emilia.

Ecke Corso Emilia/Corso G. Cesare (oben). Blick vom Corso Emilia (unten).
Angle Corso Emilia/Corso G. Cesare (en haut). Vue du Corso Emilia (en bas).

Das «Teatrino». / Le petit théâtre.

1985–1989 Wohnblock Via Zoagli, Vialba (Mailand)

In Zusammenarbeit mit G. Braghieri, G. Ciocca, C.O.P.R.A.T.

Der Bau stellt zwischen den Straßenfronten an der Via Arsia und der Via Zoagli eine optische Einheit her und gibt so diesem Vorstadtquartier ein städtisches Profil. Der Gesamtplan schlägt die Wiederholung desselben Bautyps auf der Seite der Via Arsia vor, um eben diese Einheitlichkeit durch die Konzeption des Baus als städtische «Straße» zu erreichen. Trotz dieser Kontinuität wird die Fassade dominiert vom Wechsel zwischen den Backsteintürmen und den Loggien aus Glas und Stahl auf sämtlichen Stockwerken. Dem Bedürfnis, die Beziehung zwischen Wohngebäude und Stadt zu unterstreichen, entspricht auch die Konzeption des Innenhofs; er wird nicht als «Rückseite» im traditionellen Sinn verstanden, sondern als Gartenfassade und markiert somit den privateren Bereich des Gebäudes. Von der Via Zoagli aus führt ein Weg parallel zur Via Arsia durch den Garten.

Die Wohnungsaufteilung hält sich an das Bauprogramm der Bauherrschaft und entspricht den vorgeschriebenen Normen. Die Wohnungen im Erdgeschoß, mit Eingang auf Gartenniveau, sind für Alte und Behinderte gedacht. Jeder Treppenbereich hat zudem einen Aufzug mit genügend Platz für einen Rollstuhl. Alle Wohnungen haben einen Wohnraum mit Balkon und eine Wohnküche, womit nicht nur das Bauprogramm beibehalten, sondern auch eine optimale Flächennutzung erreicht wird. Ein offener Gang führt zu den Wohnungen; er wird jeweils von einem Treppenhaus unterbrochen, das die einzelnen Wohnungsgruppen trennt und individualisiert.

Bauvolumen:	56 950 m^3
Baufläche:	2 168 m^2
Nutzfläche:	13 678 m^2
Traufhöhe:	27,70 m
Anzahl Wohnungen:	196

1985–1989 Unité résidentielle de via Zoagli, Vialba (Milan)

En collaboration avec G. Braghieri, G. Ciocca, C.O.P.R.A.T.

Le bâtiment forme le front routier le long de la rue Arsia et de la rue Zoagli pour donner une caractéristique urbaine à la zone de Vialba. Sur la planimétrie générale, un dessin possible de la partie donnant sur la rue Arsia est indiqué et repropose le même type architectural, justement pour donner une unité à la solution urbaine de la «rue». En même temps, la façade présente, quoiqu'avec continuité, comme motif dominant: l'alternance de tours en brique et vérandas en fer et verre sur différents étages.

Suivant la même idée de valorisation du rapport entre le bâtiment et la ville, la partie interne n'est pas considérée comme «l'arrière de la maison» dans le sens traditionnel, mais comme la façade qui donne sur le jardin et donc la partie plus privée de la maison. Le jardin est traversé par une rue centrale qui, partant de la rue Zoagli, continue parallèlement à la rue Arsia. Les appartements sont divisés comme requis par les commanditaires et selon les règles prescrites. Au rez-de-chaussée se trouvent des appartements pour personnes agées et handicapés avec entrée au niveau du jardin. De même, chaque groupe d'escaliers a un ascenseur de dimensions suffisantes pour recevoir une voiture d'infirme. En général, chaque appartement présente un séjour avec loggia et cuisine habitable selon une disposition qui, outre à être conforme à la norme prescrite, rationalise de tels choix. L'accès aux appartements est constitué par un parcours ouvert qui est interrompu par chaque bloc d'escalier afin de déterminer les différents groupes d'appartements.

Volume édifié:	56 950 m^3
Superficie occupée:	2 168 m^2
Superficie utile:	13 678 m^2
Hauteur avant-toit:	27,70 m
Nombre total d'appartements:	196

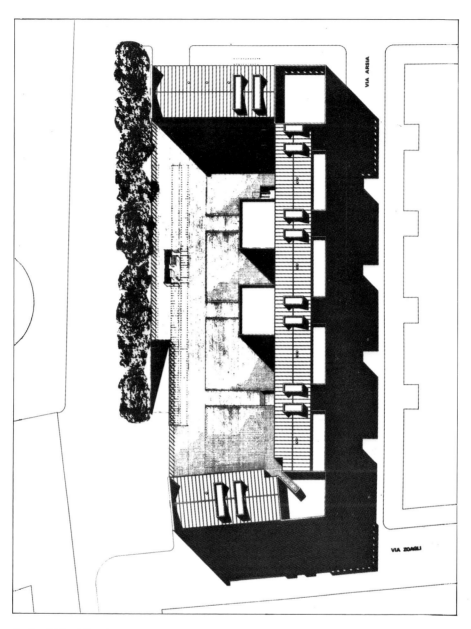

Dachaufsicht. / Plan de couverture.

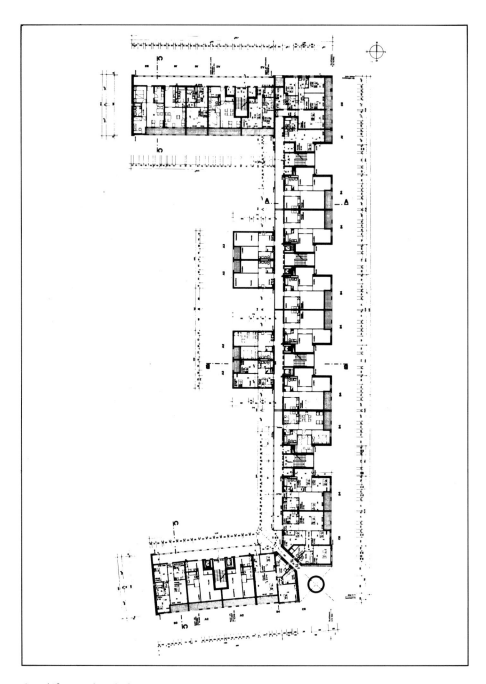

Grundriß Normalgeschoß. / Plan type.

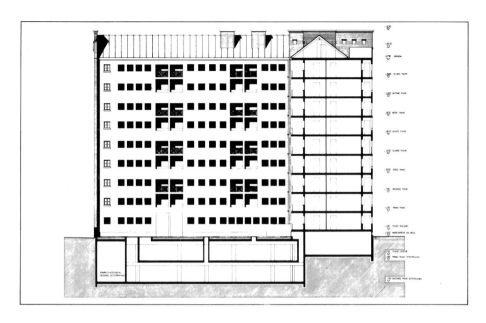

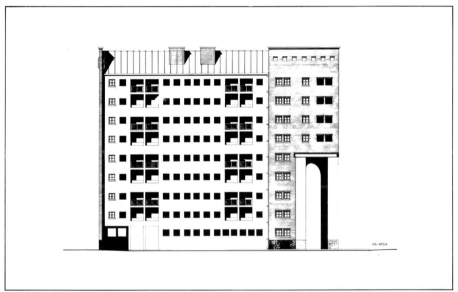

Querschnitt und Ansicht Via Zoagli.
Coupe transversale et façade via Zoagli.

Hofansicht und Fassade Via Arsia.
Vue de la cour intérieure et façade via Arsia.

Ecke Via Arsia und Via Zoagli.
Angle via Arsia und via Zoagli.

1985 Sanierung des Campo di Marte auf der Giudecca, Venedig
Entwurf für einen internationalen Einladungswettbewerb. In Zusammenarbeit mit G. Braghieri, G. Ciocca, G. Da Pozzo, M. Scheurer.

Das Projekt ist auf die Nutzgärten von «Le Zitelle» hin orientiert und geht von drei aufeinanderfolgenden und miteinander verbundenen architektonischen Räumen aus: dem Nutzgarten mit den kleinen Häusern, die einen «Square» nach traditionellem englischem Muster oder einen für Venedig typischen «Campiello» bilden (Venedig ist ja eine Stadt, die es versteht, verschiedene Lesarten aufzugreifen und in ihrem Sinne abzuändern); dem zentralen, langgestreckten Platz, der eine Art städtischer Mittelpunkt sein soll; der schmalen Straße, die von dem viergeschossigen Gebäude begrenzt wird.
Diese öffentlichen Räume bilden eine Achse, von der weitere Gebäude rippen- oder kammartig ausgehen.
Viergeschossige Bauten umschließen den ersten Platz und bilden so einen relativ kleinen städtischen Raum, in dessen Innerem kleine, zweigeschossige Häuser liegen; die Wohnungsbauten um den zweiten Hof und die kammartig angeordneten Bauten hingegen sind dreigeschossig. Die zweigeschossigen Häuschen, die für Betagte und Studenten gedacht sind, stellen ein wichtiges Element dar im Gesamtbild dieser als Stadt konzipierten Anlage: Sie füllen den von den viergeschossigen Wohnblöcken gebildeten Hof, der ohne sie eine leere Piazza wäre. Der viergeschossige Bau am Ende der Anlage wird in der Mitte durch einen Einschnitt geteilt. So wird eine Einheit hergestellt mit dem kleinen Bau, der das Quartierzentrum bildet, und eine durchgehende Verbindung zu diesem und dem nach «Le Zitelle» orientierten Gebäudekomplex geschaffen.

1985 Restructuration du Champ de Mars à la Giudecca, Venise
Projet pour concours international sur invitation. En collaboration avec G. Braghieri, G. Ciocca, G. Da Pozzo, M. Scheurer.

Donnant sur le jardin-potager des «Zitelle», le projet se développe en trois diverses successions d'espaces reliés entre eux: le jardin-potager, avec l'intégration de petites maisons qui forment un «square» dans le sens de la tradition urbaine anglaise, ou un «campiello» (mais Venise est une ville capable de prendre et transformer les différentes manières par lesquelles elle est lue); le «campo» central de forme allongée, qui crée une espèce de centralité urbaine; la «calle» qui termine avec le bâtiment à quatre étages.
Sur cet axe central, caractérisé par les espaces publics, s'insèrent les autres bâtiments en forme d'épine ou de peigne. Des bâtiments à quatre étages délimitent le premier «campo» et le corps de fermeture de ce lieu urbain relativement petit; à l'intérieur de ce dernier, se trouvent des bâtiments à deux étages alors que dans le deuxième «campo», les bâtiments internes à la cour et les relatifs bâtiments perpendiculaires sont de trois étages.
Ces constructions internes, destinées aux personnes agées et aux étudiants, réduisent l'espace du «campo» qui deviendrait une place vide, créant une plus grande complexité dans le dessin urbain. Le bâtiment final à quatre étages est fendu au centre pour permettre l'union avec le petit bâtiment du centre du quartier et pour obtenir une continuité entre ce dernier et le début des constructions vers le potager des «Zitelle».

Tuschzeichnung. / Dessin à l'encre de Chine.

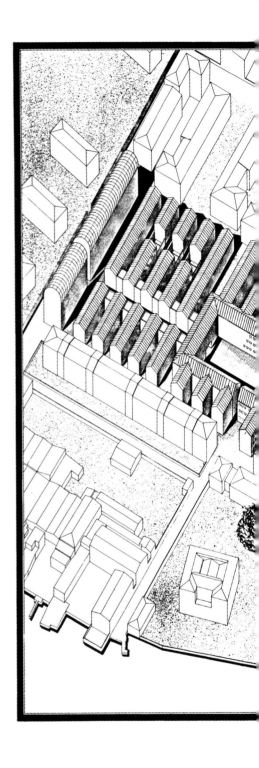

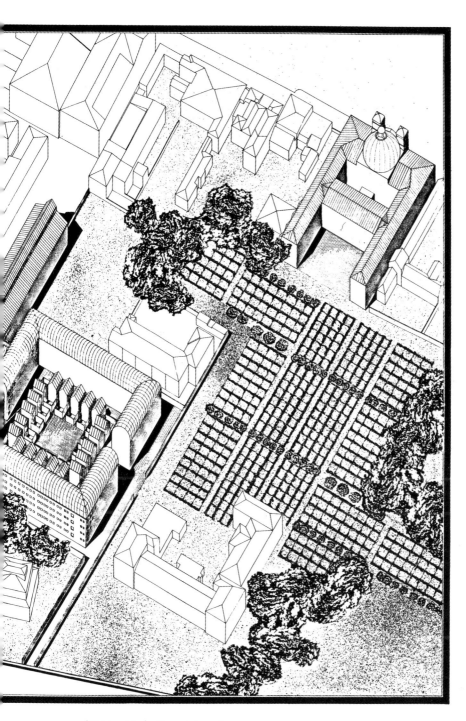

Axonometrische Gesamtdarstellung.
Axonométrie générale.

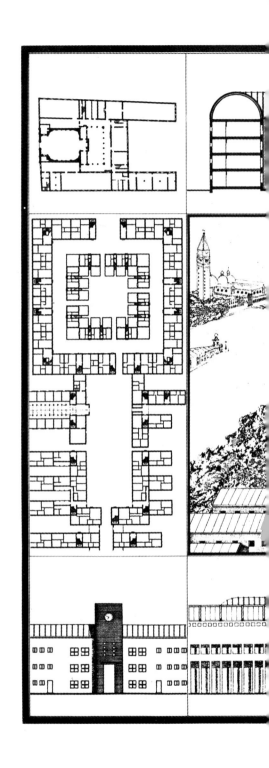

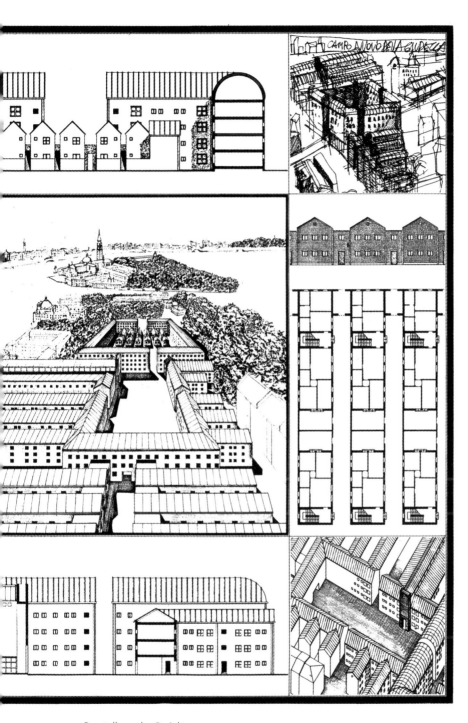

Darstellung des Projektes.
Planche de projet.

1985 Einrichtung der Architekturbiennale, Venedig
In Zusammenarbeit mit M. Lena und L. Meda.

Die Architekturbiennale 1985 fand in den Giardini di Castello statt, dem traditionellen Veranstaltungsort der Kunstbiennale mit dem großen italienischen und den verschiedenen ausländischen Pavillons. Der italienische Pavillon war in einem schlechten Zustand; dennoch versuchte die Einrichtung, den Ausstellungscharakter zu betonen (große Räume mit Lichteinfall von oben), indem sie die Holz- und Eisenkonstruktion des Daches sichtbar machte und den Kontrast zwischen dem Industriecharakter des Daches und den schwarzen Metallrahmen, die die Projekte umgaben, herausarbeitete.

Der entscheidende Einfall bestand aber in der Schaffung eines Weges, der den Eingang mit dem italienischen Pavillon und den kleineren ausländischen Pavillons verbindet. Zwei große Bögen kennzeichnen den Weg und führen zu einem dritten Bogen unter der Eingangskuppel. Über jedem Bogen ist mit großen Lettern aus rotem Blech eine Beschriftung (Biennale – Venezia – Architettura) angebracht. Die ersten im Garten stehenden Bögen sind mit bunten Plakaten beklebt, was wie ein Mosaik des venezianischen Lebens oder wie eine städtische Straße wirkt und fröhlich stimmt. Der dritte Bogen unter der Kuppel ist weiß mit einem Aluminiumsockel; darüber prangt die Inschrift «Architettura» und wird von dem Licht der Kuppel beleuchtet.

1985 Aménagement pour l'Exposition d'Architecture de la Biennale, Venise
En collaboration avec M. Lena, L. Meda.

La Biennale d'Architecture '85 s'est déroulée dans les jardins de Castello, siège traditionnel des expositions d'art vénitiennes, où se trouvent le grand pavillon italien et les divers pavillons étrangers. Malgré l'état de décadence avancé du pavillon italien, l'aménagement a essayé d'en interpréter le caractère expositif (les grands espaces à lumière zénithale), mettant en évidence les poutres en bois et en fer, et en insistant sur le contraste entre les couvertures de type industriel et les quadres noirs métalliques qui encadraient les projets.

Cependant, la principale invention est celle de l'allée qui relie l'entrée au pavillon italien et aux autres pavillons étrangers plus petits. Deux grands arcs marquent le parcours et introduisent à un troisième grand arc qui se trouve sous la coupole de l'entrée : sur chaque arc domine l'inscription (Biennale, Venise, Architecture) en tôle rouge à grands caractères. Les premiers arcs dans le jardin sont tapissés d'affiches polychromes, comme des mosaïques vénitiennes ou des rues de ville, et donnent un effet de fête; le troisième sous la coupole est blanc, son socle en aluminium, et à son sommet trône l'inscription «Architettura,» qui elle-même est éclairée par la lumière de la coupole.

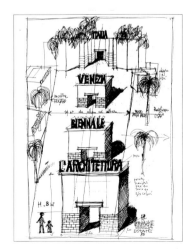

Skizze. / Dessin.

Ansicht des Eingangsportals. / Vue de la porte d'entrée.

1985–1988 Einkaufszentrum «Centro Torri», Parma
In Zusammenarbeit mit G. Braghieri, M. Baracco, P. Digiuni, M. Scheurer.

Der Entwurf eines Supermarktes ist nur dann eine undankbare Aufgabe für einen Architekten, wenn dieser ihn als abstrakten Behälter versteht. Wenn aber der Markt als ein lebendiges Zentrum gesehen wird, ein Stück Stadt (was er immer gewesen ist), so gewinnt diese Aufgabe einen Sinn.
«Der Ort, wo sich die zum Menschen gehörenden Dinge befinden (Speisen, Gebrauchsgegenstände, Kleider), ist ein Ort des Festes und der Begegnung. Ich liebe die alten europäischen Märkte ebenso wie die großen amerikanischen Einkaufszentren, die neue Aktivitäten anziehen und auch nachts geöffnet und voller Licht und Musik sind. So wird das scheinbar enggefaßte Thema zu einem der interessantesten der modernen Stadt. Und so sehe ich im Einkaufszentrum von Parma die Türme sich erheben, umgeben von der großen Backsteinmauer, wie einst die Monumente der Renaissancestadt mit ihren Märkten und Kaufleuten und all jenen, die sich in der Stadt wiedererkannten.»

Das neue Einkaufszentrum von Parma befindet sich im Stadtteil San Leonardo in einer äußerst günstigen Lage zwischen dem Stadtzentrum und der Autostrada del Sole, von deren Ausfahrt aus es gut sichtbar ist. Es besteht aus drei Baukörpern, die miteinander durch eine Einkaufsgalerie verbunden sind. Das bestimmende Element sind die zehn Backsteintürme, welche die Eingänge und die Zugänge zum Einkaufsbereich markieren. Hier liegen ein Supermarkt und ein Hypermarkt und 41 Detailgeschäfte; hinzu kommen sekundäre Funktionen und Toilettenräume. Das Gebäude ist praktisch durchwegs eingeschossig, abgesehen von den Türmen und vom Eingangsbereich an der Via San Leonardo mit den Büroräumen des Supermarkts auf dem

1985–1988 Centre commercial «Centro Torri», Parme
En collaboration avec G. Braghieri, M. Baracco, P. Digiuni, M. Scheurer.

Projeter un supermarché peut être une tâche ingrate pour un architecte, seulement s'il s'en tient au contenant abstrait: mais si le marché devient centre de vie, fragment de ville (comme il a toujours été) alors on y découvre son sens.
«Le lieu où se trouvent les choses liées à l'homme (aliments, utensiles, vêtements) est un lieu de fête et de rencontres. J'aime beaucoup les vieux marchés d'Europe mais aussi les grands centres de vente en Amérique autour desquels s'installent de nouvelles activités, et qui sont ouverts la nuit avec leur musique et leurs lumières. Ainsi le thème qui semblait le plus limité, devient un des plus intéressants de la ville moderne. Et dans le centre de Parme, je vois les tours s'élever, entourées par le grand périmètre de brique comme les monuments s'élevaient dans les cités de la Renaissance, de ses marchés et de ses marchands et de tous ceux qui s'identifiaient à la ville».

Le nouveau centre commercial de Parme se trouve dans le quartier S. Leonardo, emplacement stratégique par rapport à la ville. Il est adossé au centre urbain et proche de l'autoroute du Soleil; bien visible depuis la route de raccordement, il est constitué de trois corps reliés entre eux par une galerie commerciale. Les éléments caractérisants sont les dix tours en brique qui s'élèvent pour indiquer les entrées et le parcours de distribution. Le bâtiment abrite un supermarché, un hypermarché, et 41 activités commerciales spécialisées; on y trouve en outre toutes les fonctions de support et de service en commun. Il est presque totalement édifié à un étage de hauteur à l'exception des tours, de la partie donnant sur la rue S. Leonardo qui rassemble les bureaux des supermarchés au premier étage et de certaines parties en soupente à

ersten Stock, und von einigen Räumen unter dem Dach des Hypermarktes, die gleichfalls die entsprechenden Büros beherbergen.

Die Türme sind aus leicht sandgestrahltem Sichtbackstein und werden von einem Kranzgesims aus profiliertem Kupferblech abgeschlossen. Die darunterliegende Verkleidung aus frostbeständigen Keramikplatten dient als Dekorationselement und weist mit ihrer Schrift immer wieder auf die eigentliche Funktion der Türme hin. Die Eingänge befinden sich in den beiden äußeren Türmen, deren U-förmige Zwischenräume für Reklametafeln vorgesehen sind.

Die Außenmauer des ganzen Gebäudes ist aus glattem, großformatigem Sichtbackstein und hat ein steiles Kupferdach und Fenster- und Türsturze aus Sichtbeton, im Unterschied zu den grünen Metallsturzen in den Bereichen aus sandgestrahltem Backstein (Türme, Büros, Supermarkt). Die Eingangsgalerie hat ein mit Kupferblech gedecktes Satteldach, das auf einem Tragwerk aus grün gestrichenen Metallstützen lastet. Aus Kupfer sind ferner die Abläufe, Dachrinnen, Ort- und Firstbleche, Fugenabdeckungen sowie die Sockelleiste entlang der Außenmauer. Der Sockel der aufgerauhten Backsteinpartien ist aus Stahl.

Technische Daten:
Baufläche: 18 000 m^2.
Nutzfläche: 4800 m^2 für die 41 Einzelhandelsgeschäfte, 8000 m^2 für den Hypermarkt, 2100 m^2 für den Supermarkt.
6 Türme à 24 m, 4 à 20 m Höhe; Gesamtmenge der für die Türme verwendeten Backsteine: ca. 200 000 Stück.

l'intérieur de l'hypermarché, où se trouvent les relatifs bureaux.

Les tours sont réalisées en murs de briques face à vue légèrement sablées, et terminées par une corniche en feuilles de cuivre profilées. Sous la corniche se trouve le revêtement de carreaux en céramique antigel, qui est employé comme décoration et forme les inscriptions qui emphatisent par leur répétition le sens des propres tours.

Les accès sont indiqués par deux tours sectionnées qui présentent vers l'intérieur les planchers prédisposés pour recevoir les panneaux publicitaires.

Le périmètre de tout le bâtiment est construit en briques double Uni lisses à vue, avec couverture superposée en cuivre et est perforé de fenêtres et portes ayant des architraves apparentes en béton armé, contrairement aux architraves en fer vert que l'on trouve dans les parties en briques sablées (tours, bureaux, supermarchés). La galerie commerciale est dominée par une couverture à deux versants revêtus de feuilles de cuivre soutenue par une structure portante en fer vert. Les descentes, les noues, les versants, les couvre-jointures et les plinthes de tout le périmètre sont aussi en cuivre. Le socle des parties en briques sablées est en acier.

La superficie couverte totale est de 18 000 m^2. La partie occupée par les 41 magasins est de 4800 m^2. La superficie de l'hypermarché est de 8000 m^2. La superficie du supermarché est de 2100 m^2. Il y a six tours de 24 m de hauteur et quatre tours de 20 m de hauteur composées complessivement d'environ 200 000 briques.

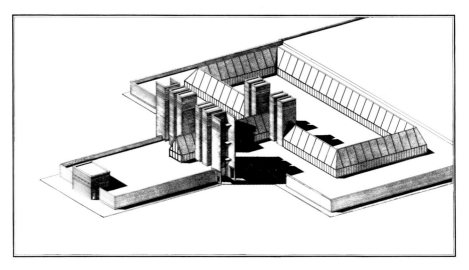

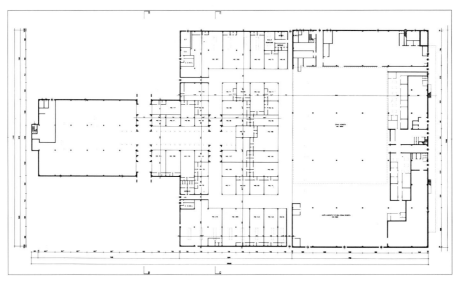

Die Türme und Innenansicht. / Les tours et vue de l'intérieur.

(linke Seite) Der Zugang. Perspektive. Grundriß.
(page d'à côté) L'entrée. Perspective. Plan.

1986–1993 Mittelschule, Cantù
In Zusammenarbeit mit G. Da Pozzo.

Das Areal für die neue Mittelschule liegt zwischen der Via C. Colombo und der Via A. Manzoni. Der Bau besteht aus zwei parallelen Gebäuden, in denen die eigentlichen Klassenzimmer liegen, und, quer zu diesen, einem Atrium und einem Galerietrakt, in dem auch die sekundären Funktionen untergebracht sind. Diese beiden Gebäudeteile, die eine verbindende und zugleich eine die Niveauunterschiede des Grundstücks ausgleichende Funktion haben, trennen den Innenhof von der Turnhalle im oberen und von der Bibliothek und den besonderen Unterrichtsräumen im unteren Bereich. Die ganze Anlage nimmt das Gefälle des Terrains auf. Bestimmendes Element des Entwurfs ist der Innenhof. Hier befindet sich ein mit Glas gedeckter Bereich, der als Eingang zur Turnhalle dient. Um diesen Innenhof sind die Korridore der Klassenzimmer, das Atrium und die Turnhalle angeordnet.

Auf der anderen Seite des Quertraktes sieht man die Kuppel des Planetariums und der Bibliothek. In bezug auf die Mittelachse des Gebäudes stellen die Kuppel des Planetariums und das Tonnendach der Turnhalle die bedeutendsten architektonischen Elemente der Schule dar.

Das Atrium, der Innenhof und die Eingangspiazza sind durch das Material miteinander verbunden; es unterstreicht den öffentlichen Charakter dieser Bereiche: Während der Hof – wie bei den alten Palazzi und Klöstern der Lombardei – mit hochkant gestellten Ziegelsteinen gepflastert ist, ist der Bodenbelag von Eingangspiazza und Arkadengalerie aus rotem Porphyr.

Im Atrium ist der rote Porphyr geschliffen und stellt den Übergang zwischen dem öffentlichen oder städtischen Bereich und dem Schulinneren dar. Vom Atrium geht es weiter zu den Flügeln mit den Klassenzimmern. Diese gehen auf der einen Seite nach dem Garten und öffnen sich auf der andern Seite nach dem Hof hin. Die Klassen-

1986–1993 Ecole secondaire, Cantù
En collaboration avec G. Da Pozzo.

Le projet pour la nouvelle école secondaire est situé dans l'aire qui se trouve entre les rues C. Colombo et A. Manzoni. Le corps de l'école est constitué par deux bâtiments alignés, où se trouvent les classes normales, traversés par le corps du hall et le corps de la galerie et des installations. Ces deux corps, dont la position correspond aux joints de dilatation et aux différences altimétriques du terrain, divisent la cour principale du gymnase dans la partie supérieure, et de la bibliothèque et classes spéciales dans la partie inférieure. Tout le bâtiment suit le cours du terrain. Le plan de l'école est caractérisé par la cour centrale. Dans la cour se trouve une partie couverte en verre qui est l'entrée du gymnase. Autour de l'espace central de la cour se développent les couloirs des classes, le hall, le gymnase.

Au-delà de la ligne du hall on aperçoit la coupole du planétarium et de la bibliothèque. Par rapport à l'axe central de l'école, la coupole du planétarium et la voûte du gymnase sont les éléments de plus grande valeur et identification architecturale de l'école.

Le hall, la cour et la place frontale sont reliés par les matériaux qui soulignent leur caractère commun ou public; alors que la cour est en briques posées de chant, comme dans les vieilles places et dans les cloîtres lombards, la place d'accès et le portique sont en porphyre rouge.

Dans le hall, le porphyre rouge, lissé, détermine le passage entre la partie publique ou urbaine et la partie plus interne de l'école. Du hall se développent les corps des classes. Les classes sont disposées avec un côté le long du jardin et l'autre ouvert sur la cour. A l'étage supérieur les classes ont une couverture de bois. De la cour on trouve l'accès principal au gymnase. D'autres accès se trouvent sur les côtés.

Le gymnase (20,30 × 32,10 m) est entouré sur

zimmer im oberen Stock haben Holzdecken. Der Haupteingang zur Turnhalle liegt im Hof; Nebeneingänge befinden sich an den Seiten.

Die Turnhalle (20,30 × 32,10 m) hat auf den Längsseiten Stufen aus glattem Zement, darunter – auf Niveau 0 der Schule – liegen Umkleideräume und Toiletten für die Sportler. Auf den beiden anderen Seiten der Halle befinden sich die Tribüne und eine Bühne in Form einer Apsis. Diese erlaubt eine Nutzung der Halle auch für Versammlungen, Theateraufführungen und andere Veranstaltungen wie z. B. Gemeindeanlässe.

les deux côtés principaux de gradins en ciment lissé; sous les gradins (étage 0 de l'école) se trouvent les vestiaires et les services pour les athlètes. Sur les deux autres côtés du gymnase se trouvent les tribunes surélevées et une estrade comprise dans une forme absidale. Ceci permet d'employer le gymnase pour des réunions, spectacles et en général aussi des manifestations de caractère civique.

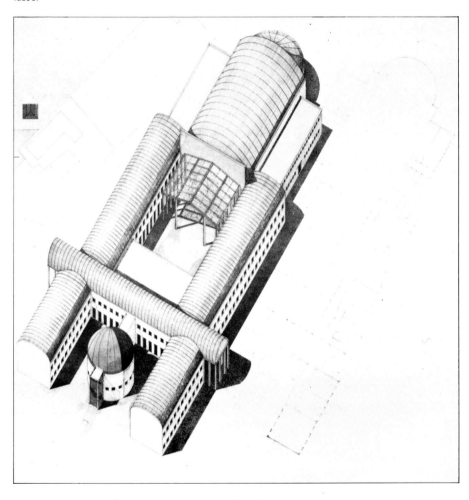

Axonometrie (Vorprojekt). / Axonométrie (projet d'étude).

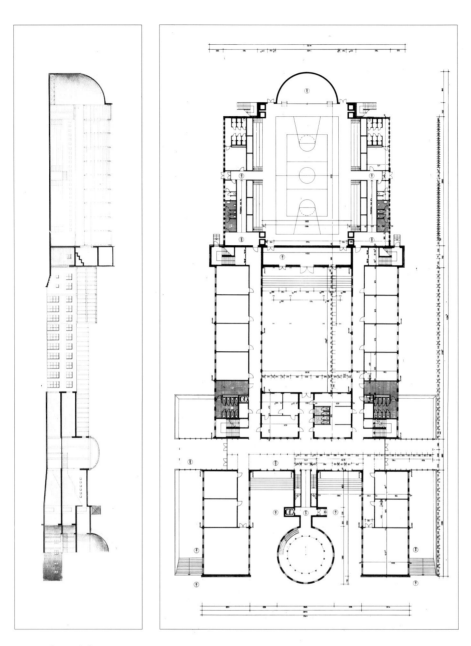

Längsschnitt (definitives Projekt) und Grundriß Erdgeschoß.
Coupe longitudinale (projet définitif) et plan du rez-de-chaussée.

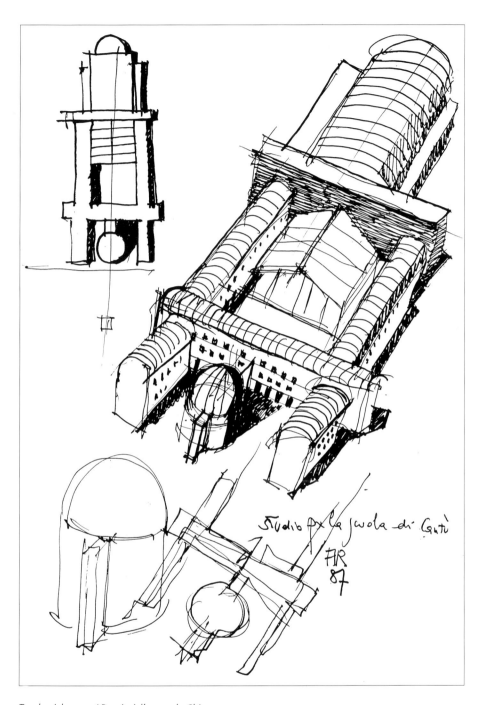

Tuschzeichnung. / Dessin à l'encre de Chine.

1986 Überbauungsplan für das Bicocca-Areal, Mailand
Entwurf für einen Einladungswettbewerb.
In Zusammenarbeit mit A. Balzani, C. Brono, G. Braghieri, C.O.P.R.A.T., F. S. Fera, F. Gatti, L. Meda, G. Da Pozzo, D. Muraglia, M. Scheurer, C. Züber.

1986 Aire de la Bicocca, Milan
Projet pour concours sur invitation. En collaboration avec A. Balzani, C. Bono, G. Braghieri, C.O.P.R.A.T., F. S. Fera, F. Gatti, L. Meda, G. Da Pozzo, D. Muraglia, M. Scheurer, C. Züber.

Der Aufbau dieses neuen Stadtteils sieht drei Phasen für die auf sehr lange Sicht geplanten Maßnahmen vor: Das technische Forschungszentrum soll auf dem Pirelli-Bicocca-Areal als Teil einer neuen Stadt errichtet werden; es soll ein Park geschaffen werden, in dem der Martesana-Kanal einen künstlichen See in der Form des antiken Zirkus bildet; und es soll ein außergewöhnliches Zentrum des städtischen Lebens entstehen mit einem Garten auf dem Gleisdamm und einem Erholungs- und Kulturzentrum mit Gewächshäusern, Museen, Bibliotheken, Restaurants etc. im Inneren des alten Bahnhofs. Diese einzelnen Projektphasen sind jedoch immer in Hinblick auf den Gesamtentwurf zu betrachten.

Ausgangspunkt der architektonischen Gestaltung ist das Fabrikareal von Pirelli-Bicocca mit seinen bestehenden, zum Teil neu zu interpretierenden Gebäuden, die als fixe Elemente in die Neugestaltung einzubeziehen sind. Ihre physische Präsenz und ihr formales Erscheinungsbild haben erste Priorität; dies gilt insbesondere von dem kleinen, historisch renovierten Bicocca-Gebäude, einer Erinnerung (auch architektonisch verstanden) an das Mailand der Visconti und zugleich an den ländlichen Charakter, den diese Gegend einst hatte. Hinzu kommt als weiteres wertvolles Element der alte Kühlturm, denn er verweist auf die frühere Fabrik, welche, genau wie vor ihr das bewirtschaftete Land, verschwunden ist.

Dieser Kühlturm ist das zentrale Element des neuen Kongreßgebäudes und bildet so, zusammen mit der alten Bicocca, den ersten Kern der

Cette nouvelle partie de la ville s'articule en trois épisodes du dessin urbain qui peuvent être objet dans le temps d'un savant travail: le centre téchnologique inséré dans une nouvelle structure urbaine de l'aire Pirelli-Bicocca; un parc où le canal de la Martesana forme un lac artificiel en forme de cirque; un extraordinaire complexe pour la vie de la ville formé par un jardin situé sur le relevé des voies et d'un complexe d'activités culturelles et récréatives (serres, musées, bibliothèques, restaurants) installé à l'intérieur de la vieille gare. Ces épisodes se lisent comme un unique projet.

L'aire Pirelli-Bicocca constitue la trame du projet architectural où les bâtiments existants et ceux qui sont réinterprétés sont des points fixes, présents dans la future construction. C'est à ce groupe qu'appartient en premier lieu, comme présence physique et choix formel, le petit bâtiment de la Bicocca même, avec sa restauration historiciste, avec le souvenir (même interprété jusqu'à l'invention architecturale) de la Milan des Visconti et, à cet endroit, de la campagne d'autrefois; à la valeur de ce bâtiment s'ajoute celui de la tour de refroidissement qui est un symbole et un souvenir de la vieille usine disparue elle aussi avec la plus ancienne campagne.

La tour de refroidissement est l'élément de la nouvelle architecture de l'édifice des congrès; avec la Bicocca, c'est ainsi que se forme le premier noyau de la nouvelle architecture. Ce noyau constitue un des centres exposés par le projet. Ces centres sont clairement déterminés par la place de la Gare, par la place de la nouvelle tour Pirelli. Si le projet est une «partie de ville», à son

neuen Architektur. Dieser Kern wiederum ist eines der Zentren des Gesamtentwurfs. Die Zentren ihrerseits sind klar bestimmt von drei Plätzen: dem Bahnhofsplatz, der zentralen Piazza mit dem Broletto und – mit dieser direkt verbunden – der Piazza des neuen Pirelli-Hochhauses. So sieht der Entwurf zwar den Bau eines neuen «Stadt-Teils» vor, enthält aber doch wesentliche städtebauliche Elemente, denen klare architektonische Formen entsprechen. Der «Teil» ist also als Ganzes gesehen eine eigentliche «Stadt».

Dieses architektonische Konzept erlaubt eine Logik, die den einzelnen Gebäuden übergeordnet ist – in dem Sinne, daß die Projektteile (so wie sie beschrieben werden) als Elemente einer architektonischen Einheit oder eines Ensembles gelten können.

Das zentrale Gebäude umschließt und definiert die Piazza; es setzt sich darüber hinaus in zwei parallelen Armen fort, die die kleineren Forschungsinstitute und die Mensa enthalten. Dieser Komplex deckt eine Fläche von ca. 150 000 m². Die Tiefe des Baukörpers beträgt 15 m. Da die Raumaufteilung variabel ist, kann das Gebäude verschiedene Funktionen erfüllen (Forschungsinstitute, Labors, Verwaltungsgebäude, kommerzielle Unternehmen). Der Typus des Baus wird lediglich durch die Tiefe des Baukörpers und den regelmäßigen Abstand von 30 m, in dem jeweils Türme als vertikale Elemente eingesetzt sind, bestimmt.

Die von dem zentralen Gebäude umschlossene Fläche wird in zwei Bereiche aufgeteilt: Im ersten befindet sich die Piazza und in deren Mitte der Broletto, der zweite, individuellere Bereich enthält die Labor- und Forschungsräume.

tour il est formé internement de relations urbaines et ces relations se développent par des architectures distinctes. Ainsi la «partie» se configure dans son ensemble comme une ville.

Cette position à l'égard de l'architecture permet une construction logique plus forte que chaque architecture en particulier; c'est à dire que les diverses partie du projet, comme elles seront exposées, peuvent être réalisées par des projets architecturaux unitaires ou composites.

Le bâtiment central entoure la place et la forme; il se développe encore linéairement jusqu'à comprendre les petites unités de recherche et la cantine. Il occupe une superficie d'environ 150 000 m². Il est constitué par un corps de bâtiment de 15 m de profondeur; à l'intérieur s'y développent diverses fonctions (recherche, expérimentation, direction et communication commerciales), ce qui est possible grace à son indifférence distributive. Le type du bâtiment est fixé seulement par la largeur du corps et des tours des parcours verticaux qui se succèdent régulièrement chaque 30 m.

Le bâtiment central divise l'aire qu'il entoure en deux parties: dans la première se trouve la place avec au centre le «Broletto», dans la seconde se trouve une part des unités individuelles pour laboratoires et recherche.

*Situations-
studie und
Fassaden-
studie.
Etude
planimétrique
et façade.*

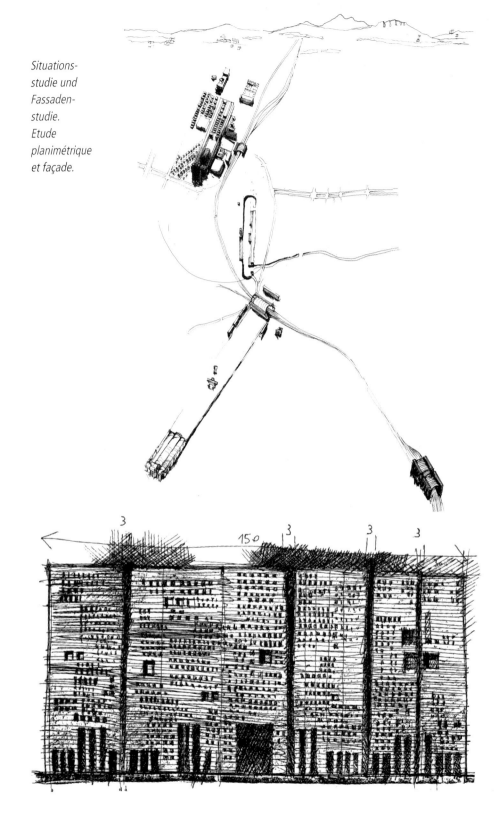

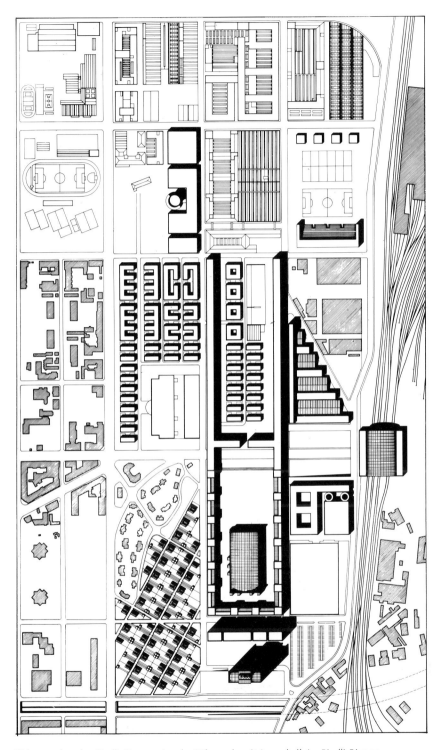

Volumenplan des Pirelli-Bicocca-Areals. / Plan volumétrique de l'aire Pirelli-Bicocca.

1986   Universitätscampus, Miami (Florida)
In Zusammenarbeit mit M. Adjmi.

Wir glauben, daß das Hauptproblem des Universitätscampus von Miami in städtebaulicher wie in architektonischer Hinsicht darin liegt, daß es kein Zentrum hat, keinen Ort, der ein wirklicher Bezugspunkt ist. Die Errichtung eines solchen Zentrums kann der Anfang einer umfassenderen späteren Umgestaltung des gesamten Campus sein.

Deshalb stellt der Entwurf eine Verbindung her zwischen dem See (der das auffallendste und eindrücklichste Element der Umgebung ist) und den geplanten Neubauten: dem Auditorium und verschiedenen anderen Funktionen, die noch beschrieben werden. Die neuen Gebäude sind auf einen Sockel gesetzt, einen Erdwall, der den horizontalen Charakter des Geländes durchbricht. Hier befindet sich die «Akropolis», das «Heiligtum», das Zentrum der Gemeinschaft. Die Gebäude auf diesem Sockel stehen dicht beieinander, damit der Komplex einen stadtartigen Charakter erhält. Dies wird vor allem durch das große Volumen des von den anderen Gebäuden flankierten Auditoriums erreicht.

Die Akropolis ist mit dem See durch die große Palmenallee verbunden. Diese ist als architektonisches Element aufgefaßt; die Palme ist ein altes Symbol in den Religionen des Mittelmeerraums und hat auch eine religiöse Bedeutung in Florida, einem Land, in dessen Zivilisation und in dessen Bevölkerung Amerika den Norden und den Süden, die angelsächsische und die lateinische Kultur hat verschmelzen können. Dieser Gedanke führte auch zum Plan, die Bibliothek aufs Wasser zu verlegen und dafür ein zweites schwimmendes «Teatro del Mondo», gleichsam als Zitat, zu bauen.

Die bestehenden Gebäude an der Avenida de Palmas (die auch ein Andenken an Sevilla ist und während der berühmten amerikanischen Aus-

1986   Campus universitaire, Miami (Florida)
En collaboration avec M. Adjmi.

Nous croyons que le principal problème du campus de l'université de Miami, du point de vue urbain et architectural, soit l'absence d'un centre, d'un lieu central qui puisse devenir un repère précis. La construction de ce lieu central peut être le début d'une plus complexe transformation du campus dans sa totalité. Pour cette raison le projet unit le lac (qui est l'élément le plus reconnaissable et suggestif du milieu) aux nouveaux bâtiments projetés: l'auditorium et les divers lieux qui seront décrits. Les nouveaux bâtiments sont posés sur un socle (soubassement), sur un terre-plein qui interrompt l'horizontalité du territoire; c'est l'Akropolis, le «sanctuaire», le centre de la communauté; sur le soubassement les bâtiments sont situés l'un à côté de l'autre pour créer un effet urbain. Cet effet est obtenu par le grand volume de l'auditorium aux flancs duquel se trouvent les divers bâtiments.

L'Akropolis est reliée au lac par la grande avenue des Palmiers. L'avenue des Palmiers doit être comprise comme une œuvre d'architecture; le palmier est un ancien symbole des religions du bassin méditerranéen, mais c'est aussi un arbre luxuriant en Floride. C'est ici que l'Amérique a su réunir le nord et le sud, la culture anglo-saxonne et celle latine, par l'image, les personnes, la civilisation. A partir de cette vision on a pensé mettre la Library sur l'eau et reconstruire, comme une citation, le théâtre du Monde de Venise.

Le long de l'avenida de palmeras (qui est aussi un souvenir de Séville et fut justement construite pendant la fameuse exposition américaine) les bâtiments existants sont maintenus tout en proposant quelques interventions modérées; une couleur qui unifie peut suffir à donner un caractère unitaire. Le socle ou soubassement des nouveaux bâtiments peut être en pierre ou en ciment; la grande avenue y arrive et pénètre di-

212

stellung errichtet wurde) bleiben erhalten. Hier sind nur einige wenige Änderungen vorgesehen; eine konsequente Farbgebung kann schon ausreichen, um dem Ganzen einen einheitlichen Charakter zu verleihen. Der Sockel der neuen Gebäude kann aus Stein oder Beton sein; die große «Avenue» führt geradewegs auf ihn zu und mündet im «Theater» oder Auditorium. Diesem vorgelagert ist ein «Pronaos» oder eine Lobby.

Die Lobby kann auch für Ausstellungen von Wettbewerbsentwürfen oder Arbeiten der Architekturstudenten genutzt werden. Sie stellt das «Pantheon» der Hochschule dar, vergleichbar der Jefferson-Universität in Virginia, die die schönste aller amerikanischen Hochschulen ist. Die Form des Pantheons ist hier ein Bestandteil der amerikanischen Tradition, so wie Monticello zu den palladianischen Villen Amerikas und zu den «plantations» von Louisiana gehört.

Das Auditorium hinter dem Kuppelbau respektive der Lobby hat 350–400 Plätze, die meisten davon im Parterre, den Rest auf der Galerie. Die Toiletten sind im Untergeschoß, d. h. im Sockel. Das große Sockelgeschoß dient als Parkhaus. Vor dem Sockel der Akropolis befindet sich die große Wiese des Campus und in ihrer Mitte ein Brunnen; hier ließe sich auch ein Denkmal aufstellen. Neben dem Pantheon liegen die verschiedenen Universitätsgebäude. Es sind sehr einfache Konstruktionen mit einem Turm für die Treppen und Lifte jeweils am Kopf des Gebäudes. Ihre Vorder- und Rückfassaden sind aus Backstein oder verputzt, während die miteinander verbundenen Seitenwände große Fensteröffnungen haben oder ganz aus Glas sind.

Das Dach ist aus Kupfer oder Stahl oder, als billigere Variante, aus blau oder kupfergrün gestrichenem Blech.

rectement jusqu'au théâtre. Le théâtre ou auditorium est précédé d'un pronaos ou lobby.

Dans ce lobby, il est aussi possible de réaliser des expositions de dessins à l'occasion de concours ou d'exposition des étudiants d'architecture. Il représente le Panthéon de l'université, comme la plus belle des universités américaines, celle de Jefferson en Virginie. Pour cette raison la forme du Panthéon fait partie de la tradition américaine comme Monticello appartient aux Villas Palladiennes d'Amérique et aux «plantations» de la Louisiane. Derrière la coupole ou lobby se trouve l'auditorium qui peut abriter environ 350/400 personnes; la plus grande partie au rez-de-chaussée et, les autres, dans la galerie supérieure. Les services se trouvent au niveau inférieur, à l'intérieur du socle. Dans le grand soubassement se trouve un parking. Face au soubassement de l'Akropolis il y a le grand pré de l'université. Le centre du pré est marqué par une fontaine; on peut aussi y mettre un monument.

A côté du Panthéon se trouvent les divers bâtiments de l'université. Ces bâtiments sont très simples de construction avec une tour en tête, pour les escaliers et les ascenseurs. Ils se présentent avec deux façades de tête en brique ou en stuc, alors que les parois latérales reliées entre elles sont indiquées par de grandes fenêtres ou complètement vitrées.

La couverture est en cuivre ou acier ou plus économiquement en tôle peinte en bleu ou vert cuivre.

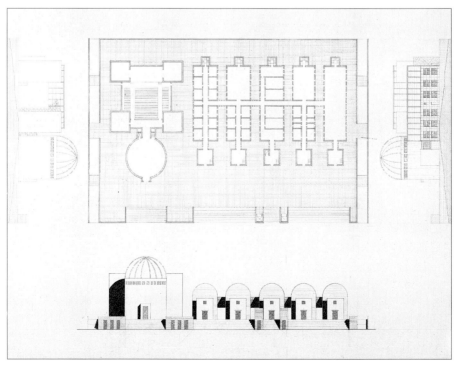

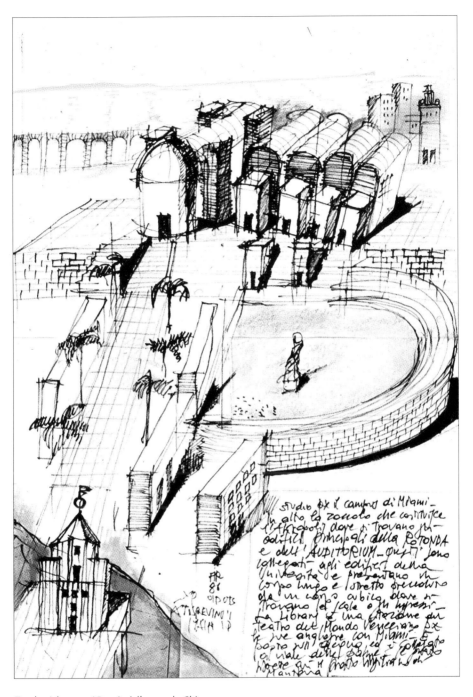

Tuschzeichnung. / Dessin à l'encre de Chine.

(linke Seite) Axonometrie. Schnitte und Grundriß. / (page d'à côté) Axonométrie. Coupes et plan.

**1986–1991 Wohn- und Geschäftshaus
La Villette sud, Paris**
In Zusammenarbeit mit C. Züber.

Das Gelände liegt nördlich von Paris, im Herzen von La Villette, einem Quartier, dessen Gesicht in jüngster Zeit entscheidend von den «Grands Projets» umgestaltet wurde.

Das eher langgestreckte Grundstück liegt gleich neben der neuen Cité de la musique und bildet mit den angrenzenden, schon bestehenden Gebäuden einen viereckigen Häuserblock. Der Entwurf versteht sich als Fragment eines umfassenderen Plans, der vor allem das Gesamtbild der Stadt Paris avisiert. So kreist der Entwurf nicht um einen einzigen «Ort», den er ganz wiedergeben möchte, sondern ist im Gegenteil von dem Versuch bestimmt, eine der Typologie des Wohn- und Geschäftshauses gemäße Lösung zu finden. Das bedeutet, daß Anfang und Ende des Gebäudes oder auch seine Innen- und Außenseite sich wesentlich unterscheiden.

Der Flügel an der Avenue Jean Jaurès, der den zwar flächenmäßig kleineren, aber dennoch öffentlichen Teil des Gebäudes enthält, wird deshalb ganz mit einer Backsteinfassade abgeschlossen und in der Mitte von einem Durchgang durchbrochen. Wenn wir diese Ansicht als idealen Ausgangspunkt des Gebäudes nehmen, so finden wir auch das Ende am anderen Flügel des L-förmigen Baus wieder mit demselben Material – dem Backstein – markiert, diesmal jedoch in Form einer nackten Wand ohne jede Öffnung. Ein markanter Zylinder dient als Verbindungsglied zwischen den beiden Teilen und als Übergang von der Avenue Jean Jaurès zu der Straße, an der die Cité de la musique liegt. Die Fassade dieses Flügels drückt den Charakter des ganzen Gebäudes aus: Ihr gelber Kalkstein erweckt den Eindruck von Solidität, wie ihn ein großer Teil der Pariser Stadtarchitektur ausstrahlt. Die Hofseite hingegen mit verputzten Partien und Balkons hat einen privateren Charakter.

**1986–1991 Maison résidentielle et
commerciale à la Villette sud, Paris**
En collaboration avec C. Züber.

L'aire du projet se trouve dans la partie nord de Paris, à l'intérieur du périmètre de la Villette, une des aires les plus transformées par les «grands travaux» parisiens de ces dernières années.

Le lot où se trouve le projet, de forme plutôt allongée, est situé au bord de la Cité de la Musique dans un îlot quadrangulaire dont l'intervention constitue une partie. La principale préoccupation du projet est de s'affirmer comme fragment d'un clair dessin, plus vaste et complessif, qui a dans la ville sa principale référence. Il est intéressant de remarquer comme le projet ne se construit pas autour d'un unique lieu qui le représente tout entier, mais au contraire se caractérise par la recherche de solutions clairement liées à la typologie du bâtiment proposé: comme un début et une fin fortement déterminés ou bien un dedans et un dehors très différenciés.

Par exemple le côté sur l'avenue J. Jaurès, de petites dimensions mais sûrement la partie plus publique de toute l'intervention, est formé par une unique façade en brique, marquée sur l'axe par un passage qui devient l'entrée de tout le bâtiment. Si l'on considère ce front comme le début idéal de la construction, la fin se trouve de l'autre côté marquée par le même matériau, la brique, mais dans ce cas, disposé sur une paroi complètement aveugle. Un élément cylindrique fort indique le passage et en même temps l'entrée de l'avenue J. Jaurès à la rue donnant sur la Cité de la Musique.

Véritable front urbain, cette façade réalisée en pierre calcaire de couleur jaune, représente le caractère de tout le bâtiment, lui donnant un sens de solidité et de permanence semblable à beaucoup d'architectures parisiennes. Par contre la façade interne, finie à l'enduit et contenant les diverses loggias des appartements, a un caractère plus domestique et familier.

*Skizze, Tusche und Mischtechnik (oben). Ansicht Straßenseite (Mitte).
Ansicht Hofseite und Schnitt (unten).
Dessin à l'encre de Chine et techniques mélangées (en haut). Façade extérieure (au milieu).
Façade intérieure et coupe (en bas).*

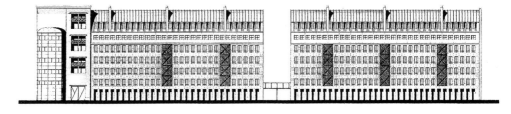

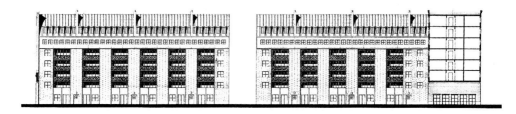

Hofansicht des Backsteintrakts, mit dem Durchgang zur Avenue J. Jaurès.
Vue du passage, entrée à l'avenue J. Jaurès.

Detail Außenansicht. / Détail de la façade extérieure.

1986 Studio mit Turm für die Villa Alessi am Ortasee
In Zusammenarbeit mit G. Da Pozzo

Pavillon und Turm stehen im Garten der von Alessandro Mendini entworfenen Villa von Alberto Alessi. Außerdem befinden sich in diesem Garten noch Bauten von Robert Venturi und Frank O. Gehry. Der Pavillon soll ein kuppelförmiges Dach erhalten, welches wie der Turm mit Metall gedeckt ist. Der Rundbau ist als Begegnungsort und kleines Theater gedacht, während der Sockel des Turms oder Kamins ein Studio für handwerkliche Tätigkeit erhält. Vom Turm aus überblickt man den See. Über eine Außentreppe gelangt man ins Innere, dessen Wände wie die eines Schornsteins aus Backstein sind.

1986 Laboratoire avec tour pour la Villa Alessi sur le lac d'Orta
En collaboration avec G. da Pozzo.

Le pavillon et la tour se trouvent dans le jardin de la villa projetée par A. Mendini pour Alberto Alessi. Dans le jardin il y a d'autres interventions de Robert Venturi et Frank O. Gehry. Le pavillon est prévu avec une coupole revêtue de métal comme la tour: l'espace central est un espace de réunion ainsi qu'un petit théâtre, alors que la base de la tour ou cheminée est un laboratoire pour travail artisanal. De la tour, observatoire sur le lac, on peut accéder par un escalier externe et pénétrer à l'intérieur, construit en brique comme une cheminée.

Tuschzeichnung. / Dessin à l'encre de Chine.

1987–1990 Triumphbogen, Galveston (Texas)
In Zusammenarbeit mit M. Adjmi.

Der Triumphbogen von Galveston erinnert an die einstigen Festbögen von Galveston und an die Leuchttürme dieser Hafenstadt. Von Lübeck bis Venedig, von Portugal bis zu den USA stellen die schönsten Häfen jeweils ein Verbindungsglied zwischen der grenzenlosen Welt des Meeres und dem pulsierenden Leben der Stadt dar.
Natürlich gehen diese Bögen ursprünglich auf den antiken römischen Triumphbogen zurück, der ein Emblem des römischen Imperiums und seiner Kultur war. Vom Leuchtturm wiederum geht zugleich ein Signal der Erde an das weite Meer aus.

1987–1990 Arc triomphal, Galveston (Texas)
En collaboration avec M. Adjmi.

L'arc pour Galveston est une mémoire des portes de ville et des phares de villes portugaises. De Lubeck à Venise, du Portugal à l'Amérique, les plus belles portes de ville sont l'anneau d'union entre le monde sans frontières de l'océan et la vie intense de la ville. Naturellement, l'idée modèle originale, de ces portes de ville, est l'arc romain, qui est une marque de l'Empire romain et de la culture latine. De même, le phare représente l'appel de la terre vers la vaste mer.

Skizze. / Dessin.

1987 Sporthalle in Olginate (Como)
Entwurf. In Zusammenarbeit mit G. Da Pozzo.

Die Sporthalle liegt zwischen der Ortschaft und dem See auf einem natürlichen Plateau. Ausschlaggebend für die Wahl des Standorts waren die Beschaffenheit des Terrains und die Nachbarschaft zur Schule; die Schüler können die Halle auf sehr kurzem Weg durch einen eigenen Eingang auf der einen Seite erreichen, während sich der öffentliche Eingang auf der gegenüberliegenden Seite befindet.

In der Raumaufteilung entspricht der Bau den inzwischen klar festgelegten Vorschriften und Normen hinsichtlich Anzahl und Größe der Räume und Sicherheitsmaßnahmen. Um den eigentlichen, zentralen Sportbereich gruppieren sich Tribünen, Ruhe- und Aufenthaltsräume. Die sanitären Einrichtungen für die Sportler sind von den Toiletten der Zuschauer getrennt. Die Halle ist so konzipiert, daß sie erweitert werden und eine zweite Tribüne aufnehmen kann.

Die Hauptfassade ist auf den See hin orientiert und hat einen Beton- oder Steinsockel mit einem großzügigen Peristyl. Dieser gedeckte Umgang ist als öffentlicher Raum gedacht: eine überdachte, erhöhte Straße, in der man sich ausruhen kann und wo Bänke stehen, auf denen man lesen oder den See betrachten kann.

Die tragenden Elemente des Baus sind aus Beton und Eisenträgern; die äußeren, bis in den unteren Stock gehenden Säulen bestehen aus vorfabrizierten Betontrommeln und sind Teil des Tragwerks. Der Beton des Sockels und der Wände soll nach genauen Maßangaben verschalt werden, so daß diese Partien wie aus Stein gemauert wirken.

Die innere Wand hingegen ist aus Holztäfelung und rot gestrichen oder verputzt. Ein vorfabrizierter, profilierter Betonträger mit Keramikverkleidung bildet den Dachabschluß; er betont die Struktur der Halle und macht sie als solche vom See und vom Dorf aus erkennbar.

1987 Gymnase à Olginate (Como)
Projet. En collaboration avec G. Da Pozzo.

Le gymnase est situé entre le village et le lac dans la zone pré-établie par le plan. Son emplacement, outre les raisons d'environnement, est lié au rapport avec l'école pour permettre l'accès indépendant des élèves d'un côté, par un bref parcours, et l'accès du public de l'autre côté.

Du point de vue de la distribution, le gymnase respecte toutes les règles et la normalisation, qui a désormais acquis une remarquable clarté en ce qui concerne les espaces, les dimensions, les normes de sécurité. Autour de l'espace central du gymnase proprement dit se trouvent une file de tribunes et divers espaces pour les pauses et les rencontres durant les intervalles. Les douches et les services pour les athlètes sont séparés et indépendents de ceux du public. Le gymnase est conçu de manière à pouvoir être agrandi pour permettre deux ordres de tribunes. Le front principal donne sur le lac et est constitué d'un socle en ciment ou en pierre qui permet la formation d'un ample péristyle orné de colonnes. Ce parcours couvert permet son emploi comme édifice public: une rue couverte et surélevée où l'on peut s'arrêter et où l'on trouve aussi des bancs pour lire ou regarder le lac. Le bâtiment est construit en structure de béton armé avec des poutres de fer. Les colonnes extérieures, en ciment préfabriqué, sont construites en tronçons, font part de la structure portante et continuent à l'étage inférieur. Le socle et les murs de la construction sont construits à l'aide de coffrages qui marquent le ciment de dimensions précises de manière à simuler l'effet de la pierre.

La paroi intérieure, au contraire est faite de planches enduites et peintes ou stuquées en rouge. Le couronnement de la construction est constitué par une poutre, expressément préfabriquée et modelée, en ciment avec décorations en céramique, qui souligne la forme du gymnase et le rend reconnaissable du lac et du village.

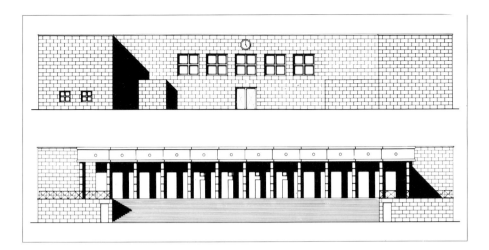

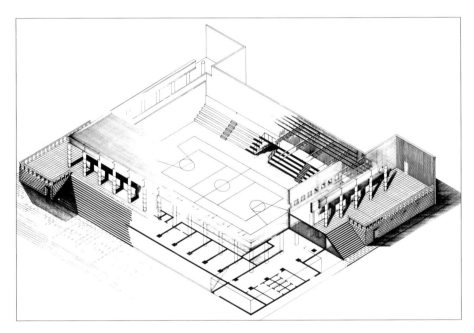

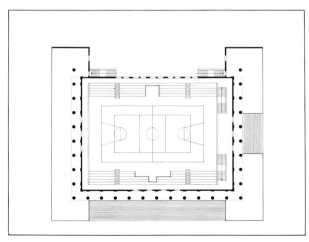

Südwest- und Nordostfassade.
Axonometrie.
Grundriß auf Niveau + 3.20 m.
Façades sud-ouest et nord-est.
Axonométrie.
Plan à cote + 3.20 m.

1987–1989   Hotel Il Palazzo, Fukuoka (Japan)
In Zusammenarbeit mit M. Adjmi, T. Horiguchi, C. Lee, N. Yang.

Das wichtigste Element dieses Gebäudes ist die Lage: Es bildet den Übergang vom Geschäftsbereich der Stadt zu einem Erholungs- und Amüsierviertel und soll der Auftakt zu einer Restrukturierung dieses Stadtteils sein. Wegen seiner Schlüsselposition und der Lage am Fluß könnte das Hotel durch seine Architektur der Gesamtsituation ein neues Gesicht geben.
Das Hotel liegt zurückversetzt auf einem Sockelgeschoß, das die Piazza bildet. Im Inneren des Sockels befindet sich ein zentraler Eingang mit der «Galleria», an deren Seiten Bar, Diskothek und das Restaurant «La Piazzetta» liegen und die mit den Treppenhäusern und Liften, die zur großen Hotelhalle führen, verbunden ist. Der Haupteingang liegt an der Piazza; diese ist, wie in vielen Städten Italiens, Bestandteil der Architektur.
Von der Piazza kann man die Fassade des Gebäudes oder die Ufer des Flusses betrachten. Die Architektur ist wie in früheren Zeiten ein Bezugspunkt für Stadtbewohner und Fremde, die sich aus Interesse und Bewunderung für den Bau hier einfinden.
Der Bodenbelag der Piazza ist aus römischem Travertin, die Piazzafassade aus rotem iranischem Travertin, dessen Farbe je nach Lichteinfall von kräftigem Rot zu Goldgelb wechselt. Diese Fassade wird von Architraven aus grün gestrichenem Eisen gegliedert, welche die einzelnen Stockwerke markieren. Bei den Seitenwänden aus Backstein bildet der Rhythmus der Fensteröffnungen das einzige Dekorationselement.

1987–1989   Complexe hôtelier «Il Palazzo», Fukuoka (Japon)
En collaboration avec M. Adjmi, T. Horiguchi, C. Lee, N. Yang.

L'aspect le plus important de ce complexe est surtout son emplacement. Le nouveau bâtiment relie la partie commerciale de la ville à une aire de récréation et loisir et marque le début du développement de cette partie de ville. Le projet de l'hôtel pourrait par son architecture donner une image différente au plan général justement grace à sa position de pivot et son rapport avec la rivière.
L'hôtel se dresse en recul du soubassement qui forme la place. A l'intérieur du soubassement se trouve un accès central, «la Galleria», où se trouvent le bar, la discothèque, le restaurant «la Piazzetta», et qui se relie avec ses escaliers et ascenseurs au hall de l'hôtel. L'entrée principale de l'hôtel se trouve sur la place qui, comme pour beaucoup de villes italiennes, fait partie de l'architecture du bâtiment.
De la place on peut regarder la façade du bâtiment et les rives de la rivière. L' architecture, comme dans les anciens temps, est le point de référence des habitants et des touristes qui viennent pour admirer et observer la beauté du bâtiment. La place est pavée en travertin romain. La façade est en pierre rouge et plus précisément en travertin rouge iranien. Cette couleur change selon les conditions du temps: du rouge brillant à l'or. La façade sur la place est intercalée d'architraves en fer peintes en vert qui marquent les étages. Les deux côtés également en pierre n'ont pas de décorations si ce n'est le rythme des fenêtres des chambres.

Tuschzeichnung. / Dessin à l'encre de Chine.

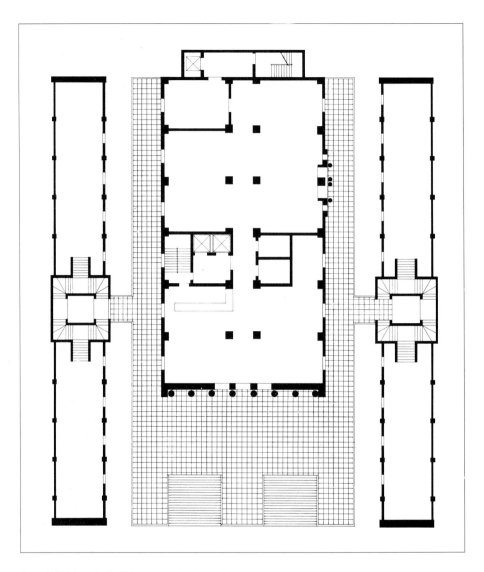

Grundriß Erdgeschoß. / Plan du rez-de-chaussée.

Hauptfassade. / Façade principale.

1987 Das Marburger Museum
Entwurf. In Zusammenarbeit mit M. Scheurer.

Diesem kleinen Museum – fast nur ein Pavillon im Garten der Marburger Universität – liegt die Idee eines «hortus conclusus» oder kleinen Klosters zugrunde.
Im nach außen abgeschlossenen und mit Bänken versehenen Erdgeschoß dominiert die wunderschöne Skulptur von Kolbe, eine emblematische, die Schönheit und die Kraft darstellende Figur. Im «Kloster» können kleine Seminare oder Kollegien abgehalten werden. Im ersten Stock liegt das Museum; es ist ohne Unterteilungen konzipiert, ein Gang, der entsprechend den Exponaten in Räume unterteilt werden kann.
Die Türme können für Wechselausstellungen genutzt werden.
Das Profil des Zinkdachs bezieht sich auf die Dachformen des alten Marburg.

1987 Marburger Museum, Marburg
Projet. En collaboration avec M. Scheurer.

Ce petit musée à Marburg, presque un pavillon dans le jardin du complexe universitaire, est conçu comme un hortus conclusus ou un petit cloître monastique.
Au rez-de-chaussée, fermé à l'extérieur et entouré de bancs, domine la belle statue de Kolbe, figure emblématique et ambigüe de la beauté et de la force. Dans le cloître, des petits séminaires et des rencontres entre étudiants et enseignants peuvent se réaliser. Au premier étage se trouve le musée avec son parcours continu, un corridor qui se subdivise en espaces fermés selon l'importance des œuvres exposées.
Les tours peuvent être utilisées de temps à autre pour des expositions.
Le profil des toits en zinc relie la construction à l'image dominante de l'histoire de Marburg.

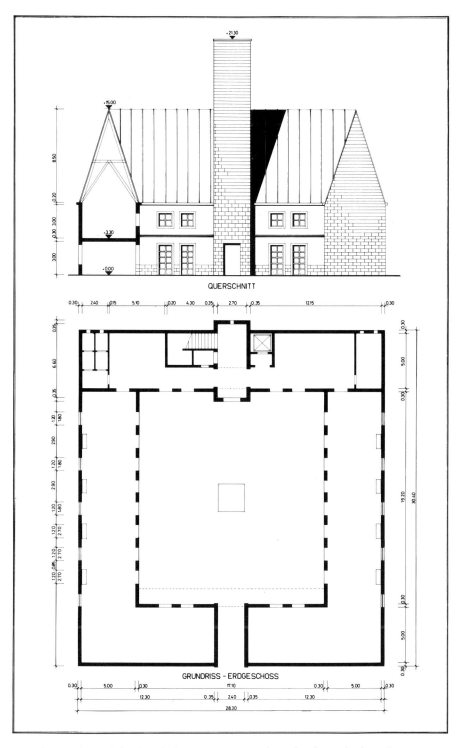

Querschnitt und Grundriß Erdgeschoß. / Coupe transversale et plan du rez-de-chaussée.

1988 Deutsches Historisches Museum, Berlin
Entwurf für einen internationalen Wettbewerb (1. Preis). In Zusammenarbeit mit G. Da Pozzo, F. S. Fera, I. Invernizzi, D. Nava, M. Scheurer.

Der Standort des Museums ist zweifellos einer der schönsten von Berlin. Seine Errichtung (der große Bau als städtischer Bezugspunkt) entspricht der Tradition des großen, aufklärerischen Museums oder zumindest jenes Museums, das aus dem Geist der Aufklärung entstanden ist und das die Geschichte als ein fortlaufendes Geschehen darstellen will: Die Sammlung historischen Materials ähnelt der darwinistischen Konzeption des Naturhistorischen Museums.
Grundidee des Entwurfs ist ein langgestreckter Bau als Ausstellungsbereich – eine Kathedrale oder ein großer Hangar –, der von Querschiffen respektive Nebengebäuden durchkreuzt wird. So entsteht ein einheitliches Bild der auf die Spree hin orientierten Hauptfassade, die wie ein großes Dock wirkt, während die zur Stadt hin orientierte Fassade wie bei der mittelalterlichen Stadt aus einer Reihe von nebeneinanderstehenden Gebäuden besteht, einzelnen Räumen zur Analyse der Geschichte der deutschen Stadt und zugleich analog zu dieser. Das Material ist für das Erscheinungsbild dieses Baus von großer Wichtigkeit: der Backstein des alten Berlin mit den Bändern aus blauer und roter Majolika, der weiße Stein der Schinkelschen Kolonnaden, welcher ganz dem deutschen Klassizismus entspricht, das Glas als Wandelement, was vor allem auf Mies van der Rohe und seine Auseinandersetzung mit der deutschen Klassik zurückgeht.
Dies sind im wesentlichen die Materialien, aus denen der Baukörper besteht. Er gliedert sich in drei Teile: Ein Zylinderbau im Zentrum, auf der Achse der «Großen Querallee», dient als Museumseingang. Er ist in gewissem Sinne eine Zusammenfassung des Museums, denn er bildet das Gelenk des ganzen Komplexes und enthält

1988 Deutsches Historisches Museum, Berlin
Projet pour concours international (1er prix). En collaboration avec G. da Pozzo, F. S. Fera, I. Invernizzi, D. Nava, M. Scheurer.

L'emplacement du Musée, sans doute un des plus beaux de Berlin, et sa définition (le grand bâtiment, lieu de référence urbaine) le place dans la tradition du grand Musée illuministe ou du moins du Musée qui, naît de la culture de l'Illuminisme, ordonne l'histoire selon un critère de continuité; la collection de la pièce historique n'est pas différente de la conception darwinienne du Musée d'histoire naturelle qui suit l'évolution du règne animal. Le projet se présente comme une cathédrale ou un énorme hangar entrecoupé par les absides ou des constructions rajoutées. Ainsi, de par son unité, il présente une façade continue le long de la Sprée, comme un grand dock, alors que la façade donnant sur la ville est constituée par une série de constructions côte à côte, comme dans la ville du Moyen-âge, qui mettent en évidence ces différents espaces, aussi bien analytiques qu'analogiques de l'histoire de la ville allemande.
L'image de ce projet est liée au matériau (la brique de la vieille Berlin avec ses bandes de faïence bleue et jaune), la pierre blanche des colonnes de Schinkel qui est de tout le classicisme de la culture allemande, l'emploi du verre comme élément paroi qui naît justement de l'intuition de Mies Van Der Rohe et de sa méditation sur la tradition classique allemande.
Construit principalement avec ces matériaux, le corps du bâtiment s'articule en trois parties; au centre, un cylindre placé sur l'axe de la «Große Querallee», constitue l'entrée au Musée. Dans un certain sens, il résume le musée car il est la charnière autour de laquelle s'articule et se développe le parcours du complexe tout entier et à l'intérieur duquel se trouve une série de fonctions qui, tout en reliant les diverses parties,

zugleich eine Reihe von Funktionen, die die einzelnen Bereiche verbinden und den Übergang von Außen und Innen herstellen. In der Gesamtkonzeption als Museumsstadt bedeutet die Rotunde das Forum, das Atrium, und ist vielleicht der wichtigste Teil des Gebäudes: der Pronaos als Symbol und zugleich als Ort der Einführung.
Von hier gelangt man direkt in den großen Ausstellungsbereich; gerade Gänge, das Glasdach und die großen Fenster zur Spree tragen das Licht Berlins in das Museum, so daß die Schatten der Geschichte gleichsam von der Lebensfrische der Stadt erhellt werden. Auf der andern Seite gelangt man vom Atrium zum didaktischen Bereich mit der Bibliothek einerseits und den Dokumentations- und Versammlungsräumen andererseits (Vortragssaal, Kino, Theater). Diese Räume werden durch einen Gang mit großen Glasfenstern verbunden: eine Vorhalle, die kein Warteraum, sondern ein Ort der Begegnung und des Gesprächs, der persönlichen, vertiefenden Erörterung der öffentlichen Veranstaltungen sein will. Dieses Vestibül wird völlig erhellt von der nach der Stadt hin orientierten Glasfassade.
Die Verwaltungsgebäude schließlich befinden sich alle im zweischenkligen Bau Ecke Paul-Lose-Straße/Moltke-Straße und sind, vom Atrium aus gesehen, auf den Platz der Republik hin orientiert. Sie geben der Straßenfront ein Profil und bezeichnen städtebaulich gesehen den Rand des Gebäudes; sie schützen zudem wie ein Filter den Garten, der zwischen der Straßenecke und dem Museum liegt. In diesem Garten sollte natürlich die alte Eiche als Ursprung und heiliger Baum der germanischen Kultur stehen; zugleich aber sollte dieser Bereich von einer langen Kolonnade aus weißem italienischem Marmor begrenzt werden, wodurch ein Ensemble aus architektonisch gestaltetem Stein und ungezähmter Natur entsteht, wie es so oft in den Skizzen der deutschen Reisenden festgehalten wurde. Auch diese Dialektik ist ein Teil der deutschen Kultur und ihrer Geschichte.

constituent le pôle d'attraction entre extérieur et intérieur. Dans la ville du Musée, le cylindre représente le forum, la rotonde; le hall de l'édifice est peut-être la partie la plus importante du bâtiment; le pronaos en est le symbole et l'introduction.
De là on monte directement au grand espace des expositions; parcours droits, lumière zénithale et lumière réfléchie par de grandes verrières qui donnent sur la Sprée, portent la lumière de la ville de Berlin à l'intérieur du Musée comme pour éclairer les ombres de l'histoire de la jeune vie de la ville. De l'autre côté du cylindre-hall part le bâtiment qui contient la bibliothèque et à l'opposé, les lieux de réunion et documentation : l'auditorium, le Cinéma, le Théâtre.
Ils sont réunis par un grand espace vitré: un grand vestibule qui ne sert pas à l'attente mais à la rencontre, à la conversation, à l'approfondissement personnel des discussions publiques. Ce vestibule est complètement éclairé par une verrière qui donne sur la ville.
Enfin tous les bâtiments administratifs se trouvent à droite et en partant du hall, se développent vers la Platz der Republik. Ils marquent le profil qui donne sur la rue, déterminent le bord de l'îlot urbain et protègent, comme un filtre, le jardin placé entre la rue et le musée. Si le jardin devra nécessairement contenir le vieux chêne, commencement sacré et sylvestre de la civilisation germanique, ce jardin-forêt sera filtré par le marbre blanc italien des colonnes; une longue file de colonnes, ensemble de pierre taillée en formes architecturales et de nature sauvage, que les voyageurs allemands ont fixés dans leurs esquisses. Cette dialectique aussi appartient à la grande culture allemande et à son histoire.

Tuschzeichnung. / Dessin à l'encre de Chine.

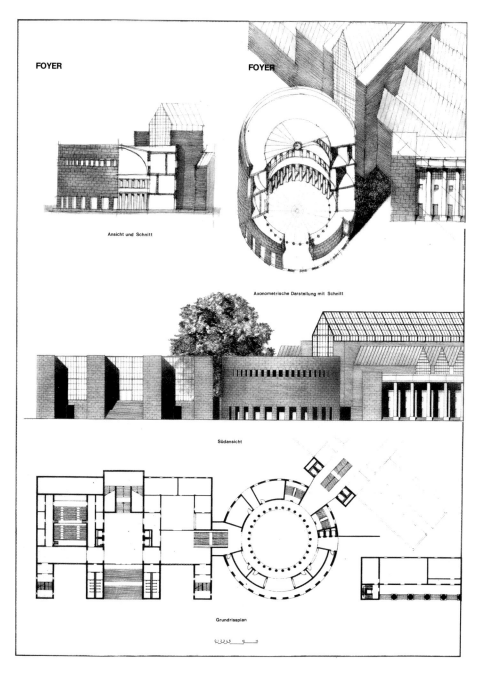

Die Eingangsrotunde. Oben: Ansichten und Schnitte. Axonometrische Darstellung mit Schnitt. Unten: Grundriß mit dem Bibliotheks- und Theatergebäude.
Le cylindre de l'entrée. En haut: esquisses de coupes et axonométrie. En bas: façade et plan du rez-de-chaussée avec le bâtiment de la bibliothèque et du théâtre.

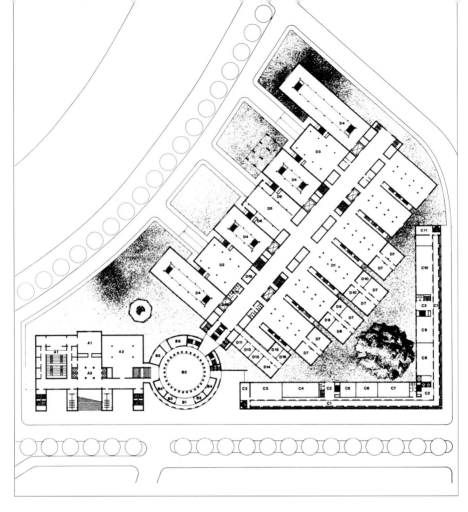

Grundriß Erdgeschoß. Lageplan. / Plan du rez-de-chaussée. Planimétrie générale.

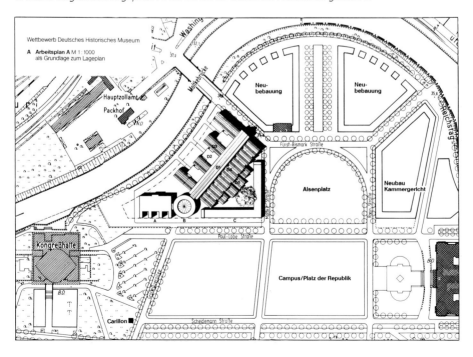

Perspektive. / Perspective.

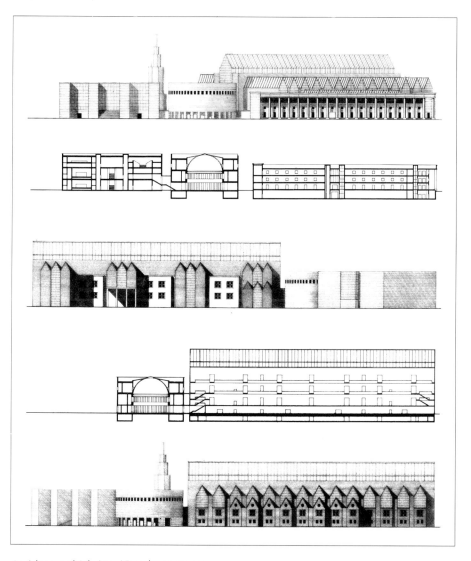

Ansichten und Schnitte. / Façades et coupes.

1988–1990 Palazzo dello Sport, Mailand
In Zusammenarbeit mit B. Agostini, G. Da Pozzo, P. Digiuni, F. Gatti, L. Imberti.

Diese neue Mehrzweckhalle liegt in San Siro und sollte einen gesellschaftlichen Anziehungspunkt mit ganzjährigem Betrieb bilden, ein der Idee einer polyzentrischen Stadt entsprechendes Zentrum, dessen nationale und internationale Veranstaltungen von einem Publikum der näheren und weiteren Umgebung besucht werden. Es hat verschiedene, einander ergänzende Funktionen : ein neues, städtisches respektive regionales Zentrum, das die unterschiedlichsten gesellschaftlichen Aktivitäten ermöglicht, dabei aber die historischen Bezüge wahrt. Wegen des Ineinandergreifens der verschiedenen Funktionen soll diese neue «Freizeit-Zitadelle» das zentrale, bestimmende Element des gesamten Erholungsgebietes am Westrand von Mailand darstellen.

Die verschiedenen Konsum- und Freizeitbereiche des Komplexes verlangen ein Nebeneinander von Strukturen, die ganzjährig, Tag und Nacht und oftmals für mehrere Veranstaltungen gleichzeitig genutzt werden können und welche Mitwirkenden wie Besuchern von Sportwettkämpfen, Theateraufführungen, Konzerten und Anlässen aus den verschiedensten kommerziellen und sozialen Bereichen zugänglich sind.

Der Palazzo dello Sport soll bis zu 22 000 Sitzplätze mit je nach Veranstaltung variabler Anordnung erhalten, so daß er auch als Austragungsort von internationalen Wettkämpfen, Weltmeisterschaften, Showveranstaltungen etc. zur Verfügung steht. Dieses Nebeneinander unterschiedlichster Funktionen macht aus dem Palasport eine «moderne Akropolis» der Freizeitgestaltung, welche ja in erster Linie die Sektoren Sport und Kultur betrifft.

Es ist ein großes, polyfunktionales Restaurationszentrum auf den verschiedenen Gebäudeniveaus vorgesehen, welche durch den großen Mitteltrakt des Gebäudes (das Herz des ganzen

1988–1990 Palais des Sports, Milan
En collaboration avec B. Agostini, G. da Pozzo, P. Digiuni, F. Gatti, L. Imberti.

Le nouveau Palasport doit répondre à l'exigence de former à San Siro un pôle social de vie active toute l'année, au service de la ville, ville polycentrique régionale et du plus ample territoire intéressé à ses manifestations nationales et internationales. Les fonctions qu'on y trouve, intégrées à un haut degré de complémentarité, constituent un nouveau pôle urbain et régional, qui active diverses activités sociales en cohérence avec son contexte historique. La nouvelle «citadelle» du temps libre se configure comme élément central qui qualifie tout le système de l'espace vert et du temps libre de l'ouest milanais par l'interdépendance de ses services.

L'ensemble des fonctions intégrées pour la consommation moderne du temps libre est formé par des structures qui accueillent des activités fixes toute l'année, journalières et nocturnes, avec la présence simultanée de diverses initiatives et manifestations, et la participation active et passive des présents aux activités sportives, spectaculaires, d'information et de communication, économiques et sociales. Pouvant accueillir jusqu'à 22 000 personnes, en ce qui concerne les divers équipements nécessaires aux manifestations, le nouveau Palais des Sports sera un terminal des grandes manifestations sportives et spectaculaires de niveau mondial. L'ensemble intégré des fonctions qui constituent le nouveau Palasport forment «l'acropolis moderne» du temps libre et du spectacle, le lieu choisi par les différentes activités qui trouvent dans la dimension sportive et spectaculaire leur spécificité.

Il est prévu un grand centre de restauration multifonctionnel, distribué aux divers niveaux du bâtiment, relié même visivement par le grand espace architectural central de distribution (le cœur de l'organisation, le mall) d'où on accède aux diverses fonctions. Là, où se trouvent les es-

Organismus, die «Mall») miteinander verbunden sind. Von hier aus gelangt man auch zu den verschiedenen Abteilungen. Hier befinden sich die Räume für Konferenzen, Ausstellungen, Verkaufsmessen, aber auch für kleinere Aufführungen, «Happenings», Konzerte und ähnliches.

Das Shopping Center konzentriert sich in erster Linie auf die Bereiche Sport, Freizeit, Unterhaltung, Kultur. Von seinem ersten Untergeschoß gelangt man zum Sport- und Trainingsbereich, zu dem sowohl eine zweite Arena als auch die einzelnen kleineren Sporthallen, die um die große Arena herum angeordnet sind, gehören.

Vom Erdgeschoß gelangt man zum Shopping Center wie auch zum Hotelgebäude.

Außerdem vorgesehen sind Räume für Büros und andere Funktionen (Information, Dokumentation mit Datenbank, Management der diversen Veranstaltungen, Verkehrsverein, Sitze der Sportvereine, Verbände etc.).

paces destinés à la communication, aux expositions, aux promotions, se dérouleront les petits spectacles, les happenings, les concerts, les autres manifestations de divertissement. Le shopping center est du type «spécifique»: pour le sport, les loisirs, le spectacle, la culture. De son premier entresol on accède au Centre polysportif prévu pour la pratique sportive active, auquel s'intègrent aussi bien la structure de la deuxième arène, que le système des gymnases d'entrainement qui entourent la grande arène.

Du rez-de-chaussée on accède aussi bien au shopping center qu'à la structure hôtelière.

En outre une série de fonctions directoriales et tertiaires sont prévues: les sièges des services pour le spectacle et les loisirs: l'information et la documentation (centre des données), la promotion des initiatives, la gestion du système des spectacles et du tourisme, les sièges des sociétés sportives, les sièges des centres de formation.

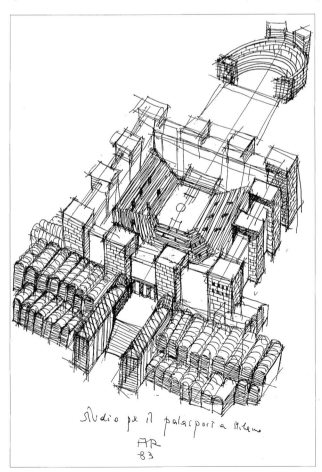

Tuschzeichnung.
Dessin à l'encre de Chine.

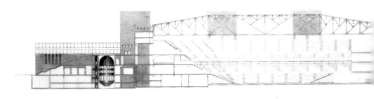

Querschnitt. / Coupe transversale.

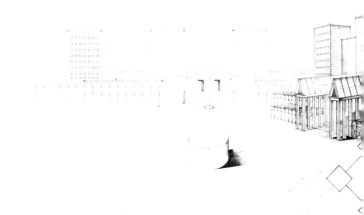

Perspektivische Ansicht. / Perspective.

– Baufläche ca. 32 000 m², maximale Kapazität 22 000 Sitzplätze.
– Nutzfläche für Sport- und Unterhaltungsveranstaltungen 85 000 m², davon 15 000 für technische Dienste.
– Nutzfläche für komplementäre Bereiche:
Restauration, Hotel, Dienstleistungen: 20 000 m²;
kommerzielle Nutzung, Verkaufsfläche etc.: 16 000 m²;
Nebenbereiche, Büros etc.: 19 600 m².

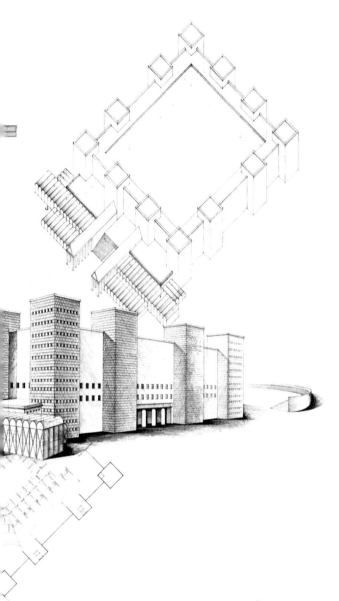

– Surface couverte d'environ 32 000 m² pouvant contenier au maximum 22 000 places assises.
– Surface pour le sport et le spectacle d'environ 85 000 m²,
desquel 15 000 m² pour des fonctions techniques.
– Surfaces pour activités intégratives et complémentaires :
activités intégratives et complémentaires :
activités réceptives : 20 000 m² ;
activités commerciales et promotionelles du shopping center : 16 000 m² ;
activités tertiaires et directoriales : 19 600 m².

1988–1990 Denkmal auf der Piazzetta Manzoni, Mailand
In Zusammenarbeit mit F. S. Fera.

Dieser neue Platz befindet sich an der Kreuzung der Via Montenapoleone und der Via Manzoni, die seit altersher von großer Bedeutung waren und heute zum eleganten Einkaufs- und Flanierzentrum von Mailand gehören. Er ist als ein kleiner, lombardischer Platz konzipiert, ein Ort der Begegnung, wo man ein Brötchen essen oder ein Gruppenphoto machen kann; er wird von zwei Reihen von Maulbeerbäumen gebildet, welche einst für die Gegend typisch waren, heute aber fast verschwunden sind, sowie von Steinbänken, Lampen und einem Bodenbelag aus rötlichen Porphyr- oder Granitblöcken.

Am Ende der Piazza steht der Kubus mit den Treppenstufen. In seine Rückwand ist ein dreieckiger Hohlkörper aus Bronze eingemauert, aus dem Wasser in ein in den Steinboden eingelassenes Gitter fließt. Der Kubus mit den Treppenstufen ist aus dem gleichen rötlichen und grauen Candoglia wie der Mailänder Dom.

1988–1990 Monument de la Piazzetta Manzoni, Milan
En collaboration avec F. S. Fera.

Cette nouvelle place se trouve à l'intersection de deux importantes rues milanaises, via Montenapoleone et via Manzoni; autrefois rues de sévère importance, elles sont aujourd'hui centre du commerce et du tourisme extravagant. Conçue comme une tranquille petite place lombarde, un endroit pour se rencontrer, manger un sandwich ou faire une photo de groupe, elle est formée par une double file de muriers lombards désormais disparus du paysage, de bancs de pierre, réverbères et pavements en blocs de porphyre ou granit rose.

A l'extrémité de la place se trouve le cube de l'escalier qui se referme sur un mur de pierre coupé par un triangle en bronze d'où coule l'eau jusqu'à une grille encastrée dans la pierre du pavement. Enfin, il est important de remarquer que le cube/escalier est revêtu du même «Candoglia» gris et rosé que le Dôme de Milan.

Skizze. / Dessin.

Gesamtansicht und Ansicht des Denkmals. / Vue générale et vue du monument.

1988 Einkaufszentrum «Centro Città», Gifu (Japan)

In Zusammenarbeit mit M. Adjmi, T. Horiguchi, M. Remonti.

«Centro Città» will nicht bloß ein Konglomerat verschiedenartiger Gebäude sein, sondern im Gesamtaufbau der Stadt ein «locus», vergleichbar dem historischen Zentrum der alten Städte, ein Ort, an dem neues Leben durch eine neue Architektur entstehen soll. Es geht also darum, ein klares architektonisches Konzept zu entwerfen, welches die übliche Stadtarchitektur in ein Epizentrum der kulturellen und architektonischen Erneuerung umzuwandeln vermag.

Alle Gebäude – Geschäfte, Restaurants, Räume für kulturelle Organisationen, Boutiquen, Kunstgalerien, ein Hotel, Kaffees, Gärten, Säle für Theateraufführungen und andere Veranstaltungen – sind um die große Piazza angeordnet. Diese ist mit dem Hauptgebäude, dem UNY-Kaufhaus verbunden. Maße, Form und Funktion des Komplexes entsprechen der Rolle des Palazzos und des Tempels der alten Stadt, vergleichbar etwa der Piazza San Marco und der Rialtobrücke in Venedig mit ihren Kaufläden. Der Turm als Zentrum des kulturellen Bereichs ist mit dem UNY-Kaufhaus durch Fußgängerstege und Zufahrtsrampen für die auf dem Dach befindliche Parkzone verbunden. Er ist das augenfälligste Merkmal für die Umgestaltung des Quartiers: Tiefe Schatten akzentuieren seine Struktur am Tage, und nachts wird er von verschiedenfarbigem Licht angestrahlt. Er soll das Erkennungszeichen von Süd-Gifu werden.

1988 Immeuble commercial «Centro Città», Gifu (Japon)

En collaboration avec M. Adjmi, T. Horiguchi, M. Remonti.

«Centro città» n'est pas seulement un assemblage de bâtiments différents, mais un important locus pour la ville dans l'esprit de l'ancien centre historique, créant une nouvelle vie avec des nouveaux monuments. Autrement dit, il est nécessaire de réaliser un projet d'architecture clair, qui puisse transformer la ville représentative en un épicentre de la renaissance culturelle et architecturale.

Les bâtiments pour le centre commercial, les magasins, les restaurants, les espaces des organisations culturelles, les boutiques, les galeries d'art, l'hôtel, les cafés, les jardins, les théâtres et pour les activités de loisir sont tous organisés autour de la grande place. La grande place est reliée au bâtiment principal de Uny.

La dimension, la forme et la fonction de ce bâtiment reflète le rôle du Palais et du temple des anciennes villes comme à Venise la place St. Marc et le pont/marché du Rialto. La tour, centre d'activités culturelles, qui se relie aux magasins du centre commercial de Uny par des rampes pour le parking et des ponts piétonniers, est la principale image de la transformation de cette aire, accentuée par de fortes ombres de lumière naturelle pendant le jour et éclairée, la nuit, par des lumières artificielles de différentes couleurs. Elle deviendra le symbole reconnaissable de Gifu sud.

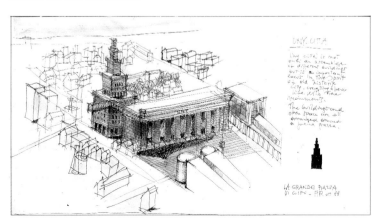

Skizze. / Dessin.

1988 Leuchttürme für eine befristete Ausstellung im Hafen von Rotterdam
In Zusammenarbeit mit U. Barbieri.

Die Leuchttürme von Rotterdam markieren die Hafeneinfahrt und bilden den Eingang zu einer Kunstausstellung, die 1988 von der Stadt Rotterdam organisiert wurde.
Zum erstenmal wurden mit diesen Türmen Entwürfe realisiert, die auf Rossis Skizzen der großen «lighthouses» an der nordamerikanischen Küste basieren; diese Konstruktionen wie auch die großen Leuchttürme Portugals und der Bretagne haben Rossi seit jeher fasziniert, da sie «der Erde und dem Meer, der Technik und der Kunst, dem Licht und dem undurchdringlichen Dunkel des Ozeans angehören.»

1988 Phares dans le port pour une exposition temporaire, Rotterdam
En collaboration avec U. Barbieri.

Les phares de Rotterdam indiquent l'accès du port et constituent l'entrée à une exposition d'art organisée par la Commune de Rotterdam en 1988.
Ces tours sont la première réalisation qui naît des dessins faits par Aldo Rossi des grandes lighthouses de la côte nord-américaine, constructions qui l'ont toujours touché, comme les grands phares du Portugal et de la Bretagne, «parce qu'ils sont liés à la terre et à la mer, à la technique et à l'art, à la lumière et à l'obscurité impénétrable de l'Océan».

Ansicht und Grundriß. / Façade et plan.

1988/89 Einfamilienhäuser, Mount Pocono (Pennsylvania)
In Zusammenarbeit mit M. Adjmi.

Der Entwurf dieser Einfamilienhäuser in einem Waldgebiet im Staat Pennsylvania lehnt sich an die traditionelle lokale Bauweise an, die übrigens in den meisten Teilen der USA vorherrscht, und verwendet deren Materialien. Die Architektur distanziert sich nicht von der traditionellen Architektur New Englands; sie versucht nur, diese zu interpretieren und persönlich zu gestalten. So erklären sich die leichten Unterschiede zwischen diesen Häusern und dem traditionellen Haustyp.

1988/89 Maisons individuelles, Mount Pocono (Pennsylvanie)
En collaboration avec M. Adjmi.

Ces maisons individuelles, dans les bois de l'état de Pennsylvanie, sont conçues et réalisées en utilisant les matériaux et les méthodes de construction locales, d'ailleurs semblables en grande partie des Etats Unis. L'architecture ne se détache pas de celle traditionnelle du New England : elle tente seulement d'en donner une interprétation recherchant une dimension personnelle. Ainsi, par rapport à l'architecture traditionnelle, le projet ou la réalité résultent légèrement déformés.

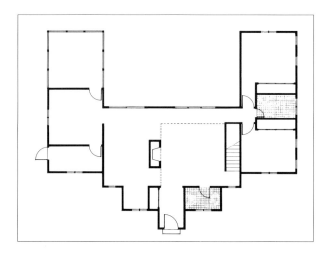

Grundriß Erdgeschoß und Vorderansicht.
Plan du rez-de-chaussée et vue principale.

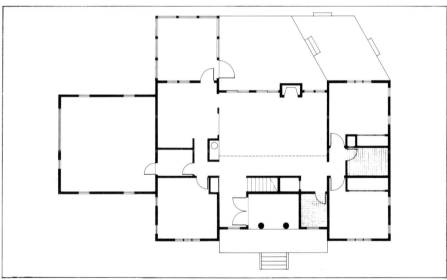

Übereck-Ansicht und Grundriß Erdgeschoß.
Vue de biais et plan du rez-de-chaussée.

1988–1991 Renovierung und Erweiterung des Hotels Duca di Milano, Mailand
In Zusammenarbeit mit G. Da Pozzo und M. Scheurer.

Das Hotel liegt an der Piazza della Repubblica. Es war veraltet und in wenigen Jahren heruntergekommen, so daß eine Renovierung nötig wurde. Dieser Umstand bedeutete aber auch eine Chance für die architektonische Gestaltung von Mailand, da das Hotel Duca di Milano mit dem vorgesehenen neuen Hotelgebäude an der Via Marco Polo verbunden werden konnte.
Um den einheitlichen Charakter der beiden an der Straßenecke liegenden Gebäude hervorzuheben, verwandte man die gleichen Materialien und gestaltete die Fassade als Einheit, so daß auch der Verbindungstrakt ein architektonisches Element ist. Die Fassaden sind aus Backstein oder mit Steinplatten verkleidet und von metallenen Fensteröffnungen unterbrochen. Der Vorderseite ist ein zweigeschossiger Baukörper vorgelagert, in dem sich der Eingang und das Restaurant befinden. Er wirkt wie der Sockel des eigentlichen Gebäudes. Der graue Granit der Fassadenverkleidung stammt aus Baveno. Die obersten Stockwerke sind aus Backstein und stellen so formal wie optisch eine Verbindung zum Bau an der Via Marco Polo her. Der Fassadenabschluß aus Backstein erinnert an die in der Lombardei und anderen Regionen Italiens so zahlreichen Kirchenfassaden, die aus mancherlei Gründen - darunter vielleicht auch einer Vorliebe für das Unfertige – nie vollendet wurden.
Die Rückseite des Gebäudes an der Via Marco Polo ist wie eine Fassade behandelt: Die Fenster der Mitte werden auf den Seiten als blinde Fenster wiederholt. Diese Lösung ist für das Erscheinungsbild des Baus im städtischen Kontext äußerst wichtig.

1988–1991 Restructuration et extension de l'Hôtel «Duca di Milano», Milan
En collaboration avec G. da Pozzo, M. Scheurer.

Situé sur la piazza della Repubblica, actuellement, l'hôtel présente une architecture obsolète, dégradée en quelques années au point d'en rendre nécessaire la reconstruction. Ce fait représente d'autre part une occasion pour l'architecture milanaise, d'autant plus que l'hôtel Duca di Milano peut être raccordé au nouveau bâtiment hôtelier prévu qui donne sur via Marco Polo. Pour renforcer le caractère d'ensemble du bâtiment, favorisé par son emplacement à angle, on a utilisé un matériau et un dessin continu, de manière à ce que même la construction qui unit les deux bâtiments s'intègre au reste de l'architecture.
Les bâtiments sont revêtus de pierre et brique; ces matériaux sont interrompus par les fenêtrages métalliques. Un corps bas à deux étages qui constitue l'accès et le restaurant est inséré au front de l'hôtel. Le reste du bâtiment, qui se dresse de là comme d'un soubassement, est revêtu de granit gris de Baveno. Les derniers étages sont en brique comme beaucoup d'églises lombardes et italiennes, jamais finies pour diverses raisons, mais probablement aussi par goût de l'œuvre inachevée.
L'arrière du bâtiment, visible de via Galilei et parcourant via Marco Polo, est fini comme une façade: les fenêtres centrales sont répétées sur les côtés comme des fenêtres fermées. La solution de ces parties est très importante pour le décorum urbain.

(Rechte Seite) Fassade gegen die Piazza della Repubblica. Lageplan.
(Page d'à côté) Façade sur la Piazza della Repubblica. Planimétrie.

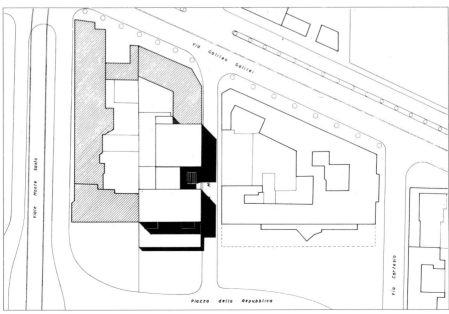

1988–1991 Museum für moderne Kunst auf der Insel von Vassivière (Clermont-Ferrand)

In Zusammenarbeit mit F. S. Fera, X. Fabre.

«Die geographische Lage dieses Museums ist von außerordentlicher Schönheit: Man beschreibt die Landschaft am besten als ‹französisches Kanada›. Das Erscheinungsbild dieser Region im Herzen des Limoges, einer sonst eher tristen und unwegsamen Gegend, wird von einem riesigen, künstlichen See geprägt, der zu den größten Seen Europas zählt. Das Klima des Seegebietes begünstigt eine reiche Vegetation mit vornehmlich Kiefern- und Tannenwäldern. Diese grüne Hügellandschaft rings um den See evoziert eben jene Parallele zur Landschaft Kanadas und schafft darüber hinaus eine Atmosphäre von unberührter Wildnis. In der Mitte des Sees oder eines Seitenarmes blieb eine kleine Insel bestehen mit einem bescheidenen Landschloß und einer kleinen Fabrik. Die Insel ist mit dem Festland durch einen langen, geraden Steg verbunden, der einer surrealistischen Bilderwelt zu entstammen scheint.

Die Typologie dieses Museums zu bestimmen ist nicht leicht, denn es soll ein Ort sowohl des Studiums als auch der Betrachtung sein. Als wir in dem Schlößchen der Insel standen, dachten wir an einen großen Leuchtturm, der diese Insel zum Mittelpunkt des Sees machen sollte.

Seit jeher gehört der Leuchtturm psychologisch und architektonisch zu meinen Obsessionen (immer wieder habe ich die Leuchttürme Portugals, der Bretagne, New Englands besucht) und konnte hier endlich realisiert werden. Im Grunde hätte er ganz aus dem lokalen Granit bestehen müssen, doch haben wir eine Lösung gefunden, die die Materialien Stein, Beton, Backstein und Granit kombiniert. Das Museumsgebäude geht von dem großen Leuchtturm aus und erstreckt sich zum Seeufer. Es besteht aus kleinen Arbeits-, Erholungs- und Ausstellungsräumen. Die

1988–1991 Centre d'Art Contemporain de l'île de Vassivière (Clermont-Ferrand)

En collaboration avec F. S. Fera, X. Fabre.

«Ce bâtiment se trouve dans une position géographique d'extraordinaire beauté, parfaitement exprimée par la définition: ‹le Canada français›. En fait cette zone, au centre du Limousin, région d'autre part, triste et inaccessible, est caractérisée et transformée par un énorme lac artificiel, peut-être un des plus grands d'Europe.

Le climat du lac a favorisé une riche végétation constituée presqu'exclusivement de pins ou de sapins. Cet espace vert vallonné qui entoure le lac, non seulement l'associe au paysage canadien mais surtout construit une atmosphère raréfiée et d'abandon. Au centre du lac, dans une boucle de ce dernier, est restée une petite île avec un modeste château de campagne et une petite ferme. L'île est reliée à la terre ferme par un pont long et étroit qui semble appartenir à une imaginaire architecture surréaliste.

Il est difficile de définir la typologie de ce musée, car il représente un lieu d'étude et d'observation. En étant dans le petit château, nous pensions à un grand phare qui fasse de l'île le centre du lac.

Ce phare qui a toujours été mon obsession psychologique et architecturale (depuis toujours je visitais les phares du Portugal, de la Bretagne, du New England) pouvait finalement être réalisé. Naturellement il aurait dû se dresser sur le granit local mais nous trouvâmes une solution qui réunissait la pierre et le ciment, les briques et le granit. De la grande tour part le corps du musée qui descend jusqu'au lac. Il est constitué de petits espaces pour y étudier, s'y reposer, faire des expositions. Puis, en fin, le grand musée des statues se trouve à l'intérieur de l'énorme espace cônique dont l'atmosphère exalte la construction en pierre ainsi que celle en fer. Ce sont les principales caractéristiques d'un bâtiment qui

große Skulpturenhalle hingegen befindet sich im Inneren des weiten konischen Raums; es herrscht dort eine Atmosphäre, die die Wirkung der Steinskulpturen wie auch der Metallkonstruktionen intensiviert.

Dies sind die wesentlichen Kennzeichen dieses Baus, der sich bald schon mit der ihn umgebenden Natur identifizieren wird und somit das verwirklicht, was vielleicht das höchste Ziel der Baukunst ist: selbst wieder Natur zu werden.»

bientôt s'identifiera avec la nature alentours, réalisant ainsi ce qui est peut-être l'objectif le plus élevé de l'architecture: redevenir elle-même nature.»

Tuschzeichnung und Seitenansicht von Museum und Turm.
Dessin à l'encre de Chine et façade latérale et tour.

1990 Universitätszentrum in der ehemaligen Baumwollspinnerei Cantoni, Castellanza (Varese). Libero Istituto Universitario «Cesare Cattaneo». Detailstudie.
In Zusammenarbeit mit A. Balzani, M. Brandolisio, L. Imberti, F. Gatti.

Das Projekt strebt in erster Linie die Restaurierung und Erhaltung der Gebäude an, auch wenn dabei mit den Änderungen, die der Gesamtplan verlangt, eine neue Architektur entsteht. Das Problem der Umnutzung von Industriebauten ist aber vor allem ein architektonisches Problem. Und so ist auch der Entwurf die architektonische Entsprechung einer neuen Auffassung von der Universität und vom öffentlichen Raum.

Zwei neugebaute Türme markieren den Eingang zum didaktischen Bereich und zu den studentischen Einrichtungen, die in den bestehenden, einen Hof bildenden alten Gebäuden untergebracht sind. Das Äußere dieser Gebäude bleibt teils erhalten, teils wird es umgestaltet. So entsteht ein architektonischer Raum, der durch den Gegensatz und die Verbindung von Alt und Neu eine Spannung erzeugt. Wichtigster Teil dieses Bereiches ist die große Aula, die auch als kleines Kongreßzentrum von Castellanza gedacht ist. Sie bietet Platz für etwa 600 Personen und ist direkt vom Hof aus zugänglich. Sie hat ein großes, flachgewölbtes Tonnendach (aus Holz, das mit Bahnen aus Kupferblech verkleidet ist) und zwei dem Publikum zugängliche Galerien.

Das erste der bestehenden Industriegebäude, welches in gleicher Richtung wie das Tal liegt, wird – von der Fassadenrenovation abgesehen – kaum verändert; hier liegen Räume für Lehrveranstaltungen und die Spezialräume.

Die entscheidenden architektonischen Eingriffe werden in den übrigen Gebäuden vorgenommen. Hier befinden sich Räume für Lehre und Forschung, Laboratorien, Institute und im Erdgeschoß die Parkplätze. Diese Räume stellen die

1990 Plan détaillé de l'installation d'un nouveau pôle universitaire dans les aires des ex-cotonneries Cantoni, Castellanza (Varese)
Libero Istituto Universitario «Cesare Cattaneo». En collaboration avec A. Balzani, M. Brandolisio, L. Imberti, F. Gatti.

Le projet dans ses lignes principales est un projet de restauration et de conservation, même si en réalité une nouvelle architecture se construit en raison des altérations qui se réalisent dans son dessin général. Le problème de la réinterprétation des bâtiments industriels est au contraire une question proprement d'architecture. Dans ce sens le projet qualifie et représente, par son architecture, les nouveaux caractères de l'Université et des espaces collectifs.

Deux tours de nouvelle construction indiquent l'accès à la zone didactique et au service des étudiants, qui se développe autour d'une cour de bâtiments existants, dont les façades sont maintenues ou redessinées afin d'obtenir un espace architectural où l'ancien et le nouveau créent une tension entre opposition et intégration. L'endroit le plus important de cette partie du projet est la grande salle, conçue aussi comme petit centre des congrès pour la Commune de Castellanza. La salle, qui peut contenir environ 600 spectateurs, est accessible directement de la cour et est caractérisée par une grande couverture à arc rabaissé (en bois revêtu de cuivre) et par deux galeries accessibles au public.

Le premier des bâtiments industriels existants, sur la même ligne que la vallée, avec peu de modifications outre la restauration de la façade, est destiné aux espaces des activités didactiques et des salles spécialisées.

L'intervention architecturale plus importante se concentre sur les quatre bâtiments restants : ils sont destinés aux espaces des activités didactiques, laboratoires et départements universitaires avec des parkings situés au rez-de-chaus-

Substanz der Universität dar mit ihrem Anspruch, ein Maximum an Aufgeschlossenheit Neuem gegenüber zu vermitteln.

Die Grundidee des Entwurfs besteht darin, die vier getrennten Baukörper in Längs- und in Querrichtung mit zwei Glasgalerien zu verbinden, so daß ein aus drei Kreuzungen bestehendes typologisches Schema entsteht. Diese Lösung erlaubt nicht nur eine homogene Anordnung der einzelnen Gebäude und die Schaffung autonomer Bereiche, sondern wahrt auch das Gesamtbild des großen Fabrikgebäudes mit seinen Backsteinfassaden, die von großen Fenstern durchbrochen sind. Dieses erhält zugleich eine neue Bedeutung als ein Bau, der seine Modernität unter Beweis stellt.

sée. Ils représentent la véritable Université conçue dans l'hypothèse du maximum de développement.

Le choix fondamental est celui de relier les quatre corps isolés par deux galeries vitrées, longitudinalement et transversalement, formant ainsi un schéma typologique composé de trois croisées. Une telle solution, outre à distribuer de façon homogène chacun des corps et à consentir une réalisation par tranches autonomes, préserve l'image de la grande usine avec ses façades en brique marquées par les verrières et la réinterprète, en même temps, comme bâtiment qui affirme sa propre modernité.

Zeichnung, Tusche und Mischtechnik.
Dessin à l'encre de Chine et techniques mélangées.

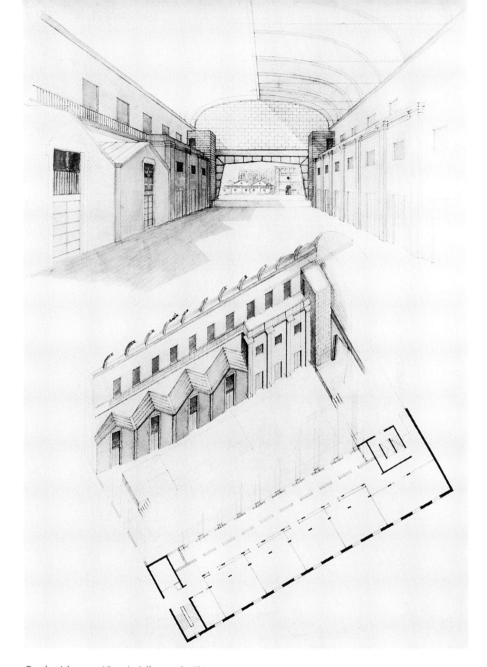

Tuschzeichnung. / Dessin à l'encre de Chine.

(Rechte Seite) Blick auf den Eingangshof, rechts die Mensa (oben). Das Bibliotheksgebäude vom Eingangshof aus (Mitte). Grundriß Erdgeschoß (unten).
(Page d'à côté) Vue sur la cour d'entrée, à droite le bâtiment de la cantine (en haut). Bâtiment de la bibliothèque sur la cour (au milieu). Plan du rez-de-chaussée (en bas).

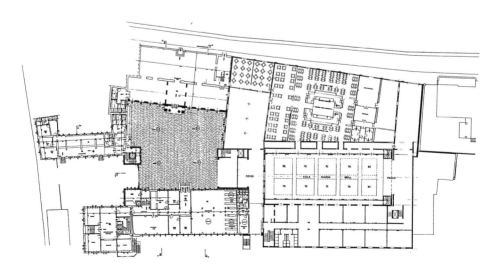

1990   Bonnefanten-Museum, Maastricht
In Zusammenarbeit mit U. Barbieri, G. Da Pozzo, M. Kocher.

Das Museum von Maastricht steht am Ufer der Maas in der Vorstadt, welche seit der Römerzeit mit dem jenseitigen Stadtkern durch eine Brücke verbunden ist, die dem Ort auch seinen Namen (Masa – tractum) gab.
Es handelt sich um ein typisches Stadtmuseum mit verschiedenen Abteilungen wie etwa der Sammlung archäologischer Funde aus der Römerzeit, der Sammlung moderner Kunst und der Dokumentation zur Stadtgeschichte, in der unter anderem das berühmte, für die strategische Bedeutung der Stadt aufschlußreiche Modell von Vauban zu sehen ist.
Drei Baukörper bestimmen typologisch das Museum: Der mittlere mündet in einen Rundbau mit hohem Kuppeldach und Belvedere, von dem aus man auf die Maas und die Stadt am anderen Flußufer sieht.
Ein großes, holzverkleidetes Treppenhaus befindet sich in der Mitte des Querbaus. Hier liegt der Ausgangspunkt dieser Architektur, die Bezug nimmt auf die Tradition der holländischen Seestädte und auf den großen Fluß, der die Stadt durchquert und zugleich ein europäischer Fluß ist.
Der Bau ist vornehmlich aus Stein und Backstein, die Kuppel und die Bedachungen sind aus Zink.

1990   Bonnefanten-Museum, Maastricht
En collaboration avec U. Barbieri, G. da Pozzo, M. Kocher.

Le musée de Maastricht se situe le long de la Meuse dans la banlieue urbaine liée à la ville depuis les anciens temps par le pont romain qui a donné son nom à la ville (Masa-tractum). Il s'agit d'un Musée urbain ou Musée de la Ville qui comprend diverses sections dont l'archéologique, riche justement de pierres et fragments romains, celle d'art moderne et celle plus précisément liée à l'histoire civique où se trouve, entre autres, la fameuse maquette faite construire par Vauban à cause de l'importance stratégique de la ville.
Typologiquement, le musée est constitué de trois corps de bâtiment; celui du milieu finit par une construction cylindrique couverte par une haute coupole couronnée d'un parcours panoramique d'où l'on peut observer le cours de la rivière et la ville en face.
La section du bâtiment est traversée par un long escalier revêtu de bois; cet élément et d'autres encore sont le noyau originaire de cette architecture qui se rapporte à la tradition maritime des villes hollandaises ainsi qu'à la grande rivière qui passe par Maastricht et traverse toute l'Europe.
Toute la construction est pour la pluspart en pierre et en brique, la coupole et les couvertures sont en zinc.

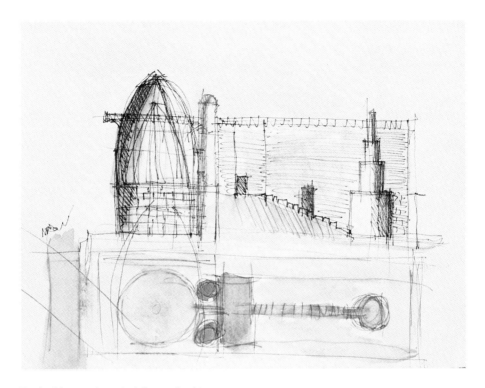

Tuschzeichnung. / Dessin à l'encre de Chine.

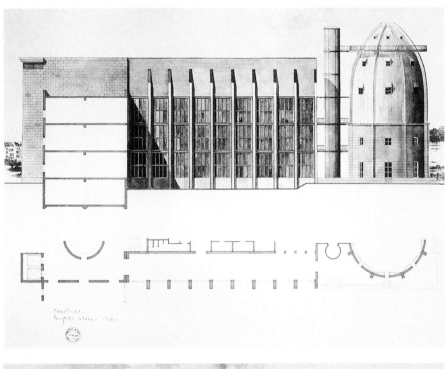

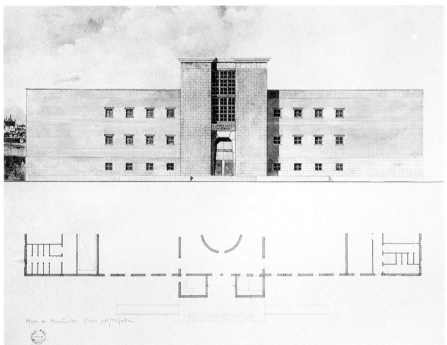

Mitteltrakt: Ansicht mit Schnitt und Grundriß (oben). Ostansicht mit Grundriß (unten).
Bâtiment central : façade, coupe et plan (en haut). Façade est et détail du plan (en bas).

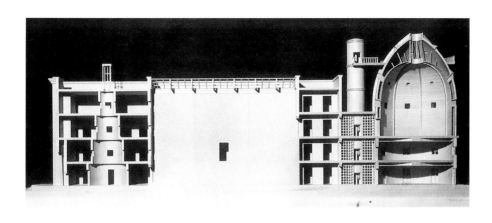

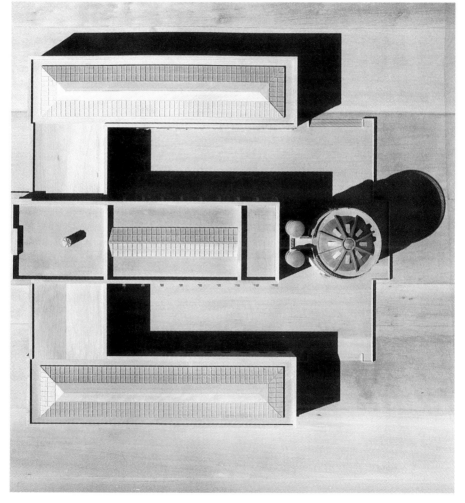

Schnittmodell des Mitteltrakts (oben). Modell, Dachaufsicht (unten).
Coupe longitudinale de la maquette (en haut). Vue zénithale de la maquette (en bas).

1991/92 Renovation und Erweiterung des Flughafens Mailand-Linate
In Zusammenarbeit mit M. Brandolisio, G. Da Pozzo, M. Kocher, Uniplan.

Der Entwurf will «das komplexe Erscheinungsbild einer Stadt wiedergeben und somit den Typus der kleinen Flughafen-Stadt mit demjenigen der Stadt Mailand in Einklang bringen». In der Tat handelt es sich bei dem Flughafen um einen ersten physischen Kontakt zwischen dem Ankommenden und der gebauten Stadt. Dieses Gebäude vermittelt deshalb auch die Geschichte dieser Stadt mit ihren überkommenen Werten, die sich auch in der materiellen Substanz manifestieren.

Der Entwurf versucht, die verschiedenen Funktionen und die vorgeschriebenen Höhenbegrenzungen der Gebäude in eine architektonische Einheit zu fassen. Der so entstandene Organismus sieht im Rahmen eines Umbaus der bestehenden Teile die Neuorganisation des Ankunfts- und Abflugbereiches für die Flüge innerhalb der EG (d. h. wie Inland) einerseits (mit Fingerdock und Zubringerbus) und für die internationalen Flüge (mit Zubringerbus) andererseits vor.

Wichtigstes architektonisches und gestalterisches Element ist das große, zentrale Eingangstor, das aus mehreren charakteristischen Elementen der Architekturgeschichte besteht, deren volumetrisches und funktionales Wechselspiel hier bewußt eingesetzt wurde; zwei große, mit Haustein verkleidete Säulen (Durchmesser 4 m) tragen den großen Metallträger über einer Öffnung von 40 m Länge.

Zwischen diesen großen, runden Säulen liegt die modulare Fensterwand, die sich als abgeschlossene Architektur versteht, nicht zu verwechseln mit dem anonymen Curtain Wall, der keinen Beitrag zu einer wertvollen Architektur leisten kann.

Auf der Ost- und der Westseite dieses «Vor-

1991/92 Projet pour le nouveau air-side de l'aéroport de Linate, Milan
En collaboration avec M. Brandolisio, G. da Pozzo, M. Kocher Uniplan.

La proposition prévoit de construire la complexité du front d'une ville qui somme à la valeur d'une petite ville aéroportuaire, celle de la ville de Milan. Il s'agit en effet, pour qui s'y dirige, de la première communication architecturale de Milan. Son histoire est communiquée dans ce projet architectural par ses anciennes qualités, comme les matériaux.

La volonté du projet a été de former une architecture unitaire au sein des différences fonctionnelles et des diverses limites de hauteur imposées pour les bâtiments. Le complexe organisme proposé prévoit, de par les émergences architecturales qui définissent les parts, l'organisation du futursystème des arrivées et des départs CEE (fly-bridge et bus) et des arrivées et départs internationaux (bus).

L'élément essentiel du point de vue architectural et figuratif est la grande porte centrale, formée par des éléments significatifs de l'histoire de l'architecture, savamment employés par un jeu de rapports volumétriques et fonctionnels; deux grandes colonnes de quatre mètres de diamètre revêtues de tessons de pierre soutiennent la grande poutre métallique qui couvre une portée de 40 m. Entre les deux grandes colonnes cylindriques se trouve la verrière modulaire continue qui se veut architecture accomplie, contrairement à l'anonyme courtain wall, désormais incapable de contribuer à la construction d'une architecture de bonne qualité.

Au terme de la courtine du tissu architectonique, à est et à ouest du nouvel organisme, les arrivées (dans le futur CEE) et les départs internationaux sont caractérisés par une émergence architecturale capable d'offrir à ces foyers de direction une forte signification formelle et figurative.

Tout cela sera globalement et synthétiquement

hangs» innerhalb der Gebäudetextur erfahren die Ankunfts- und Abflugbereiche für die EG-Flüge und für die internationalen Flüge eine architektonische Umstrukturierung, welche eine starke formale und bildliche Kraft ausstrahlen sollen.

Dies soll für die mit dem Bus oder über den Flugsteig ankommenden und abfliegenden Reisenden leicht überschaubar und schnell erkennbar sein; die festen Elemente der Zugänge sind deshalb aus Glas vorgesehen und – anders als die sonst üblichen blinden Duchgänge – transparent.

visible par qui accèdera à l'aéroport depuis la piste d'atterrissage par bus, mais aussi par qui descendra par les fly-bridges : car les parties fixes de ces derniers sont prévues en verre transparent contrairement aux solutions traditionnelles des couloirs aveugles.

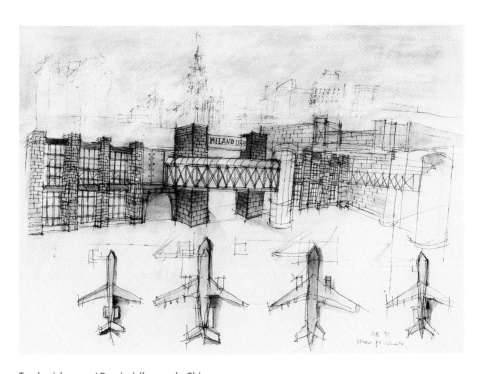

Tuschzeichnung. / Dessin à l'encre de Chine.

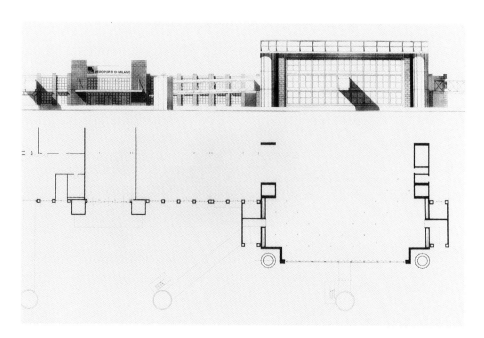

Hauptfassade mit Grundriß Erdgeschoß (oben). Im Bau, Frühjahr 1992 (unten).
Façade principale et plan du rez-de-chaussée (en haut), en construction, printemps 1992 (en bas).

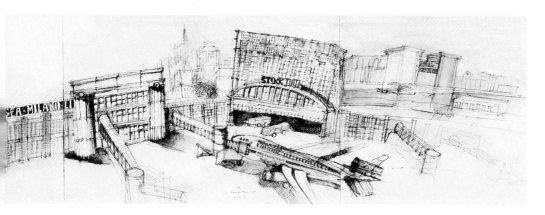

*Tuschzeichnung: Fassade mit Fingerdock, im Hintergrund Ansichten von Mailand.
Dessin à l'encre de Chine: Façade avec fly-bridge, dans le fond images de Milan.*

Querschnitt mit Ansicht der Zugänge. / Coupe transversale avec fly-bridges.

Fassade der Ankunftshalle für Inlandflüge. / Façade des arrivées nationales.

Biographie

Biographie

1931 Aldo Rossi wird am 3. Mai in Mailand geboren. Gegen 1940 zieht die Familie wegen des Krieges in die Villa am Comer See. Er beginnt seine Schulzeit bei den Patres von Somasca und wechselt dann zum erzbischöflichen Kolleg Alessandro Volta in Lecco über.
1949 Er immatrikuliert sich am Polytechnikum von Mailand.
1955 Delegierter beim Kongreß der UIS (Unione Internazionale Studenti = Internationaler Studentenbund) in Rom. Zu Studienzwecken geht er nach Prag und in die Sowjetunion. Von Ernesto N. Rogers dazu aufgefordert, beginnt er für die Zeitschrift «Casabella-Continuità» zu arbeiten, deren Redakteur er wird und bis 1964 bleibt, als die Zeitschrift zu erscheinen aufhört.
1956 Er beginnt bei Ignazio Gardella und dann bei Marco Zanuso zu arbeiten. Er ist Mitarbeiter von Marco Zanuso bei der Ausstellung der Pioniere der Aeronautik und bei anderen Ausstellungen.
1959 Er promoviert am Polytechnikum von Mailand. Er arbeitet bei «Società» mit und ist Mitglied der Mailänder Redaktion von «Il Contemporaneo».
1961 Er wird von H. Schmidt, damals Direktor der Deutschen Bauakademie, Berlin, in die DDR eingeladen.
1963 Assistent von Ludovico Quaroni an der Schule für Urbanistik in Arezzo. Assistent von Carlo Aymonino an der Fakultät für Architektur von Venedig.
1965 Dozent am Polytechnikum von Mailand. Beginn seiner Reisen nach Spanien und Aufbau von kulturellen Beziehungen. Er arbeitet insbe-

1931 Aldo Rossi naît à Milan, le 3 mai. Vers 1940, à cause de la guerre, il est envoyé dans une maison sur le lac de Côme. Etudes chez les Pères de Somasca, puis au Collège Archiépiscopal Alessandro Volta de Lecco.
1949 Inscription à l'Ecole Polytechnique de Milan.
1955 Délégué au Congrès de l'U.I.S. (Union Internationale des Etudiants) à Rome. Part à Prague, puis en Union Soviétique pour une période d'études et d'échanges culturels. Commence à collaborer à «Casabella-Continuità» à la demande d'Ernesto N. Rogers. Travaille à «Casabella-Continuità», devient rédacteur, jusqu'en 1964, année de fermeture de la revue.
1956 Commence à travailler chez Ignazio Gardella et ensuite chez Marco Zanuso. Collabore avec Marco Zanuso à l'exposition des Pionniers de l'Aéronautique et à d'autres expositions.
1959 Diplômé de l'Ecole Polytechnique de Milan. Collabore à «Società». Membre de la rédaction milanaise de «Il Contemporaneo».
1961 Invité par la R.D.A. de H. Schmidt, alors directeur de la Deutsche Bauakademie de Berlin.
1963 Assistant de Ludovico Quaroni à l'Ecole d'Urbanisme d'Arezzo. Assistant de Carlo Aymonino à l'Institut Universitaire d'Architecture de Venise.
1965 Professeur chargé de cours à l'Ecole Polytechnique de Milan. Commence des voyages et des rapports culturels avec l'Espagne. Travaille particulièrement avec Salvatore Tarragò et le groupe catalan.

sondere mit Salvatore Tarragò und der katalanischen Gruppe.
1966 Er veröffentlicht «L'Architettura della città» (Die Architektur der Stadt).
1970 Er gewinnt den Wettbewerb um den Lehrstuhl für Denkmalschutz in Palermo. Er wird ans Polytechnikum von Mailand berufen.
1971 Wegen politisch-kultureller Aktivitäten wird er in Italien zusammen mit den Mitgliedern des Direktoriums der Architekturfakultät von Mailand vom Unterricht suspendiert. Im selben Jahr beendet er seinen Wettbewerbsentwurf für den Friedhof von Modena, bei dem er zum ersten Mal mit Gianni Braghieri zusammenarbeitet. Nach der Erfahrung am Polytechnikum geht er mit ihm nach Griechenland und in die Türkei.
1972 Er wird als Professor für Entwurf an die Eidgenössische Technische Hochschule in Zürich berufen, wo er drei Jahre unterrichtet.
1973 Direktor der Internationalen Architekturabteilung an der Triennale von Mailand. Er dreht den Film «Ornamento e Delitto».
1975 Wieder ins italienische Unterrichtswesen aufgenommen, kehrt er nicht ans Polytechnikum Mailand zurück. Er wird auf den Lehrstuhl für Entwurf an der Universität Venedig berufen.
1976 Direktor des Internationalen Seminars von Santiago de Compostela. Beginn der Lehrtätigkeit in den USA. Er wird an die Cornell University von Ithaca und dann an die Cooper Union von New York berufen. Von da an hält er regelmäßig Vorlesungen an den bedeutendsten amerikanischen Universitäten.
1978 Studienseminar in Buenos Aires. Reise nach Brasilien. Beginn der Zusammenarbeit mit dem Institute for Architecture and Urban Studies in New York. Ausstellungen seiner Architektur in verschiedenen Teilen der USA.
1979 «Accademico» von San Luca.
1980 Einladung nach Hongkong und China. Einladung als Professor für Entwurf an die Yale-Universität. Vorlesungsreise in Lateinamerika.
1981 1. Preis im Einladungswettbewerb der

1966 Publie «L'Architettura della città» (L'architecture de la ville).
1970 Gagne le concours pour la chaire des Bâtiments Historiques de Palerme. Devient l'invité de l'Ecole Polytechnique de Milan.
1971 Suspendu d'enseignement en Italie pour cause d'activités politico-culturelles dans l'Université, ensemble avec les membres du Conseil de la Faculté d'Architecture de Milan. Dans la même année, termine le projet pour le concours du Cimetière de Modène. Début de la collaboration avec G. Braghieri. Après l'expérience de l'Ecole Polytechnique, se rend en Grèce et en Turquie en compagnie de Gianni Braghieri.
1972 Est demandé comme Professeur de Projet à l'Ecole Polytechnique Fédérale de Zurich. Enseignera à Zurich pendant trois ans.
1973 Directeur de la Section internationale d'Architecture à la Triennale de Milan. Tourne le film «Ornement et Crime».
1975 Réintégré dans l'enseignement italien. Ne retourne pas à l'Ecole Polytechnique de Milan. Est appelé à faire le cours de Composition architecturale à l'Université de Venise.
1976 Directeur du Séminaire International de Saint-Jacques-de-Compostelle. Commence à enseigner aux U.S.A. Invité à la Cornell University de Ithaca et ensuite à la Cooper Union de New York. Depuis, il donne régulièrement des cours dans les principales universités américaines.
1978 Séminaire d'études à Buenos Aires. Voyage au Brésil. Commence à collaborer avec l'Institute for Architecture and Urban Studies à New York. Expositions sur son architecture dans différentes parties des Etats-Unis.
1979 Membre de l'Académie de San Luca.
1980 Invité à Hong Kong et en Chine. Invité comme Professeur de Projet à Yale University. Effectue un cycle de conférences en Amérique Latine.
1981 Premier prix du concours international

IBA für die Südliche Friedrichstadt, Berlin, Haus No. 10 Ecke Kochstraße/Friedrichstraße.
Veröffentlichung von «A Scientific Autobiography» (Wissenschaftliche Selbstbiographie), MIT Press, Cambridge MA. & London.
1983 Direktor der Architektur-Biennale von Venedig. Lehrtätigkeit in den USA und Professur an der Harvard University, Cambridge, MA. Ehrenmitglied des Bundes Deutscher Architekten.
1984 Einladung nach Japan durch Hochschulen und kulturelle Institutionen.
1. Preis im Wettbewerb für das Teatro Carlo Felice in Genua.
1986 Ausstellung «Aldo Rossi: Disegni di architettura» in der Galleria Albertina in Turin.
Ausstellung im Ministero de Vivienda, Madrid.
Organisation der Ausstellung «Hendrik Petrus Berlage» in der Villa Farsetti, Biennale Venedig.
1987 Einzelausstellung im Haus der Architektur in Moskau.
1. Preis im internationalen Wettbewerb für das Projekt «La Villette sud» in Paris.
1988 Von den Regierungen Italiens und Großbritanniens organisierte Werkausstellung im Museum der Stadt York und im Royal Institute of British Architects (RIBA), London. Ehrenmitglied des American Institute of Architects (AIA).
1. Preis im internationalen Wettbewerb für das Deutsche Historische Museum in Berlin.
Veröffentlichung der deutschen Ausgabe der «Wissenschaftlichen Selbstbiographie».
1989 Vorlesung über Walter Gropius an der Harvard University, Cambridge, MA.
Auftrag zum «Teatro de las Indias» durch die Junta de Andalucia in Sevilla.
1990 Verleihung des Pritzker Prize for Architecture.
1991 Auszeichnung des American Institute of Architects für den Entwurf des Hotels «Il Palazzo» in Fukuoka.
Ausstellung «Aldo Rossi par Aldo Rossi, architecte» im Centre de Création Industrielle / Centre Georges Pompidou, Paris.

limité IBA pour le projet de l'îlot n° 10 entre la Kochstraße et la Friedrichstraße à Berlin.
Publie «A Scientific Autobiography» chez MIT-Press, Cambridge, MA. & London.
1983 Nommé directeur de la section Architecture de la Biennale de Venise.
Enseigne aux Etats-Unis et est professeur à Harvard. Membre honorifique BDA (Bund Deutscher Architekten).
1984 Invité au Japon par l'université et par des institutions culturelles.
Premier prix du concours pour le théatre Carlo Felice à Gènes.
1986 Exposition «Aldo Rossi. Disegni di Architettura» à la Galerie Albertina de Turin.
Exposition au «Ministero de Vivienda», Madrid.
Organisation de l'exposition «Hendrik Petrus Berlage» à Villa Farsetti pour la Biennale de Venise.
1987 Exposition personnelle dans la Maison de l'Architecture à Moscou.
Premier Prix du concours international pour «La Villette sud» à Paris.
1988 Exposition anthologique organisée par le gouvernement italien et britannique au Musée de la ville de York et au Royal Institute of British Architects (RIBA) de Londres.
Membre honoraire du American Institute of Architects (AIA).
Premier prix du concours international pour le Deutsches Historisches Museum à Berlin.
1989 Cycle de conférences sur Walter Gropius à l'Université de Harvard (USA).
Chargé du «Teatro de las Indias» de la part de la Junta de Andalucia à Séville.
1990 Attribution du Pritzker Prize for Architecture.
1991 Distinction du American Institute of Architects pour le projet du Hôtel «Il Palazzo» à Fukuoka.
Exposition «Aldo Rossi par Aldo Rossi, architecte» au Centre de Création Industrielle / Centre Georges Pompidou, Paris.

Werkverzeichnis

Liste des œuvres

Die Zahlen in Klammern verweisen auf die entsprechenden Seiten in diesem Buch.

Les numéros entre parenthèses se rapportent aux pages du livre.

1960   Entwurf zur Sanierung des Viertels um die Via Farini, Mailand (mit G. U. Polesello und F. Tentori) (20).
Entwurf für die Villa ai Ronchi in Versilia (mit L. Ferrari).
1961   Internationaler Wettbewerb für den Wolkenkratzer von Peugeot, Buenos Aires (mit V. Magistretti und G. U. Polesello).
1962   Wettbewerb für das Widerstandsdenkmal in Cuneo (mit L. Meda und G. U. Polesello) (22).
Wettbewerb für einen Denkmalsbrunnen im Geschäftszentrum von Mailand (mit L. Meda).
Entwurf für einen Country-Club in Fagagna (mit G. U. Polesello).
Wettbewerb der Stadt Monza für den Entwurf einer Sonderschule im Bereich des Parks der Villa Reale von Monza (mit V. Gavazzeni und G. Grassi).
Einrichtung des Museums für moderne Geschichte, Mailand (mit M. Baffa, L. Meda und U. Rivolta).
Wettbewerb für ein Geschäftszentrum in Turin (mit G. U. Polesello und L. Meda) (24).
1964   Eisenbrücke und Anordnung des Parks für die 13. Triennale, Mailand (mit L. Meda) (26).
Entwurf für eine Sport- und Freizeitanlage am Ticino in der Gemeinde Abbiategrasso.
Einladungswettbewerb für den Wiederaufbau des Paganini-Theaters und die Umgestaltung der Piazza della Pilotta, Parma (30).

1960   Projet de restructuration de la zone de la via Farini, Milan (avec G. U. Polesello et F. Tentori) (20).
Projet de villa à Ronchi, Versilia (avec L. Ferrari).
1961   Concours international pour le gratte-ciel Peugeot, Buenos Aires (avec V. Magistretti et G. U. Polesello).
1962   Concours pour le monument à la Résistance à Cuneo (avec L. Meda et G. U. Polesello) (22).
Concours pour une fontaine monumentale sur le Centre d'Affaires de Milan (avec L. Meda).
Projet pour un country-club à Fagagna (avec G. U. Polesello).
Concours de la commune de Monza pour le projet d'une école spéciale sur l'aire du parc de la villa Reale de Monza (avec V. Gavazzeni et G. Grassi).
Aménagement du Musée d'Histoire Contemporaine, Milan (avec M. Baffa, L. Meda et U. Rivolta).
Concours pour le Centre d'Affaires de Turin (avec G. U. Polesello et L. Meda) (24).
1964   Pont de fer et organisation du parcours pour la XIIIe Triennale, Milan (avec L. Meda) (26).
Projet d'équipement sportif et de loisir sur le Ticino à la commune de Abbiategrasso.
Concours sur invitation pour la reconstruction du Théâtre Paganini et restructuration de la place de la Pilotta, Parme (30).

1965 ISES-Wettbewerb für ein Wohnviertel in Neapel (mit G. Grassi).
Rathausplatz und Gedächtnisbrunnen in Segrate (34).
Allgemeiner Bebauungsplan der Gemeinde Broni.
1966 Plan für die Region Venedig unter der Leitung von G. Samonà.
Bebauungsplan der Gemeinde Certosa bei Pavia (unveröffentlicht).
Wettbewerb für einen Wohnkomplex im Viertel San Rocco in Monza (mit G. Grassi) (38).
1967 Wettbewerb für die Sanierung eines zentralen Viertels in Sannazzaro de' Burgondi.
1968 Wettbewerb für das Rathaus von Scandicci (mit M. Fortis und M. Scolari) (40).
1968/69 Entwurf für eine Schule in Triest im Viertel San Sabba (mit R. Agosto, G. Grassi und F. Tentori).
1969/70 Restaurierung und Erweiterung der De-Amicis-Schule, Broni (50).
1969–1973 Wohnblock im Viertel Gallaratese 2, Mailand (44).
1971 Bebauungsplan der Gemeinde Abbiategrasso (mit A. Balzani).
Wettbewerb für den Friedhof von Modena, 1. Preis (mit G. Braghieri) (52).
1972 Wettbewerb für das Rathaus von Muggiò (mit G. Braghieri) (60).
1972–1976 Schule von Fagnano Olona (62).
1973 Wettbewerb zweiten Grades für den Friedhof von Modena (mit G. Braghieri).
Einfamilienhäuser in Broni (mit G. Braghieri) (68).
Aufbau der Internationalen Architekturabteilung der 15. Triennale von Mailand im Kunstpalast (mit G. Braghieri und F. Raggi).
Entwurf einer Villa in Borgo Ticino (mit G. Braghieri) (70).
Allgemeiner Bebauungsplan der Gemeinde Fagnano Olona.
1974 Brücke und Restaurierung im Schloß

1965 Concours I. S. E. S. pour un quartier résidentiel à Naples (avec G. Grassi).
Place de la Mairie et fontaine monumentale à Segrate (34).
Plan d'urbanisme général de la commune de Broni.
1966 Plan d'urbanisation régionale de la Vénétie sous la direction de G. Samonà.
Plan d'urbanisme de la commune de Certosa di Pavia (inédit).
Concours pour un complexe résidentiel dans la localité de San Rocco, Monza (avec G. Grassi) (38).
1967 Concours pour l'organisation d'une aire centrale à Sannazzaro de' Burgondi.
1968 Concours pour le palais communal de Scandicci (avec M. Fortis et M. Scolari) (40).
1968/69 Projet d'une école à Trieste dans la localité de San Sabba (avec R. Agosto, G. Grassi et F. Tentori).
1969/70 Restauration et extension de l'école De Amicis, Broni (50).
1969–1973 Unité résidentielle du quartier Gallaratese 2, Milan (44).
1971 Plan d'urbanisme général de la commune de Abbiategrasso (avec A. Balzani).
Concours pour le Cimetière de Modène, premier prix (avec G. Braghieri) (52).
1972 Concours pour la Mairie de Muggiò (avec G. Braghieri) (60).
1972–1976 Ecole de Fagnano Olona (62).
1973 Concours de second degré pour le Cimetière de Modène (avec G. Braghieri).
Maisons individuelles à Broni (avec G. Braghieri) (68).
Aménagement de la section Architecture Internationale de la XVe Triennale de Milan dans le Palazzo dell'Arte (avec G. Braghieri et F. Raggi).
Projet de villa à Borgo Ticino (avec G. Braghieri) (70).
Plan d'urbanisme général de la commune de Fagnano Olona.

von Bellinzona (mit G. Braghieri, B. Reichlin und F. Reinhart).
Einfamilienhäuser in Robbiate (mit G. Braghieri).
Wettbewerb für das Verwaltungsgebäude der Region Triest (mit G. Braghieri und M. Bosshard) (78).
Wettbewerb für das Studentenheim von Triest (mit G. Braghieri, M. Bosshard und A. Cantafora) (82).
1975 Entwurf für die Restaurierung und Vergrößerung von El Corral del Conde, Sevilla (mit G. Braghieri und A. Cantafora).
Entwurf für eine Wohneinheit in Setúbal, Portugal (mit G. Braghieri, M. Bosshard, A. Cantafora, J. Charters und J. Da Nobrega).
1976 Einladungswettbewerb für das Studentenheim von Chieti (mit G. Braghieri und A. Cantafora) (86).
Entwurf für den Friedhof von Modena (mit G. Braghieri).
Haus in Bracchio (mit G. Braghieri).
Entwurf für Häuser längs dem Verbindungskanal in Berlin.
1977 Wettbewerb für Geschäftszentrum in Florenz (mit C. Aymonino und G. Braghieri) (90).
Häuser in Mozzo (mit A. Pizzigoni) (96).
Entwurf für die Ausstellung «Roma Interrotta» (mit M. Bosshard, G. Braghieri, A. Cantafora und P. Katzberger).
1978 Kleines wissenschaftliches Theater (mit G. Braghieri und R. Freno) (100).
1979 Häuser in Zandobbio (mit A. Pizzigoni).
Mittelschule in Broni (102).
Häuser in Goito (mit G. Braghieri und der C.O.P.R.A.T.).
Häuser in Pegognaga (mit G. Braghieri und der C.O.P.R.A.T.) (110).
Welttheater, Venedig (116).
Wettbewerb für die Landesbibliothek in Karlsruhe (mit G. Braghieri, C. Herdel und C. Stead) (106).

1974 Pont et restauration du Château de Bellinzona (avec G. Braghieri, B. Reichlin et F. Reinhart).
Maisons individuelles à Robbiate (avec G. Braghieri).
Concours pour l'Immeuble des services régionaux, Trieste (avec G. Braghieri et M. Bosshard) (78).
Concours pour la Maison des étudiants de Trieste (avec G. Braghieri, M. Bosshard et A. Cantafora) (82).
1975 Projet d'extension du bâtiment du Corral à Séville (avec G. Braghieri et A. Cantafora).
Projet d'unité résidentielle à Setúbal, Portugal (avec G. Braghieri, M. Bosshard, A. Cantafora, J. Charters et J. Da Nobrega).
1976 Concours sur invitation pour la Maison des étudiants de Chieti (avec G. Braghieri et A. Cantafora) (86).
Projet pour le Cimetière de Modène (avec G. Braghieri).
Maison à Bracchio (avec G. Braghieri).
Projet pour des maisons à Berlin le long du Verbindungskanal.
1977 Concours pour le Centre d'Affaires de Florence (avec C. Aymonino et G. Braghieri) (90).
Maisons à Mozzo (avec A. Pizzigoni) (96).
Projet pour «Roma Interrotta» (avec M. Bosshard, G. Braghieri, A. Cantafora et P. Katzberger).
1978 Petit théâtre scientifique (avec G. Braghieri et R. Freno) (100).
1979 Maisons à Zandobbio (avec A. Pizzigoni).
Ecole secondaire à Broni (102).
Maisons à Goito (avec G. Braghieri et C.O.P.R.A.T.).
Maisons à Pegognaga (avec G. Braghieri et C.O.P.R.A.T.) (110).
Théâtre du Monde, Venise (116).
Concours pour la Landesbibliothek à Karlsruhe (avec G. Braghieri, C. Herdel et C. Stead) (106).

Entwurf für den Turm des neuen Gemeindezentrums von Pesaro (114).
1980 Entwurf für West-Cannaregio (mit G. Dubbini, A. de Poli und M. Narpozzi) (122).
Entwurf im Bereich des Ghetto in Pesaro (mit G. Braghieri).
Eingangstor zur Architekturschau im Arsenal, Biennale von Venedig (124).
Entwurf für eine Grabkapelle (mit C. Stead).
1981 Ideenwettbewerb für das Klösterliareal in Bern (mit G. Braghieri und C. Stead).
Entwurf für Wohnhäuser in Berlin-Tiergarten (mit G. Braghieri und C. Stead).
Entwurf für eine Villa bei Rom (mit C. Stead).
1981–1988 Einladungswettbewerb für die südliche Friedrichstadt, Kochstraße/Friedrichstraße, IBA 84, Berlin, 1. Preis (mit G. Braghieri, C. Stead und J. Johnson). Ausführungsprojekt mit R. Ehlers, D. Grötzebach, G. Plessow, M. Scheurer (126).
Wettbewerbsentwurf für die Überbauung des Kop van Zuid in Rotterdam (mit G. Braghieri, F. Reinhart) (142).
Wettbewerbsentwurf für die Überbauung des Fiera-Catena-Areals in Mantua (mit G. Braghieri, C.O.P.R.A.T.) (138).
Einrichtung eines Messestandes mit Theater für Alcantara in Mailand (mit L. Meda).
Schuhgeschäft von Santini & Dominici in Latina (mit G. Braghieri).
Einrichtung eines Ausstellungsstandes von Santini & Dominici an der Messe von Bologna (mit G. Braghieri).
Entwurf für die Restaurierung und den Umbau von «Le Zitelle» in Venedig (mit G. Geronzi).
Entwurf für den Palazzo dei Congressi, Mailand (mit M. Adjmi, G. Geronzi) (134).
1982–1989 Verwaltungs- und Geschäftszentrum Fontivegge, Perugia (mit G. Braghieri, G. Geronzi, M. Scheurer) (146).
1983 Entwurf für ein Wohn- und Geschäftshaus in Viadana bei Mantua (mit G. Braghieri, C. Castagnoli, A. Gozzi, A. Medici).

Projet de tour pour le nouveau centre civique de Pesaro (114).
1980 Projet pour Cannaregio ouest (avec G. Dubbini, A. de Poli et M. Narpozzi) (122).
Projet sur l'aire du Ghetto à Pesaro (avec G. Braghieri).
Porte d'entrée de l'Exposition d'Architecture dans l'Arsenal, Biennale de Venise (124).
Projet de chapelle funéraire (avec C. Stead).
1981 Concours d'idée pour la Klösterliareal à Berne (avec G. Braghieri et C. Stead).
Projet d'une maison d'habitation à Berlin-Tiergarten (avec G. Braghieri et C. Stead).
Projet de villa dans la campagne romaine (avec C. Stead).
1981–1988 Projet de concours sur invitation, Südliche Friedrichstadt, Koch-/Friedrichstraße, IBA 84, Berlin, premier prix (avec G. Braghieri, C. Stead et J. Johnson). Projet exécutif avec R. Ehlers, D. Grötzebach, G. Plessow, M. Scheurer (126).
1982 Projet de concours pour l'aire Kop van Zuid à Rotterdam (avec G. Braghieri, F. Reinhart) (142).
Projet de concours pour Fiera Catena à Mantoue (avec G. Braghieri, C.O.P.R.A.T.) (138).
Projet d'intérieur avec théâtre pour Alcantara à Milan (avec L. Meda).
Magasin Santini et Dominici à Latina (avec G. Braghieri).
Aménagement d'un stand à la foire de Bologne pour Santini et Dominici (avec G. Braghieri).
Projet de restauration et restructuration des «Zitelle» à Venise (avec G. Geronzi).
Projet pour le nouveau Palais des Congrès à Milan (avec M. Adjmi, G. Geronzi) (134).
1982–1989 Centre d'Affaires et commerce Fontivegge à Pérouse (avec G. Braghieri, G. Geronzi, M. Scheurer) (146).
1983 Projet pour une maison avec des magasins à Viadana près de Mantoue (avec G. Braghieri, C. Castagnoli, A. Gozzi, A. Medici).
Concours sur invitation pour l'aire Forellenweg à Salzburg (avec G. Braghieri, M. Scheurer).

Projekt «Forellenweg» in Salzburg, Entwurf für einen Einladungswettbewerb (mit G. Braghieri, M. Scheurer).
1983–1985 Wohnblock Rauchstraße, Berlin-Tiergarten (mit G. Braghieri, C. Stead) (154).
1983–1988 Rathaus von Borgoricco bei Padua (mit M. Scheurer, M. Zancanella) (164).
1983–1989 Bahnhof für Autoreisezüge San Cristoforo, Mailand (mit G. Braghieri; 1. Phase mit M. Oks, M. Scheurer) (170).
1983–1989 Wiederaufbau des Teatro Carlo Felice in Genua (mit I. Gardella, F. Reinhart, A. Sibilla) (158).
1984 Wettbewerbsentwurf für Bürohochhaus Techint in Buenos Aires (mit G. Braghieri, G. Ciocca, M. Oks, M. Scheurer) (174).
Entwurf für ein Begegnungszentrum in Piacenza (mit G. Braghieri, M. Oks, M. Scheurer).
1984–1987 Bürogebäude «Casa Aurora» in Turin (mit G. Braghieri, G. Ciocca, F. Marchesotti, M. Oks, M. Scheurer, L. Uva) (178).
1985 Entwurf für die Piazza Santa Giustina in Affori (mit G. Braghieri, M. Scheurer, G. Ciocca, G. Da Pozzo).
Entwurf für die Renovation der Villa Cusani-Confalonieri in Carate Brianza (mit G. Braghieri, M. Scheurer, G. Da Pozzo).
Entwurf für einen Einladungswettbewerb zur Sanierung des Campo di Marte auf der Giudecca von Venedig (mit G. Braghieri, G. Ciocca, G. Da Pozzo, M. Scheurer) (192).
Einrichtung der Architekturbiennale in Venedig (mit M. Lena, L. Meda) (198).
Ausstellungsstand des GFT in Florenz (mit G. Braghieri).
Entwurf für ein Hotel mit Kongreßzentrum in Nîmes (mit C. Züber).
1985–1988 Einkaufszentrum «Centro Torri» in Parma (mit G. Braghieri, M. Baracco, P. Digiuni, M. Scheurer) (200).
1985–1989 Wohnblock Via Zoagli in Vialba, Mailand (mit G. Braghieri, G. Ciocca und C.O.P.R.A.T.) (186).

1983–1985 Maison de la Rauchstraße à Berlin-Tiergarten (avec G. Braghieri, C. Stead) (154).
1983–1988 Mairie de Borgoricco (avec M. Scheurer, M. Zancanella) (164).
1983–1989 Terminal wagons-lits de la gare S. Cristoforo à Milan (avec G. Braghieri, 1° phase avec M. Oks, M. Scheurer) (170).
1983–1989 Reconstruction du Théâtre Carlo Felice à Gênes (avec I. Gardella, F. Reinhart, A. Sibilla) (158).
1984 Projet de concours pour l'immeuble de bureaux «Techint» à Buenos Aires (avec G. Braghieri, G. Ciocca, M. Oks, M. Scheurer) (174).
Projet du centre municipal au Peep Farnesiana de Piacenza (avec G. Braghieri, M. Oks, M. Scheurer).
1984–1987 Immeuble des bureaux «Casa Aurora» Turin (avec G. Braghieri, G. Ciocca, F. Marchesotti, M. Oks, M. Scheurer, L. Uva) (178).
1985 Projet pour la place Santa Giustina à Affori (avec G. Braghieri, M. Scheurer, G. Ciocca, G. Da Pozzo).
Projet de restauration de la Villa Cusani-Confalonieri à Carate Brianza (avec G. Braghieri, M. Scheurer, G. Da Pozzo).
Projet de concours pour la restructuration du Champ de Mars à la Giudecca, Venise (avec G. Braghieri, G. Ciocca, G. Da Pozzo, M. Scheurer) (192).
Aménagement de l'Exposition d'Architecture de la Biennale à Venise (avec M. Lena, L. Meda) (198).
Aménagement d'un stand pour le GFT à Florence (avec G. Braghieri).
Projet pour un hôtel et centre de congrès à Nîmes (avec C. Züber).
1985–1988 Centre commercial «Centro Torri» à Parme (avec G. Braghieri, M. Baracco, P. Digiuni, M. Scheurer) (200).
1985–1989 Unité résidentielle via Zoagli à Vialba (avec G. Braghieri, C. Ciocca, C.O.P.R.A.T.) (186).

1986 «Teatro domestico» für die Ausstellung «Il progetto domestico» an der 17. Triennale von Mailand (mit M. Scheurer).

Wettbewerbsentwurf für die Gesamtüberbauung des Bicocca-Areals in Mailand (mit A. Balzani, C. Bono, G. Braghieri, C.O.P.R.A.T., F. S. Fera, F. Gatti, L. Meda und G. Da Pozzo, D. Muraglia, M. Scheurer, C. Züber) (208).

Bühnenbilder für Freilichtaufführungen von «Madame Butterfly» und «Lucia di Lammermoor» (Teatro Comunale di Bologna) auf Rocca Brancaleone, Ravenna (mit C. Züber).

Einrichtung der Ausstellung «Hendrik Petrus Berlage» für die Biennale von Venedig in der Villa Farsetti, Santa Maria di Sala (mit M. Zancanella).

Studio mit Turm für die Villa Alessi am Ortasee (mit G. Da Pozzo) (220).

Universitätscampus, Miami, Florida (mit M. Adjmi) (212).

Entwurf eines Wohn- und Geschäftszentrums in Noale (mit M. Zancanella).

Entwurf für die Renovation und den Bau eines neuen Wohngebäudes im Kloster Santa Maria de Los Reyes, Sevilla (mit G. Da Pozzo, F. S. Fera, M. Scheurer).

Entwurf für die Überbauung der Mole San Vincenzo, im Rahmen der Ausstellung «Progetti per Napoli – 22 idee per una città (Pläne für Neapel – 22 Ideen für eine Stadt) von 1987 (mit F. S. Fera).

Gebäudesanierung in Este (mit M. Adjmi, M. Scheurer).

1986–1991 Wohn- und Geschäftshaus La Villette sud in Paris (mit C. Züber) (216).

1986–1993 Mittelschule in Cantù (mit G. Da Pozzo).

1987 Entwurf für eine Fußgängerbrücke in Dolo (mit M. Zancanella).

Entwurf für das Museum von Marburg (mit M. Scheurer) (228).

IP-Tankstelle an der Autostrada dei Fiori, Mailand (mit F. S. Fera, E. Cattaneo).

1986 «Teatro domestico» pour l'exposition «Il progetto domestico» à la 17º Triennale de Milan (avec M. Scheurer).

Projet de concours pour l'aire de la Bicocca à Milan (avec A. Balzani, C. Bono, G. Braghieri, C.O.P.R.A.T., F. S. Fera, F. Gatti, L. Meda, G. Da Pozzo, D. Muraglia, M. Scheurer, C. Züber) (208).

Aménagement pour «Madame Butterfly» et «Lucia di Lammermoor» à Rocca brancaleone, Ravenna (avec C. Züber).

Aménagement de l'exposition «Hendrik P. Berlage» pour la Biennale de Venise à Villa Farsetti, Santa Maria di Sala (avec M. Zancanella).

Laboratoire avec tour pour la Villa Alessi sur le lac d'Orta (avec G. Da Pozzo) (220).

Campus universitaire de Miami, Florida (avec M. Adjmi) (212).

Centre commercial et résidentiel à Noale (avec M. Zancanella).

Projet de restructuration et nouvelle construction résidentielle dans le couvent de Santa Maria de Los Reyes à Séville (avec G. Da Pozzo, F. S. Fera, M. Scheurer).

«Progetti per Napoli», 22 idées pour une ville, San Vincenzo, Naples (avec F. S. Fera).

Restructuration de construction à Este (avec M. Adjmi, M. Scheurer).

1986–1991 Maison résidentielle et commerciale à la Villette sud, Paris (avec C. Züber) (216).

1986–1993 Ecole secondaire à Cantù (avec G. Da Pozzo).

1987 Projet de pont piétonnier à Dolo (avec M. Zancanella).

Marburger Museum à Marburg (avec M. Scheurer) (228).

Station de service IP sur l'autoroute dei Fiori à Milan (avec F. S. Fera, E. Cattaneo).

Projet pour un gymnase à Olginate (avec G. Da Pozzo) (222).

Concours international sur invitation pour la place de Uskudar à Istanbul (avec G. Da Pozzo, F. S. Fera, I. Invernizzi, D. Nava, M. Scheurer).

Entwurf für eine Sporthalle in Olginate (mit G. Da Pozzo) (222).

Internationaler Einladungswettbewerb für die Überbauung des Hauptplatzes von Üsküdar, Istanbul (mit G. Da Pozzo, F. S. Fera, I. Invernizzi, D. Nava, M. Scheurer).

Bahnhof für Autoreisezüge San Cristoforo, Mailand (mit G. Braghieri, 2. Phase mit M. Baracco, P. Digiuni) (170).

Wettbewerbsentwurf für die Umstrukturierung des früheren Liceo Classico in Lanciano (mit C. Di Carlo, R. Bonicalzi, G. Braghieri, L. Di Vigilio, M. Ricci, M. Scheurer, F. Spaini).

Wettbewerbsentwurf für einen öffentlichen Park mit Sportanlage in Palermo (mit S. Tringali, T. La Rosa, G. Terrana, M. Scheurer).

1987–1989 Hotel «Il Palazzo» in Fukuoka, Japan (mit M. Adjmi, T. Horiguchi, C. Lee, N. Yang) (224).

1987–1990 Triumphbogen in Galveston, Texas (mit M. Adjmi) (221).

1988 Wettbewerbsentwurf (1. Preis) für das Deutsche Historische Museum in Berlin (mit G. Da Pozzo, F. S. Fera, I. Invernizzi, D. Nava, M. Scheurer) (230).

Entwurf für die Neugestaltung des Bahnareals der Italienischen Staatsbahnen, Sektion Triest; a) Udine (mit F. S. Fera); b) Triest (mit F. S. Fera, M. Brandolisio).

Entwurf für einen Turm am See, Breda (mit U. Barbieri).

Leuchttürme für eine befristete Ausstellung in Rotterdam (mit U. Barbieri) (243).

Entwurf für ein Wohn- und Geschäftszentrum auf dem «Slachthuisterrein» in Den Haag (mit U. Barbieri, M. Scheurer, R. Schütte).

Entwurf für eine Brauerei in Den Haag (mit U. Barbieri).

Entwurf eines Wohngebäudes auf dem Campo di Marte der Giudecca von Venedig (mit G. Da Pozzo, F. S. Fera).

Neuer Brunnen auf der Piazza Fontivegge, Perugia (mit G. Da Pozzo).

Terminal wagons-lits de la gare S. Cristoforo à Milan (avec G. Braghieri; 2°phase avec M. Baracco, P. Digiuni) (170).

Concours pour l'aménagement du secteur «ex-liceo classico», place et vallée de la Pietrosa à Lanciano (avec C. di Carlo, R. Bonicalzi, G. Braghieri, L. di Vigilio, M. Ricci, M. Scheurer, F. Spaini).

Concours pour la construction d'un parc public avec installations sportives à Palermo (avec S. Tringali, T. La Rosa, G. Terra, M. Scheurer).

1987–1989 Hôtel «Il Palazzo» à Fukuoka, Japon (avec M. Adjmi, T. Horiguchi, C. Lee, N. Yang) (224).

1987–1990 Arc triomphal à Galveston, Texas (avec M. Adjmi) (221).

1988 Projet pour le concours du Deutsches Historisches Museum à Berlin, 1° prix (avec G. Da Pozzo, F. S. Fera, I. Invernizzi, D. Nava, M. Scheurer) (230).

Projet de re-qualification des aires appartenant à la Société des Chemins de Fer de l'état (F. S.), secteur de Trieste; a) Udine (avec F. S. Fera); b) Trieste (avec F. S. Fera, M. Brandolisio).

Projet de tour sur le lac à Breda (avec U. Barbieri).

Phares dans le port pour une exposition temporaire à Rotterdam (avec U. Barbieri) (243).

Projet pour un complexe de bureaux et résidence sur l'aire du «Slachthuisterrein» à La Haye (avec U. Barbieri, M. Scheurer, R. Schütte).

Projet pour une Brasserie à La Haye (avec U. Barbieri).

Projet d'un bâtiment résidentiel sur le Champ de Mars de la Giudecca, Venise (avec G. Da Pozzo, F. S. Fera).

Nouvelle fontaine sur la Place Fontivegge à Pérouse (avec G. Da Pozzo).

Laboratoire international «Napoli sotterranea» à Naples (avec F. S. Fera).

Projet d'un Club House au service d'un Camp de golf à Tirrenia, Marina di Pisa (avec F. S. Fera, M. Brandolisio, L. Vachelli).

Internationales Symposium «Napoli sotteranea», Neapel (mit F. S. Fera).
Entwurf für ein Clubhaus des Golfclubs Tirrenia, Marina di Pisa (mit F. S. Fera, M. Brandolisio, L. Vacchelli).
2. Entwurf für den Palazzo dei Congressi in Mailand (mit M. Scheurer).
Ideenwettbewerb für ein Gebäude zu Wohn- und Geschäftszwecken und anderer Nutzung in Lecco (mit F. S. Fera, G. Bertolotto, B. Gambarotta).
Gesamtüberbauungsplan des Pisorno-Areals in Tirrenia, Marina di Pisa (mit F. S. Fera, M. Brandolisio, L. Vacchelli).
Entwurf für die «Fiera della sensa» auf dem Markusplatz in Venedig (mit M. Scheurer).
Fabrikgebäude GFT in Settimo Torinese (mit F. S. Fera, L. Trazzi).
Entwurf einer Fabrik für Krankenhauszubehör in Sysran (mit M. Brandolisio, G. Da Pozzo, F. S. Fera).
Einkaufszentrum «Centro Città» in Gifu, Japan (mit M. Adjmi, T. Horiguchi, M. Remonti) (242).
1988/89 Einfamilienhäuser in Mount Pocono, Pennsylvania (mit M. Adjmi) (244).
1988–1990 Denkmal auf der Piazzetta Manzoni in Mailand (mit F. S. Fera) (240).
1988–1990 Palazzo dello Sport in Mailand (mit B. Agostini, G. Da Pozzo, P. Digiuni, F. Gatti, L. Imberti) (236).
1988–1991 Renovation und Erweiterung des Hotels Duca di Milano (mit G. Da Pozzo, M. Scheurer) (246).
1988/89 Lighthouse-Theater am Lake Ontario, Toronto (mit M. Adjmi).
1988–1990 Turm – Skulpturenmuseum in Zaandam, Niederlande (mit U. Barbieri).
1988–1991 Museum für moderne Kunst auf der Insel von Vassivière, Clermont-Ferrand (mit F. S. Fera, X. Fabre) (248).
1989 Entwurf des «Teatro» auf der Piazza Fontivegge in Perugia (mit C.O.P.R.A.T., G. Da Pozzo, L. Vacchelli).

2° projet pour le Palais des Congrès à Milan (avec M. Scheurer).
Concours d'idées pour un immeuble résidentiel, commercial et tertiaire à Lecco (avec F. S. Fera, G. Bertolotto, B. Gambarotta).
Système de projets pour le développement de l'aire Cosmopolitan Pisorno à Tirrenia (avec F. S. Fera, M. Brandolisio, L. Vachelli).
Projet pour la «fiera della sensa» sur la Place St. Marc, Venise (avec M. Scheurer).
Projet de bâtiment à usage industriel pour GFT à Settimo Torinese (avec F. S. Fera, L. Trazzi).
Projet d'établissement pour équipement hospitalier à Sysran (avec M. Brandolisio, G. Da Pozzo, F. S. Fera).
Immeuble commercial «Centro città» à Gifu, (avec M. Adjmi, T. Horiguchi, M. Remonti) (242).
1988/89 Maisons individuelles à Monte Pocono, Pennsylvanie (avec M. Adjmi) (244).
1988–1990 Monument sur la Piazzetta Manzoni à Milan (avec F. S. Fera) (240).
1988–1990 Palais des Sports à Milan (avec B. Agostini, G. Da Pozzo, P. Digiuni, F. Gatti, L. Imberti) (236).
1988–1991 Restructuration et extension de l'Hôtel Duca di Milano à Milan (avec G. Da Pozzo, M. Scheurer) (246).
1988/89 Théâtre Phare à Toronto (avec M. Adjmi).
1988–1990 Projet pour un Monument urbain à Zaandam (avec U. Barbieri).
1988–1991 Centre d'Art Contemporain à l'île de Vassivière, Clermont-Ferrand (avec F. S. Fera, X. Fabre) (248).
1989 Projet pour un théâtre sur la place Fontivegge à Pérouse (avec C.O.P.R.A.T., G. Da Pozzo, L. Vachelli).
Projet de restructuration de Casa Alessi à Verbania (avec F. S. Fera).
Terminal wagons-lits de la gare S. Cristoforo à Milan (avec G. Braghieri; 3° phase: projet éxécutif avec C.O.P.R.A.T., O. Mietta, P. Pomodoro) (170).

Entwurf für den Umbau der Casa Alessi in Verbania (mit F. S. Fera).

Bahnhof für Autoreisezüge San Cristoforo, Mailand (mit G. Braghieri; 3. Phase, Ausführung mit C.O.P.R.A.T., O. Mietta, P. Pomodoro) (170).

Entwurf für eine Gemäldegalerie in Fukuoka, Japan (mit M. Adjmi).

Internationaler Einladungswettbewerb für den Entwurf von Bürogebäuden beim Flughafen Frankfurt (mit F. S. Fera, L. Trazzi).

Einrichtung des Berliner Museumsstandes für die Sime 90 im Grand Palais von Paris (mit M. Scheurer).

Yatai für Design-Ausstellung 1989 in Nagoya, Japan (mit M. Adjmi).

Entwurf für ein Restaurant und eine Bierhalle in Sapporo, Japan (mit M. Adjmi, H. Gutfreund).

Internationaler Einladungswettbewerb für die Projektierung von Hafenanlage und Bahnhof in Zeebrugge, Belgien (mit C. Züber).

1989–1991 Ausstellungsraum für Ambiente in Tokio (mit M. Adjmi, T. Horiguchi).

1990 Entwurf eines Wohngebäudes in einer Baulücke im Cavaliera-Quartier von Turin (mit C. Bolognesi, F. S. Fera, L. Vacchelli).

Entwurf des UNY-Einkaufszentrums in Nagoya, Japan (mit T. Horiguchi).

Entwurf eines Bürogebäudes in der Canary-Warf-Überbauung in London (mit C. Bolognesi, I. Invernizzi, F. S. Fera, S. Meda).

Detailplan für die Umnutzung der ehemaligen Baumwollspinnerei Cantoni als Universitätszentrum, Castellanza bei Varese (mit A. Balzani, M. Brandolisio, L. Imberti, F. Gatti) (250).

Entwurf eines Zentrums für Sozialmedizin in Florenz (mit G. Galfione, F. S. Fera).

Wettbewerbsentwurf (1. Preis) für die Stadtbibliothek von Seregno (mit G. Da Pozzo, F. S. Fera).

Entwurf für die Kirche San Carlo alla Barona in Cascina Bianca, Mailand (mit G. Da Pozzo, F. S. Fera).

Bearbeitung des 2. Entwurfs für den Palazzo dei

Projet d'une galerie d'art à Fukuoka, Japon (avec M. Adjmi).

Concours international sur invitation pour des bâtiments de bureaux pour l'aéroport de Francfort (avec F. S. Fera, L. Trazzi).

Stand des musées berlinois (Sime '90 Grand Palais) Paris (avec M. Scheurer).

Pavillon Yatai pour Design Expo '89 à Nagoya, Japon (avec M. Adjmi).

Projet pour restaurant et brasserie à Sapporo (avec M. Adjmi).

Concours international sur invitation pour le Port international et Terminal de Zeebrugge, Belge (avec C. Züber).

1989–1991 Showroom pour Ambiente à Tokio (avec M. Adjmi, T. Horiguchi).

1990 Intervention de construction résidentielle pour le quartier Cavaliera, Turin (avec C. Bolognesi, F. S. Fera, L. Vachelli).

UNY Shopping center à Nagoya, Japon (avec T. Horiguchi).

Projet de bâtiments de bureaux à Canary Warf, Dockland's district, Londres (avec G. Bolognesi, I. Invernizzi, F. S. Fera, S. Meda).

Plan détaillé pour l'installation d'un nouveau pôle universitaire (Libero Istituto Universitario «Cesare Cattaneo») dans les aires des ex-cotonneries Cantoni à Castellanza, Varese (avec A. Balzani, M. Brandolisio, L. Imberti, F. Gatti) (250).

Projet du complexe socio-sanitaire de la via Canova, Florence (avec G. Calfione, F. S. Fera).

Développement du projet éxécutif de la nouvelle bibliothèque civique à Seregno (avec G. Da Pozzo, F. S. Fera).

Projet pour l'église San Carlo alla Barona à Cascina Bianca, Milan (avec G. Da Pozzo, F. S. Fera).

Développement du 2° projet pour le Palais des Congrès à Milan (avec M. Scheurer, L. Trazzi).

Projets pour des édifices résidentiels et tertiaires sur l'aire ex-Sogema et limitrophes à Città di Castello (avec G. Da Pozzo, C. Dente, D. Nava).

Congressi, Mailand (mit M. Scheurer, L. Trazzi).
Entwurf für die Gesamtüberbauung des Sogema-Areals und angrenzender Gebiete in Città di Castello (mit G. Da Pozzo, C. Dente, D. Nava).
Entwurf für Umbau und Einrichtung öffentlicher Räume im Quartiere Fiera von Lanciano (mit C. Di Carlo, S. Di Giuseppe, F. S. Fera, M. Ricci, F. Saini, M. Brandolisio, C. Ghezzi).
Entwurf für das Verwaltungsgebäude der UBS/SBG in Manno bei Lugano, Einladungswettbewerb (mit M. Scheurer).
Entwurf für den Palazzo del Cinema am Lido von Venedig, internationaler Einladungswettbewerb (mit G. Da Pozzo, F. S. Fera, L. Meda, M. Scheurer).
Entwurf für das Bürogebäude GFT am Corso G. Cesare in Turin (mit M. Brandolisio, L. Uva).
Wettbewerbsentwurf für ein Bürohochhaus mit Hotel «Il Campanile» in Bordeaux (mit G. Da Pozzo, M. Kocher, A. Leonardi).
Entwurf eines Gebäudekomplexes Ecke Via Lorenteggio/Via Bisceglie in Mailand (mit D. Nava, G. Da Pozzo).
Entwurf für die Neugestaltung des Stadtzentrums von Nantes (mit T. Roze, A. De Poli, M. Narpozzi, A. Leonardi).
Entwurf für die Bebauung von Potsdamerplatz und Leipzigerplatz in Berlin, internationaler Wettbewerb (mit M. Scheurer).
Entwurf für Gebäude mit Wohnungen und anderen Funktionen in Verbania (mit G. Da Pozzo).
Definitiver Entwurf des Hotelgebäudes mit Hotel-Bungalows auf dem Pisorno-Areal in Tirrenia, Marina di Pisa (mit M. Brandolisio, M. Scheurer).
Eingangstor zur Architekturbiennale 1991 in Venedig (mit L. Trazzi).
Entwurf für das Hotel Ocean in Chicura, Japan (mit M. Adjmi).
Friedhof von Rozzano.
Entwurf Kentlands, Gaithersberg, Maryland (mit M. Adjmi).

Re-qualification et récupération du système des espaces publics à l'intérieur du Quartier Fiera à Lanciano (avec C. Di Carlo, S. Di Giuseppe, F. S. Fera, M. Ricci, F. Saini, M. Brandolisio, C. Ghezzi).
Projet d'un immeuble administrativ pour l'UBS (Union des Banques Suisses), concours sur invitation, Manno, Lugano (avec M. Scheurer).
Concours international sur invitation pour le nouveau Palais du Cinéma, Lido de Venise (avec G. Da Pozzo, F. S. Fera, L. Meda, M. Scheurer).
Projet d'immeuble de bureaux GFT, Corso G. Cesare, Turin (avec M. Brandolisio, L. Uva).
Projet pour immeuble de bureaux avec hôtel «Il campanile», Bordeaux (avec G. Da Pozzo, M. Kocher, A. Leonardi).
Complexe de construction, via Lorenteggio/via Bisceglie, Milan (avec D. Nava, G. Da Pozzo).
Projet pour l'aménagement du centre de Nantes (avec T. Roze, A. De Poli, M. Narpozzi, A. Leonardi).
Projet pour l'aménagement de l'aire de la Potsdamerplatz et Leipzigerplatz, concours international, Berlin (avec M. Scheurer).
Projet pour bâtiments résidentiels et tertiaires à Verbania (avec G. Da Pozzo).
Système de projets pour le développement de l'aire Cosmopolitan Pisorno; Projet éxécutif de l'hôtel et résidence-hôtel à Tirrenia, Marina di Pisa (avec M. Brandolisio, M. Scheurer).
Porte de la Biennale de Venise (avec L. Trazzi).
Projet pour l'hôtel Ocean à Chicura, Japon (avec M. Adjmi).
Cimetière di Rozzano (avec G. Da Pozzo, F. S. Fera).
Projet Kentlands, Gaithersberg, Maryland (avec M. Adjmi).
1990/91 Asaba Design Studio à Tokyo (avec M. Adjmi, T. Horiguchi, E. Schilliday).
1990–1994 Bonnefanten-Museum, Maastricht (avec U. Barbieri, G. Da Pozzo, M. Kocher) (254).
1991 Projet pour le dépôt ACTV de la Sacca

1990/91 Asaba Design Studio in Tokio (mit M. Adjmi, T. Horiguchi, E. Shilliday).

1990–1994 Bonnefanten-Museum in Maastricht (mit U. Barbieri, G. Da Pozzo, M. Kocher) (254).

1991 Entwurf für ein Depot der Verkehrsbetriebe von Venedig (ACTV) auf der Sacca della Misericordia in Venedig (mit M. Zancanella).

Entwurf für das Verwaltungszentrum von Phoenix «La Torre del Sole» in Makuhari, Japan (mit G. Da Pozzo, T. Horiguchi, Y. Kato, S. Meda).

Wohn- und Geschäftszentrum «Il Castello» in Kuala Lumpur, Malaysia, Entwurf für einen Einladungswettbewerb (mit M. Adjmi, C. Stead, L. Trazzi).

Entwurf von Sozialwohnungen in Marano di Mira, Venedig (mit L. Trazzi).

Entwurf für ein Wohngebäude am Corso Vercelli in Turin (mit L. Trazzi).

Wettbewerbsentwurf für das Schottische Nationalmuseum in Edinburgh (mit C. Stead).

Wettbewerbsentwurf für ein Gebäude in der Friedrichstraße, Berlin (mit M. Kocher).

Entwurf des Disney-Verwaltungsgebäudes in Orlando (mit M. Adjmi, J. Greben, E. Shilliday).

Entwurf für ein Wohn- und Geschäftsgebäude in Cassano Magnano (mit M. Brandolisio).

Entwurf von Bürogebäuden für Euro-Disney, Paris (mit M. Adjmi, C. Stead).

Entwurf für eine Kunstakademie in der Bronx, New York (mit M. Adjmi).

Wettbewerbsentwurf für die Neugestaltung des Gebiets Garibaldi-Repubblica in Mailand (mit A. Balzani, C. Bono, G. Da Pozzo, L. Imberti, G. Longhi, L. Meda, G. Saini, M. Scheurer, V. Vercelloni).

Einrichtung der 18. Triennale von Mailand (mit L. Meda, M. Scheurer).

Entwurf für das neue Polytechnikum in Bari (mit M. Scheurer).

Entwurf für die Neugestaltung des Bahnhofs und angrenzenden Platzes in Gifu, Japan (mit T. Horiguchi, M. Kocher).

della Misericordia à Venise (avec M. Zancanella).

Projet pour le Phoenix Headquarters Building «La torre del Sole» à Makuhari, Japon (avec G. Da Pozzo, T. Horiguchi, Y. Kato, S. Meda).

Concours sur invitation pour le nouveau Centre d'Affaire «Il castello» de Kuala Lumpur, Malaysie (aved M. Adjmi, C. Stead, L. Trazzi).

Projet de construction economico-populaire à Marano di Mira, Venise (avec L. Trazzi).

Projet pour un bâtiment résidentiel, Corso Vercelli, Turin (avec L. Trazzi).

Concours pour le nouveau Musée d'Edimburg (avec C. Stead).

Concours pour bâtiment, Friedrichstraße, Berlin (avec M. Kocher).

Projet des bureaux pour la Walt Disney à Orlando, Florida (avec M. Adjmi, J. Greben, E. Shilliday).

Bâtiment résidentiel et commercial, Cassano Magnano (avec M. Brandolisio).

Bureaux pour le siège EuroDisney, Paris (avec M. Adjmi, C. Stead).

Projet pour une Art Academy, Bronx, New York (avec M. Adjmi).

Concours pour l'aménagement de l'aire Garibaldi-Repubblica, Milan (avec A. Balzani, C. Bono, G. Da Pozzo, L. Imberti, G. Longhi, L. Meda, G. Saini, M. Scheurer, V. Vercelloni).

Aménagement de la 18º Triennale de Milan (avec L. Meda, M. Scheurer).

Projet pour le nouveau Polytechnique de Bari (avec M. Scheurer).

Aménagement da la gare et de sa place à Gifu, Japon (avec T. Horiguchi, M. Kocher).

Projet pour la Mairie de Bussolengo, Vérone (avec L. Trazzi).

Projet pour un hôtel à Nara, Japon (avec T. Horiguchi, M. Brandolisio).

1991/92 Projet pour l'extension de l'aéroport Linate à Milan (avec M. Brandolisio, G. Da Pozzo, M. Kocher, Uniplan) (258).

1991–1993 Projet pour le centre résiden-

Entwurf für ein Rathaus in Bussolegno bei Verona (mit L. Trazzi).

Entwurf für ein Hotel in Nara, Japan (mit T. Horiguchi, M. Brandolisio).

1991/92 Renovation und Erweiterung des Flughafens Mailand-Linate (mit M. Brandolisio, G. Da Pozzo, M. Kocher, Uniplan) (258).

1991–1993 Entwurf für die Gesamtüberbauung «Centro Residenziale Barialto» in Bari (mit M. Brandolisio, M. Tardini).

1992 Entwurf für ein Bürogebäude an der Landsberger Allee 106, Berlin (mit G. Da Pozzo, M. Kocher, M. Tadini).

Entwurf für ein Wohn- und Geschäftshaus an der Schützenstraße, Berlin (mit M. Scheurer).

Entwurf für ein Wohn- und Geschäftshaus in Terni (mit M. Brandolisio).

Entwurf für einen Gebäudekomplex mit verschiedenen Funktionen in Rom (mit G. Da Pozzo, M. Tadini).

Bühnenbildentwurf für die Aufführung von «Elektra» in Taormina (mit M. Kocher).

tiel Barialto, Bari (avec M. Brandolisio, M. Tadini).

1992 Projet pour un immeuble de bureaux, Landsberger Allee 106, Berlin (avec G. Da Pozzo, M. Kocher, M. Tadini).

Bâtiment résidentiel et de bureaux, Schützenstraße, Berlin (avec M. Scheurer).

Bâtiment résidentiel avec magasin, Terni (avec M. Brandolisio).

Complexe de bâtiments (tertiaire), Rome (avec G. Da Pozzo, M. Tadini).

Scénographie pour Electre, Taormine (avec M. Kocher).

Schriften von Aldo Rossi
Publications par Aldo Rossi

1954 «La coscienza di poter ‹dirigere la natura›», *Voce comunista,* nr. 31, p. 5.
1955 «Politica dell'*industrial design*», *Voce comunista* (con G. Canella), nr. 22, p. 4.
«Un monumento ai partigiani», *Casabella-Continuità,* Milano, nr. 208, pp. 65–67.
«Il linguaggio di Perret», *Il Contemporaneo,* nr. 33, p. 11.
1956 «Triennale», *Il Contemporaneo,* nr. 32, pp. 1–2.
«Mario Ridolfi» (con G. Canella), *Comunità,* nr. 41, pp. 50–55.
«Il concetto di tradizione nell'architettura neoclassica milanese», *Società,* nr. 3, pp. 474–493.
1957 «L'influenza del romanticismo europeo nell'architettura di Alessandro Antonelli» (con V. Gregotti), *Casabella-Continuità,* nr. 214, pp. 63–70.
«A proposito di un recente studio sull'*Art Nouveau*» (Rezension über/récension à Stefan Tschudi Madsen, *Sources of Art Nouveau,* Oslo, 1956), *Casabella-Continuità,* nr. 215, pp. 45–46.
1958 «Il passato e il presente nella nuova architettura», *Casabella-Continuità,* nr. 219, p. 16.
«Una critica che respingiamo» (Rezension über/récension à Hans Sedlmayr, *La rivoluzione dell'arte moderna,* Milano, 1958), *Casabella-Continuità,* nr. 219, pp. 33–35.
«Emil Kaufmann e l'architettura dell'Illuminismo», *Casabella-Continuità,* nr. 222, pp. 43–46.

1959 «Il Seagram Building», *Casabella-Continuità,* nr. 223, pp. 7–8.
Rezension über/récension à R. Canieri, *Avantgarde Painting and Sculpture: 1890–1955 in Italy,* Milano, 1955, *Casabella-Continuità,* nr. 227, p. 51.
«L'ordine greco» (Rezension über/récension à F. Cali, *L'Ordre grec,* Paris, 1958), *Casabella-Continuità,* nr. 228, pp. 15–16.
«Adolf Loos: 1870–1933», *Casabella-Continuità,* nr. 233, pp. 5–12.
1960 «Aspetti dell'architettura tedesca contemporanea», *Casabella-Continuità,* nr. 235, pp. 27–32.
Rezension über/récension à Sigfried Giedion, *Architecture You and Me,* Cambridge, 1958, *Casabella-Continuità,* nr. 238, p. 56.
«Peter Behrens e il problema dell'abitazione moderna», *Casabella-Continuità,* nr. 240, pp. 47–48.
«Il problema della periferia nella città moderna» (con G. U. Polesello e F. Tentori), *Casabella-Continuità,* nr. 241, pp. 39–55.
«Un giovane architetto tedesco: Oswald Mathias Ungers», *Casabella-Continuità,* nr. 244, p. 22.
«Il convento de la Tourette di Le Corbusier», *Casabella-Continuità,* nr. 246, p. 4.
«Ventiquattro per cento», *Nuovi disegni per il mobile italiano,* Ausstellung/exposition Milano, 14.3.–27.3. 1960, pp. 5–6.
«Aspetti urbanistici del problema delle zone arretrate in Italia e in Europa» (con S. Tintori), CNPDS (Centro nazionale prevenzione e difese

storiche), *Problemi sullo sviluppo delle aree arretrate,* Bologna, 1960, pp. 243–389.

«Un progetto per la periferia nord di Milano» (con G. U. Polesello e F. Tentori), *Casabella-Continuità,* nr. 241.

1961 «L'esperienza inglese e i nuovi problemi urbanistici» (con L. Semerani, S. Tintori), *Casabella-Continuità,* nr. 250, pp. 13–14.

«Risposta a 6 domande (inchiesta su *Quindici anni di architettura italiana*)», *Casabella-Continuità,* nr. 251, pp. 29–32.

«La città e la periferia», *Casabella-Continuità,* nr. 253, pp. 23–26.

«L'uomo della metropoli» (Rezension über/récension à W. Hellpach, *L'uomo della metropoli,* Milano, 1960), *Casabella-Continuità,* nr. 258, pp. 23–24.

«L'Atelier 5 di Berna», *Casabella-Continuità,* nr. 258, p. 26.

1962 «Nuovi problemi», *Casabella-Continuità,* nr. 264, pp. 3–6.

1963 «Un piano per Vienna» (Rezension über/récension à R. Reiner, *Planungskonzept Wien,* Viena, 1963), *Casabella-Continuità,* nr. 277, pp. 3–20.

«Lettera a Tentori», *Aspetti dell'arte contemporanea,* L'Aquila, Roma, 1963, pp. 268–269.

1963–1964 «Considerazioni sulla morfologia urbana e tipologia edilizia», AAVV, *Aspetti e problemi della tipologia edilizia,* Venezia, 1964, pp. 15–31.

«I problemi tipologici e la residenza», *ibid.,* pp. 94–130.

1964 «Presentazione» (Argentina–Buenos Aires), *Casabella-Continuità,* nr. 285, p. 5.

«Aspetti della tipologia residenziali» a Berlino», *Casabella-Continuità,* nr. 288, pp. 11–20.

«Le case basse nei piani residenziali» (Rezension über / récension à W. Meyer-Bohe, *Ebenerdig Wohnen,* Stuttgart, 1963), *Casabella-Continuità,* nr. 291, p. 46.

«Considerazioni sul concorso internazionale per il piano urbanistico della Nuova Sacca del Tronchetto», *Casabella-Continuità,* nr. 293.

1964–1965 «I problemi metodologici della ricerca urbana, AAVV, *La formazione del concetto di tipologia edilizia,* Venezia, 1965, pp. 83–92.

1965–1966 «Tipologia, manualistica e architettura», AAVV, *Rapporti tra morfologia urbana e tipologia edilizia,* Venezia, 1966, pp. 69–81.

«La città come fondamento dello studio dei caratteri degli edifici», *ibid.,* pp. 85–95.

1966 «Architettura per i musei», AAVV, *Teoria della progettazione architettonica,* Bari, 1968, pp. 122–137.

«Il mio progetto per il Teatro di Parma», *Sipario,* nr. 242, p. 17.

L'architettura della città, Padova, 1966 (Deutsche Ausgabe *Die Architektur der Stadt,* Düsseldorf, 1973).

1967 «Introduzione a Boullée», Étienne-Louis Boullée, *Architettura saggio sull'arte,* ital. Ausgabe von/version italienne par Aldo Rossi, Padova, 1967, pp. 7–24.

1968 «Che fare delle vecchie città?», *Il confronto,* Februar/février 1968, pp. 41–43.

1968–1969 «Introduzioni in *L'analisi urbana e la progettazione architettonica*», Gruppo di ricerca diretto da Aldo Rossi, Milano, pp. 11–12.

«L'obiettivo della nostra ricerca», *ibid.,* pp. 13–20.

«L'idea di città socialista in architettura», *ibid.,* pp. 41–63.

«Le teorie della progettazione», *ibid.,* pp. 110–127.

1969 «L'architettura della ragione come architettura di tendenza», Ausstellungskatalog/catalogue de l'exposition *Illuminismo e architettura del '700 veneto,* Castelfranco Veneto, 1969, pp. 7–15.

1970 «Caratteri urbani delle città venete», AAVV, *La città di Padova,* Roma, pp. 419–490.
«Prefazione alla seconda edizione», *L'architettura della città,* Padova, 1970, pp. 3–7.
«Due progetti (Introduzione al S. Rocco e al Gallaratese), *Lotus,* nr. 7.
1971 «Risposta a Melograni», *Controspazio,* nr. 10–11, pp. 8–9.
1972 «Conversación con Aldo Rossi», *Construcción de la ciudad-2C,* Barcelona, pp. 8–13.
«Due progetti di laurea», *Controspazio,* nr. 5–6, pp. 80–88.
«Architettura e città / passato e presente», *Werk,* nr. 4, pp. 1–8.
«La costruzione della città», Ausstellungskatalog/catalogue de l'exposition *Milano 70/70,* Milano, vol. III, pp. 77–83.
«L'azzurro del cielo», *Casabella (*Modena), nr. 372, pp. 21–22, *Controspazio,* nr. 10, pp. 4–9.
«Mostra Internazionale di Architettura. Progetto e impostazione generale», *Casabella,* nr. 372, p. 12.
1973 «L'architettura dell'Illuminismo», *Atti del Convegno su Bernardo Vittone e la disputa fra il Classicismo e Barocco nel settecento,* Torino, pp. 215–239.
«Programma per la Sezione Architettura Internazionale della XV Triennale», *Rassegna-modi di abitare oggi,* nr. 26, pp. 18–19.
«Introduzione», AAVV, *Architettura razionale,* XV Triennale, Sezione Architettura Internazionale, Milano, pp. 13–22.
«Architettura-città», Katalog/catalogue XV Triennale di Milano, pp. 37–38.
«Perché ho fatto la mostra di architettura alla Triennale», *Controspazio,* nr. 6, pp. 8–10.
1974 «Eigene Bauten und Projekte: Zur Kategorie des Rationalen», Symposium *Das Pathos des Funktionalismus,* Berlin, 9. 12. 1974, pp. 1–9.

«L'habitation et la ville», *L'Architecture d'aujourd'hui,* nr. 174, pp. 30–31.
«Introduzione», in/dans Hans Schmidt, *Contributi all'architettura: 1924–1964,* Milano, pp. 7–24.
«Aldo Rossi», *Controspazio,* nr. 4, pp. 36–42.
1975 «Trieste e una donna» (Palazzo degli Uffici Regionali di Trieste), *Controspazio,* nr. 2, pp. 54–58.
«La calda vita» (Studentenheim/Maisons des étudiants, Trieste), *Controspazio,* nr. 2, pp. 60–63.
«La arquitectura análoga», *Contrucción de la ciudad-2C,* nr. 2, Barcelona, pp. 8–11.
«Intervista», *Playboy*-edizione italiana, pp. 50–54.
«Il pasticciaccio socialdemocratico», *Nuova Società,* nr. 69, pp. 18–20.
1976 «Le città capitali», *Rinascita,* nr. 14, p. 32.
«Cattedrale sottoterra», *Nuova Società,* nr. 75/ Com'è bella la città,* Torino.
«Une éducation réaliste», *Archithese,* nr. 19, pp. 25–28.
Vortrag/conférence «Ciudad y Proyecto», Seminario Internacional de Arquitectura en Santiago de Compostela, 27. 9. 1976, pp. 1–17.
Vortrag/conférence «La arquitectura del Ticino» (con E. Consolascio, M. Bosshard), Seminario Internacional de Arquitectura de Santiago de Compostela, 6. 10. 1976.
«Proyecto y ciudad histórica», *El País,* 10. 10. 1976, p. 22.
«Mi exposición con arquitectos españoles», *Construcción de la ciudad-2C,* nr. 8, p. 23.
«Introducción al Seminario», *Construcción de la ciudad-2C,* nr. 8, p. 60.
«La città analoga: tavola», *Lotus,* nr. 13, pp. 4–7.
1977 «Une éducation réaliste», *L'Architecture d'aujourd'hui,* nr. 190, p. 39.

«Entretien avec Aldo Rossi», *L'Architecture d'aujourd'hui,* nr. 190, pp. 41–43.
«Relazione alla scuola di Fagnano Olona e alla Casa dello Studente a Chieti», *Lotus,* nr. 15, pp. 30–41.
«I disegni, gli schizzi, la vita degli edifici», *Lotus,* nr. 15, p. 43.
«Kontinuität des Bewußtseins», *Werk und Zeit,* nr. 4.
«Entretien avec Aldo Rossi», *Architecture, mouvement, continuité,* nr. 40, pp. 76–81.
«Tre progetti», *L'Architetto,* nr. 9–10, pp. 13–17.
1978 «Relazione al progetto per ‹Roma interrotta›», *Roma interrotta,* Roma, pp. 183–194/*Controspazio,* nr. 4, p. 6.
«Progetto per la Casa dello Studente a Chieti», *Europa/America,* Venezia.
Un progetto per Firenze, Roma.
«Voraussetzungen meiner Arbeit», *Werk Archithese,* nr. 3.
«Hans Schmidt und das Problem der Monotonie», *Werk,* nr. 17–18.
1979 Diana Agrest, «Cansado de gloria, Intervista con Aldo Rossi», *Summa,* Buenos Aires.
Rosaldo Bonicalzi, *Intervista ad Aldo Rossi,* Pescara.
Maddalena Sisto, «I quadri dell'architetto», *Casa Vogue,* nr. 99.
F. Irace, «Intervista ad Aldo Rossi», *Assenza/Presenza, un'ipotesi per l'architettura,* Bologna.
La costruzione del territorio nel Cantone Ticino, Lugano.
1980 «Colloquio con Aldo Rossi», *Mensile degli architetti lombardi,* Milano (feb./mar.).
«Lettera al direttore», *Casabella,* nr. 451–452.
«Aldo Rossi», AAVV, *Progetto realizzato,* Venezia.
«Il progetto per il Teatro del Mondo», *Venezia e lo spazio scenico,* Venezia.

«Lavori costruiti o progetti», *La presenza del passato. Prima Mostra Internazionale di Architettura,* Venezia.
1981 «Introduzione ad Adolf Loos», *La civiltà occidentale,* Bologna.
A Scientific Autobiography, MIT Press, Cambridge (Massachusetts)/London. Deutsche Ausgabe: *Wissenschaftliche Selbstbiographie,* Bern, 1988.
«Casa di mattoni segnata da finestre. Relazione al progetto per Kochstrasse/Südliche Friedrichstrasse a Berlino», *Lotus International,* nr. 32.
«Architettura/Idea», *Architettura/Idea, Descrizione della Mostra XVI Triennale di Milano,* Firenze.
Einführung/introduction à *La Centuriazione compiuta,* Santa Maria di Sala.
Vorwort zu/introduction à *Aldo Rossi,* von/par Gianni Braghieri, Bologna.
1982 «Il pasticciaccio socialdemocratico», *Com'era bella la città,* Stampatori Nuova Società.
Vorwort zu/introduction à *Adolf Loos,* von/par G. Gravagnuola, Milano.
«Teatro del Mondo», *Teatro del Mondo di Aldo Rossi,* Venezia.
«Come è vecchia la città», *Modo,* nr. 52.
«La torre dei ricordi», *Domus,* nr. 626.
«Gli spazi della ragione, o, di un'educazione realista», *Il piccolo Hans,* nr. 35.
«Mi va anche la villetta», *Nuova Società,* vol. X, nr. 220.
1983 «La scatola delle costruzioni. La nuova scuola media di Broni», *Lotus International,* nr. 37.
«C'era una volta l'idea del modello», *Rinascita,* nr. 19.
Il libro azzurro. I miei progetti 1981, Zürich.
1984 «Dalla storia all'immaginazione» (Teatro «Carlo Felice»), *Lotus International,* nr. 42.
Einführung zu/introduction à *Arduino Cantafora,* Milano.

«Un punto di riferimento per la città. Edificio per uffici a Buenos Aires», *Lotus International,* nr. 42.
«Aldo Rossi. Tre città: Perugia–Milano–Mantova», *Quaderni di Lotus,* Milano.
La conica e altre caffettiere, Crusinallo.
Aldo Rossi. Architetture padane, Mantova.
«Un progetto per Perugia. Rivivere la città sepolta», *Casa Vogue,* nr. 155.
«Semplicemente un percorso», *Daniel Libeskind Drawings,* London.
«Aldo Rossi a Mario Ridolfi per i suoi 80 anni», *Artinumbria,* nr. 1.

1985 «Le Temps du Théâtre», *Aldo Rossi: Théâtre, Ville, Architecture,* «Recherches et Créations», Nantes, nr. 303.
«Dieci opinioni sul tipo», *Casabella,* nr. 509–510.
«Architetti di tutto il mondo... Confrontatevi!», *Marco Polo,* nr. 18–19, Venezia.
«L'Italia è imbruttita ma non perduta», *Corriere della Sera,* 19. 7. 1985.
«Nei progetti di Venezia i problemi del mondo», *Corriere della Sera,* 24. 8. 1985.
«Povera Italia il futuro è tuo», *Rinascita,* nr. 31.
«Progetti», AAVV, *Progetti veneziani,* Milano.
«Breve incontro con Aldo Rossi», A. Ubertazzi, *Habitat Ufficio,* nr. 15.
«Progetto Venezia», *Terza Mostra Internazionale di Architettura,* Milano.
«I progetti per il ponte dell'Accademia della Biennale Architettura», *Lotus International,* nr. 47.
«Queste immagini della mia architettura», *Aldo Rossi. Disegni di architettura,* Milano.
«Una risposta a Casabella», *Casabella,* nr. 509–510.

1986 «Einführung zu/introduction à *Hendrik Petrus Berlage,* Ausstellungskatalog der Architekturbiennale in Venedig/ catalogue de l'exposition de la Biennale de Venise.
«Storia, economia, architettura ed arte, esperienze a confronto per definire l'idea di città», *Atti del convegno,* Perugia.
Interview von/par M. Pisani, *Artics,* nr. 3.
«La ciudad debe seguir creciendo», *Lápiz,* nr. 36.

1987 «Omaggio a Carlo Cocchia», *Carlo Cocchia. Cinquant'anni di architettura 1937–1987,* Genova.
Interview von/par M. Barda, *A + U,* nr. 10.
«Rossi o dell'indicibile», M. Pisani, *Dove va l'architettura,* Roma.
«Stazione Centrale: come trasformarla», *L'Unità,* 19. 6. 1987.
Interview von/par L. Prandi, *WWn-House.*
«Frammenti – Alcuni miei progetti – Un'educazione realista – Questi progetti – Elogio dell'architettura civile», *Aldo Rossi Architetture 1959–1984,* Electa, Milano.
«L'architettura di Ignazio Gardella», *L'architettura di Ignazio Gardella,* Milano.
«Fragments», Einführung im Katalog für die Ausstellung in York/introduction du catalogue pour l'exposition à York, *Aldo Rossi Architect,* Milano.
«Il nome», *Casa Aurora,* ed. Vittorio Savi, Torino.

1988 «La mia ricetta per Milano», *Il Sole 24 ore,* 10. 4. 1988.
«Architect Aldo Rossi en de Tradite», *De Tijd,* 29. 4. 1988.
«Aldo Rossi», *Ambiente. Die Kunst zu leben,* sept.
«In Italia l'architettura va reinventata», *Il Giornale,* 23. 9. 1988.
«Un architetto milanese per Berlino», *Il Corriere della Sera,* 6. 10. 1988.
«Aldo Rossi, il designer delle piccole architetture», *Italia Oggi,* 20. 12. 1988.
«Le Torri di Parma», *Centro Torri. Aldo Rossi/ Gianni Braghieri,* ed. M. Baracco, P. Digiuni, Milano.

«Se guardo questi ultimi miei progetti», *Lotus International,* nr. 57.
«Introduzione» a D. Liebeskind, *Line of Fire,* Milano.
«Frammenti, un'architettura per frammenti, ovvero un'architettura del possibile», *Il Corriere della Sera,* 31. 7. 1988.
«Progetto per l'area di monte Echia», *Sotto Napoli,* Milano.
1989 «Costruzioni Milanesi», *Zodiac,* nr. 1.
«Le distanze invisibili» *L'architettura italiana oggi,* ed. G. Ciucci, Bari.
1990 «Le facoltà di architettura» *Il Corriere della Sera,* 18. 10. 1990.
1991 «Quelle heure est – il?» Ausstellungskatalog/album l'exposition *Aldo Rossi par Aldo Rossi, architecte,* Centre Georges Pompidou, Paris.
«Alcune considerazioni su Ignazio Gardella, amico e maestro» *Ignazio Gardella,* Padova.
«Presentazione», Gianni Braghieri, *progetti 1970–1990,* Ispica.
Vorwort zu/avant-propos à *Aldo Rossi: Architecture 1981–1991,* ed. Morris Adjomi, New York, 1991. Deutsche Ausgabe: *Aldo Rossi, Bauten und Projekte 1981–1991,* Zürich, 1991.

Verzeichnis der Photographen
Crédit photographique

Gabriele Basilico, Milano
Gianni Braghieri, Milano
Federico Brunetti, Milano
F. Saverio Fera, Genova
Roberto Freno, Bergamo
Luigi Ghirri, Modena
Heinrich Helfenstein, Zürich
Occhio Magico, Milano
Ugo Mulas, Milano
Paolo Mussat, Torino
Nacasa & Partners inc.
Ivan Nemec, Frankfurt am Main
Palladium, Burg/Schuh, Köln
Paolo Portoghesi, Roma
Attilio Pizzigoni, Bergamo
Umberto Tasca, Milano
Stefano Topuntoli, Napoli
Ullstein Berlin - Uwe Rau

Große Architekten in der Studiopaperback-Reihe
Les grands architectes dans la série Studiopaperback

Alvar Aalto
Hrsg. K. Fleig.
Text deutsch und französisch.
256 Seiten, 800 Abbildungen.
Editeur: K. Fleig. Français et allemand.
256 pages, 800 illustrations.

Mario Botta
Hrsg. E. Pizzi.
Text deutsch und französisch.
248 Seiten, 500 Abbildungen.
Editeur: E. Pizzi. Français et allemand.
248 pages, 500 illustrations.

Filippo Brunelleschi
Hrsg. A. Pizzigoni. Text deutsch.
208 Seiten, 240 Abbildungen.

Le Corbusier
Hrsg. W. Boesiger.
Text deutsch und französisch.
260 Seiten, 525 Abbildungen.
Editeur: W. Boesiger. Français et allemand.
260 pages, 525 illustrations.

Johann Bernhard Fischer von Erlach
Hrsg. H. Lorenz. Text deutsch.
176 Seiten, 162 Abbildungen.

Norman Foster
Hrsg. A. Benedetti. Text deutsch.
208 Seiten, 302 Abbildungen.

Antoni Gaudí
Hrsg. X. Güell. Text deutsch.
216 Seiten, 400 Abbildungen.

Sigfried Giedion
Raum, Zeit, Architektur
Die Entstehung einer neuen Tradition.
Text deutsch.
536 Seiten, 525 Abbildungen.

Walter Gropius
Hrsg. P. Berdini. Text deutsch.
256 Seiten, 580 Abbildungen.

Herzog & de Meuron
Hrsg. W. Wang. Text deutsch und englisch.
160 Seiten, 313 Abbildungen.

Louis I. Kahn
Hrsg. R. Giurgola und J. Mehta.
Text deutsch und französisch.
216 Seiten, 423 Abbildungen.
Editeur: R. Giurgola et J. Mehta.
Français et allemand.
216 pages, 423 illustrations.

Heinrich Klotz/John W. Cook
Architektur im Widerspruch
Bauen in den USA, von Mies van der Rohe
bis Andy Warhol. Text deutsch.
328 Seiten, 189 Abbildungen.

Marc-Antoine Laugier
Das Manifest des Klassizismus
Nach dem Originaltitel: Essai sur
l'architecture. Text deutsch.
208 Seiten, 46 Abbildungen.

Erich Mendelsohn
Hrsg. B. Zevi. Text deutsch.
208 Seiten, 421 Abbildungen.

Ludwig Mies van der Rohe
Hrsg. W. Blaser.
Text deutsch und französisch.
204 Seiten, 126 Abbildungen.
Editeur: W. Blaser. Français et allemand.
204 pages, 126 illustrations.

Richard Neutra
Hrsg. M. Sack. Text deutsch und englisch.
192 Seiten, 254 Abbildungen.

Jean Nouvel, Emmanuel Cattani und Partner
Hrsg. O. Boissière. Ausgaben in deutscher, französischer und englischer Sprache.
176 Seiten, 271 Abbildungen.
Editeur: O. Boissière. Texte français.
176 pages, 271 illustrations.

J. J. P. Oud
Hrsg. U. Barbieri. Text deutsch.
200 Seiten, 340 Abbildungen.

Paolo Portoghesi
Ausklang der modernen Architektur
Von der Verödung zur neuen Sensibilität.
Text deutsch.
240 Seiten, 223 Abbildungen.

Aldo Rossi
Hrsg. G. Braghieri.
Text deutsch und französisch.
288 Seiten, 290 Abbildungen.
Editeur: G. Braghieri. Français et allemand.
288 pages, 290 illustrations.

Carlo Scarpa
Hrsg. A. F. Marcianò. Text deutsch.
208 Seiten, 400 Abbildungen.

Hans Scharoun
Hrsg. J. C. Bürkle. Ausgaben in deutscher und englischer Sprache.
176 Seiten, 200 Abbildungen.

Gottfried Semper
Hrsg. M. Fröhlich. Text deutsch.
176 Seiten, 190 Abbildungen.

Josep Lluís Sert
Hrsg. J. Freixa.
Text deutsch und französisch.
240 Seiten, 520 Abbildungen.
Editeur: J. Freixa.
Français et allemand.
240 pages, 520 illustrations.

Mart Stam
Hrsg. S. Rümmele. Text deutsch.
160 Seiten, 167 Abbildungen.

Louis Henry Sullivan
Hrsg. H. Frei. Text deutsch und englisch.
176 Seiten, 210 Abbildungen.

Kenzo Tange
Hrsg. H. R. Von der Mühll und U. Kultermann.
Text deutsch und französisch.
240 Seiten, 349 Abbildungen.
Editeurs: H. R. Von der Mühll et U. Kultermann.
Français et allemand.
240 pages, 349 illustrations.

Giuseppe Terragni
Hrsg. B. Zevi. Text deutsch.
208 Seiten, 490 Abbildungen.

Venturi, Scott Brown und Partner
Hrsg. C. Vaccaro und F. Schwartz.
Text deutsch.
208 Seiten, 431 Abbildungen.

Otto Wagner
Hrsg. G. Bernabei. Text deutsch.
208 Seiten, 330 Abbildungen.

Frank Lloyd Wright
Hrsg. B. Zevi.
Text deutsch und französisch.
228 Seiten, 575 Abbildungen.
Editeur: B. Zevi. Français et allemand.
228 pages, 575 illustrations.

Artemis

Münstergasse 9, CH-8024 Zürich
Hackenstraße 5, D-8000 München 2

Alvar Aalto, Gesamtwerk in drei Bänden
Herausgegeben von Karl Fleig und Elissa Aalto.
Sonderausgabe in Kassette, Leinen.
Text deutsch, französisch und englisch.
Mit insgesamt 764 Seiten und über 1280 Fotos,
Plänen und Skizzen.

Alvar Aalto, L'Œuvre complète en trois volumes
Publiée par Karl Fleig et Elissa Aalto.
Edition spéciale en coffret, pleine toile.
Français, anglais et allemand.
764 pages et plus de 1280 photographies,
plans et esquisses.

Le Corbusier, Gesamtwerk in acht Bänden
Sonderausgabe in Kassette, Leinen.
Bde. 1–3 französisch, Bd. 4 französisch und englisch,
Bde. 5–8 deutsch, französisch und englisch.
Insgesamt 1708 Seiten und über 2680 Abbildungen,
Skizzen und Pläne.

Le Corbusier, L'Œuvre complète en huit volumes
Edition spéciale en coffret, pleine toile.
Vol. 1–3 français, vol. 4 français et anglais,
Vol. 5–8 français, anglais et allemand.
1708 pages et plus de 2680 illustrations, esquisses et plans.

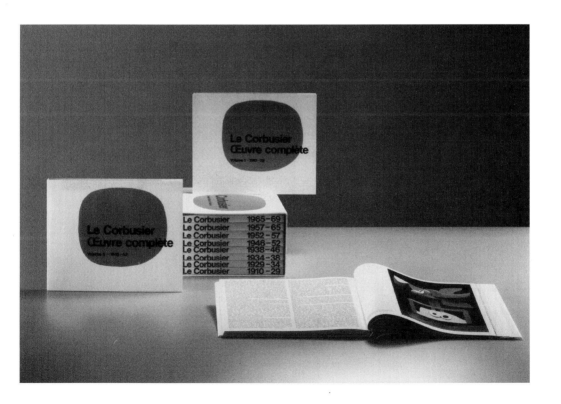

Aldo Rossi, Bauten und Projekte 1981–1991
Herausgegeben von Morris Adjmi.
Aus dem Amerikanischen.
304 Seiten mit 580 Abbildungen, davon 350 in Farbe.